Das Walser Wanderbuch

Max Waibel

Das Walser Wanderbuch

Unterwegs zu den schönsten Walserorten in
der Schweiz, in Liechtenstein, Österreich,
Italien und Frankreich

Verlag Huber
Frauenfeld Stuttgart Wien

Wir danken für die Förderung dieses Buchprojektes

KULTURRAT DES
KANTONS WALLIS

Bibliografische Information Der Deutschen Bibliothek
Die Deutsche Bibliothek verzeichnet diese Publikation in der Deutschen Nationalbibliografie; detaillierte bibliografische Daten sind im Internet über http://dnb.ddb.de abrufbar.

ISBN 3-7193-1360-3

© Copyright 2004, Huber & Co. AG, CH-8501 Frauenfeld

Das Werk einschliesslich aller seiner Teile ist urheberrechtlich geschützt. Jede Verwertung ist ohne Zustimmung des Verlags unzulässig. Dies gilt insbesondere für Vervielfältigungen, Übersetzungen, Mikroverfilmungen und die Einspeicherung in elektronische Systeme.

Fotos: Max Waibel
Grafische Gestaltung: Arthur Miserez, Frauenfeld
Foto Schutzumschlag: Rolf A. Stähli, Winterthur
Gesamtherstellung: Huber & Co. AG, Grafische Unternehmung und Verlag, CH-8501 Frauenfeld
Einband: Buchbinderei Schumacher, Schmitten
Printed in Switzerland

Inhaltsverzeichnis

Zum Geleit 7

Schweiz 11
Tessin – Wallis – Bern – Uri
*Bosco Gurin – Simplongebiet – Lauterbrunnental –
Grimselgebiet – Ursern*

Graubünden und Sarganserland 29
*Obersaxen – Vals – Safiental – Rheinwald – Abstecher ins
Mesocco/Misox – Avers – Mutten – Arosa –
Langwies und Umgebung – Abstecher nach Tschiertschen –
Landschaft Davos – Abstecher nach Wiesen und
Schmitten – Klosters – St. Antönien – Furna – Schuders –
Stürfis – Valzeina – Calfeisental*

Fürstentum Liechtenstein 96
Triesenberg

Österreich 103
Vorarlberg
*Grosses Walsertal – Damüls – Laterns – Tannberg –
Kleinwalsertal – Montafon*
Tirol 131
Galtür

Italien 137
Aostatal
Ayas – Gressoney – Issime
Piemont 153
Alagna – Rima – Rimella – Macugnaga – Formazza/Pomatt

Frankreich 177
Hochsavoyen
Les Allamands bei Morzine – Les Allamands über Samoëns – Vallorcine

Zeitschriften, Bücher, Aufsätze 189

Stichwortverzeichnis 193

Zum Geleit

Über kein anderes Bergvolk in den Zentralalpen wurde mehr gerätselt und geschrieben als über die Walser, deren Vorfahren im Hochmittelalter das Oberwallis verliessen, um sich in den Bergtälern am Monte Rosa, am Südfuss des Griespasses, im Tessin, in Graubünden und Liechtenstein, in Vorarlberg und Tirol neu anzusiedeln. Auch im französischen Hochsavoyen, im Berner Oberland, im Urserntal am Gotthard, im Simplongebiet und im Sarganser Oberland haben die Walser Spuren hinterlassen.

Warum aber verliessen ganze Familien und Sippen das Oberwallis, waren doch deren Altvordern, alemannische Bauern aus dem Berner Oberland, erst vor wenigen Generationen eingewandert? Zwei Faktoren spielten eine zentrale Rolle: Die Bevölkerungsdichte und das Beziehungsnetz weltlicher und kirchlicher Territorialherren. Dieses bildete das Rückgrat der Walserwanderungen. Von der Umsiedlung profitierten die neuen Herren gleich mehrfach. Die Besiedlung kaum genutzter Hochtäler ermöglichte es, Herrschaftsansprüche zu festigen, auszudehnen und besser abzugrenzen. Aus der Gewinnung und Bewirtschaftung neuer Anbauflächen resultierten zusätzliche Einnahmen. Feudalherren, die Territorien in Passlandschaften besassen, brachten über die Ansiedlung von Walsern den Passverkehr unter ihre Kontrolle. Im Gegenzug für ihre kolonisatorische Tätigkeit wurden die Walser in der Regel mit Freiheiten und Rechten belohnt, die ihre alteingesessenen Nachbarn nicht besassen. Dafür hatten sie für ihre Herren aber auch Kriegsdienste zu leisten.

Das Leben der Walser war in erster Linie auf Viehzucht ausgerichtet. Weil aber der Ertrag manchenorts zur Ernährung der Familie nicht ausreichte, gingen die Männer saisonal einem auswärtigen Erwerb nach. Als der Tourismus die Bergwelt eroberte, veränderte sich die Situation grundlegend. Walsersiedlungen wurden zu begehrten Ferienorten. Zwei davon, Davos und Lech, wurden mit dem Prädikat «Best of the Alps» ausgezeichnet.

Hinweise und Tipps

Schon seit Jahren erfreuen sich die Wanderungen auf den historischen Passwegen des «Grossen Walserwegs», der vom Theodulpass quer durch die Alpen bis ins Kleinwalsertal und nach Galtür im Tirol führt, grosser Beliebtheit und nehmen einen festen Platz in der Walser- und Wanderliteratur ein.

Der hier vorliegende Führer ist dem gegenüber nicht auf grossräumige Touren ausgerichtet, sondern stellt die Walsersiedlungen selbst ins Zentrum. Die rund 100 kürzeren und längeren Wanderungen und Rundgänge verstehen sich als Annäherungen an die Geschichte und die Kultur der Walser. Dem gleichen Zweck dienen Hinweise auf Sehenswürdigkeiten und Museen in Walsergebieten und die Kochrezepte aus der Walserküche.

Viele Walserorte halten für ihre Gäste einen vielseitigen Veranstaltungskalender bereit. Im Sommer 2003 lud Macugnaga am Ostfuss des Monte Rosa zu den «Internationalen Brottagen» ein.

Konzeptionell der originellste aller Themenwege im Walserraum: Dank moderner Technik kommt der Mobilitätsweg durch die Zügenschlucht von Davos Schmelzboden zur Bahnstation Wiesen ohne Beschilderung aus.

- **Wandersaison**
Eine «günstigste Jahreszeit» gibt es nicht. Juli und August gelten in der Regel als Hauptsaison. Tiefe Regionen können schon Ende Mai mit einem üppigen Blumenteppich aufwarten, während in grösseren Höhen noch Schnee liegt. Der Juni empfiehlt sich mit dem Bergfrühling, der September verspricht gute Fernsicht. Im Oktober begeistern die langen Schatten, doch muss in höheren Lagen bereits wieder mit Schnee und in tief eingeschnittenen Tälern mit wenig Sonneneinstrahlung gerechnet werden. Abzuraten ist jedenfalls von Reisen in der Zeitspanne von Ende Juli bis Mitte August nach Italien, denn dann geniessen die Italiener aus den Städten ihre Bergwelt.

- **Wandern**
Alle empfohlenen Wanderungen bieten geübten Bergwanderern keinerlei Probleme. Die angeführten Zeiten sind reine, allerdings grosszügig bemessene Gehzeiten. Seien Sie nach Regen- und Schneefällen sowie bei Nebel besonders vorsichtig! Denken Sie daran, dass der harmloseste Weg bei ungünstiger Witterung zur gefährlichen Rutschbahn werden kann! In den meisten Walserorten sind Wanderbücher und Wanderkarten in Tourismusbüros, gelegentlich auch in lokalen Buchhandlungen erhältlich. Viele Tourismusbüros geben einfache Wanderkarten und Prospekte mit Wandervorschlägen kostenlos ab.

- **Themenwege**
In vielen Walserniederlassungen sind in den letzten Jahren interessante Themenwege eingerichtet worden, deren Spektrum oft weit über das Thema Walser hinausgeht. Auskunft erteilen die lokalen Tourismusbüros.

- **Ausrüstung**
Feste Schuhe (Trekking- oder Bergschuhe) mit griffiger Sohle, Regen-, Wind- und Kälteschutz und Tourenproviant (ausreichend Flüssigkeit) sind für ein erfolgreiches Wandern im Berggebiet unerlässlich. Wanderkarten oder Wanderbücher, Taschenapotheke, Taschenmesser, Taschenlampe und ein Notizblock samt Bleistift gehören ebenfalls in den Rucksack. Pflanzen- und Tierbestimmungsbücher können Wanderungen bereichern. Gute Karten er-

leichtern die Orientierung und können willkommene Hinweise auf Varianten geben.

- **Besichtigungen**
Sehenswerte Gebäude, insbesondere Kirchen und Kapellen, sind heute häufig abgeschlossen. Viele sind aber zugänglich, wenn man den Aufbewahrungsort der Schlüssel kennt. Auskunft erteilen oft die lokalen Tourismusbüros oder die Gemeindeverwaltungen.

- **Informationen**
Prospekte, Hotelverzeichnisse und Auskünfte jeder Art erteilen die lokalen Tourismusbüros.

- **Veranstaltungen**
Walsersiedlungen warten oft mit einem ansehnlichen Veranstaltungskalender auf. Die Palette reicht vom Wochenmarkt über Ausstellungen und Vorträge, Prozessionen, Umritte und Brauchtumsvorführungen bis zu folkloristischen Darbietungen. Auskunft erteilen die lokalen Tourismusbüros.

- **Kochrezepte**
Soweit nichts anderes vermerkt ist, beziehen sich die Mengenangaben auf vier Personen.

Max Waibel
3953 Leuk Stadt, im Advent 2003

Tessin – Wallis – Bern – Uri

Bosco Gurin

Bosco Gurin (1501) ist eines der beliebtesten Ausflugziele im ganzen Tessin. Das liegt an seiner Architektur und an der Tatsache, dass Bosco Gurin die einzige deutschsprachige Gemeinde im Tessin, dazu noch eine Walsersiedlung ist. Nur noch rund 70 Personen leben im Bergdorf. Die Sprache der Einheimischen ist das Gurinertitsch. Sprachforscher rechnen diesen Dialekt zu den interessantesten deutschen Mundarten. Nicht ganz so sah dies der Tessiner Angelo Nessi: *«Sie schwatzen in einer sonderbaren Sprache, die Dante zum Erröten und Goethe zum Weinen bringen würde, obschon die Sprache den Anspruch erhebt, an die beiden grossen Sprachen anzuknüpfen.»* Fremden gegenüber verwenden die Einheimischen allerdings ein Standard-Schweizerdeutsch. Zudem beherrschen sie das Italienische, ein Muss im Umgang mit den Nachbarn des Rovanatals und italienischsprachigen Touristen, und nicht wenige sprechen den Tessiner Dialekt wie ihre Muttersprache. die höchste Gemeinde im Kanton Tessin, besitzt die älteste Walserurkunde. Das aus dem Jahre 1253 stammende Dokument berichtet von der Gründung einer den Schutzheiligen Jakobus und Christophorus geweihten Kirche. Ein etwas später abgefasstes Schriftstück weist darauf hin, dass bereits im Jahre 1244 Männer aus dem Pomatt von der Gemeinde Losone vier Alpweiden im Tal von Bosco in Pacht nahmen. Nicht weit von der Geschichte weicht die Sagenüberlieferung ab: Als hier noch eine Alp war, schneite es einmal im Herbst schon früh. Ein Mann war hier, dessen Frau ein Kind erwartete. Die beiden wären nicht mehr über den Berg gekommen bei Schnee, und so blieben sie da. Und da sahen die Pomatter, dass man im Winter hier auch leben konnte, und liessen sich hier nieder. Bosco Gurin kämpft heute ums Überleben. Im Jahre 2002 wurde mangels Nachwuchs die Schule geschlossen. Noch schwerer wiegt, dass der einzige Einkaufsladen in seiner Existenz gefährdet ist. Es bleibt zu hoffen, dass die in den letzten Jahren für den Tourismus getätigten Investitionen das Dorf zu retten vermögen.

Anreise
Mit eigenem Fahrzeug: Bei Ponte Brolla ins Maggiatal und bei Cevio links ab nach Bosco Gurin.
Öffentlicher Verkehr: Busverbindung ab Locarno. Umsteigen in Cevio nach Bosco Gurin.

Übernachten, Essen und Trinken
HOTEL WALSER. Schöne Räumlichkeiten, Gute Küche.
CH-6685 Bosco Gurin
Tel. ++41(0)91 759 02 02 / Fax ++41(0)91 759 02 03
E-Mail: grossalp@bluewin.ch / Internet: www.bosco-gurin.ch

Blick in den Kochtopf
«Unsere Eltern waren arm. Es gab sehr viel Kartoffeln mit Käse, mit Butter, mit Zieger, und wenn man gerade ein Schwein im Stall hatte und dieses geschlachtet wurde, assen wir Kartoffeln mit Würsten oder zu einem Stück Fleisch. Häufig standen Gemüsesuppen auf dem Speisezettel». (Auskunft einer Einheimischen).

Sehenswert
Das Nebeneinander von gestrickten Blockbauten mit gemauertem Küchen- und Kellertrakt, giebelseitig schmalen Steinhäusern und Übergangsformen zwischen beiden verleihen dem Dorf Bosco Gurin ein unverwechselbares Gepräge. Schöne, aus Kant- oder Rundholz gefertigte Stadel, die «gestelzt» auf einem gemauerten Stallgeschoss ruhen, runden das Bild ab. Einen besonderen Akzent setzt die mit einem Lawinenkeil versehene Stallscheunenanlage am südwestlichen Dorfrand, erbaut nach einem Lawinenunglück in den 1920er-Jahren. Die äusserlich schmucklose Kirche verfügt im Innern über eine naive Deckenmalerei mit Darstellungen der vier Evangelisten, vermutlich kurz nach 1500, Schöne Wandmalereien an den Seiten. Die Taufkapelle wurde 1950 mit einem Fresko von Hans Tomamichel ausgeschmückt. Der einheimische Künstler schuf über 20 Sgraffiti und Fresken an den Häusern im Dorf.

Museum
Das Museum WALSERHAUS GURIN wurde 1936 gegründet. Es ist das älteste Museum im ganzen Walserraum. Die vorbildlich angelegte Sammlung vermittelt einen vielseitigen Einblick in das Alltagsleben aus vergangenen Zeiten.
Di – Sa   10.00 – 11.30; 13.30 – 17.00   So   13.30 – 17.00
Tel. ++41(0)91 754 18 19 oder ++41(0)91 754 14 81

Wandern

Dorfrundgang

Schmale Gassen und Treppen erschliessen die Siedlung. Harmonische Architektur und über 20 Sgrafitti des Guriner Künstlers Hans Tomamichel

Früher standen die Häuser von Bosco Gurin nicht nur am alten Bergsturzhügel. Auch die andere Seite des Baches war bewohnt. Doch Lawinen bereiteten dem Dorfteil «im Boda» ein Ende. 34 Personen fanden im Februar 1695 den Tod.

an den weiss leuchtenden Hauswänden laden zum Verweilen ein. – Zeitaufwand ca. 45 Min.

Bosco Gurin – Grossalp – Bosco Gurin

Für Eilige: Fahrt von Bosco Gurin mit der Sesselbahn auf die Grossalp, von wo aus man einen schönen Ausblick in den von Bergen umrahmten Talkessel geniesst. Am Alpdörfchen gleichen Namens vorbei führt der Weg hinunter nach Bosco Gurin. – Wanderzeit: 1 Std.

Bosco Gurin – Cerentino – Linescio – Cevio

Diese Wanderung, die teilweise auf dem alten Saumpfad verläuft, ist wahrlich einzigartig. Sie nimmt ihren Anfang in der alpinen Region, führt vorbei an prächtigen Kastanienwäldern und endet in den Rebbergen von Cevio, die vor allem im Spätsommer dicht behangen mit blauen Trauben auf sich aufmerksam machen. Cevio ist der Hauptort des Maggiatales mit einem der schönsten Tessiner Dorfplätze, an dessen südwestlichem Ende das mit Fresken geschmückte Pretorio-Haus steht.

«Georg mit dem Drachen» ist eines der ansprechenden Sgraffiti des einheimischen Künstlers Hans Tomamichel (1899 bis 1984). Sein wohl bekanntestes Werk war «Knorrli», eine neckische Figur mit Guriner Zipfelmütze, die für die Produkte der Firma Knorr warb.

Im ebenfalls mit Fassadenschmuck versehenen Palazzo Franzoni aus dem 17. Jahrhundert ist ein Museum untergebracht, welches der Kultur des Maggiatales gewidmet ist.

Von der Postautostation Bosco Gurin wandern Sie wenige hundert Meter auf der Strasse abwärts, bis ein Schild rechts der Strasse auf den alten Maultierpfad weist. Dieser bringt Sie zur Alpe Ubärab und führt anschliessend durch offenes und spärlich bewaldetes Gelände dem Gurinerbach entlang, vorbei an einem aufgelassenen Kalkofen. Wenig später erreichen Sie eine Brücke. Diese überqueren Sie, um auf der rechten Talseite zur Strasse, die Cevio mit Bosco Gurin verbindet, hinauszuwandern. Links sind der Weiler Corino und die dorthin führende alte Brücke zu sehen. Wenig später biegen Sie links auf den signalisierten Weg ein, um zuerst durch Wald und dann durch offenes Gelände, vorbei an den ersten Kastanienbäumen, hinüber zum Dörfchen Cerentino mit schöner Kirche zu wandern. Nach kurzem Abstieg erreichen Sie die alte, 1928 eröffnete Strasse, die Sie hinunter zur neuen Strasse bringt, auf welcher sie bis Linescio bleiben. Kurz hinter dem Dorf gelangen Sie wieder auf den alten, von Kastanienbäumen gesäumten Maultierpfad, der mehrmals die Strasse querend, in Cevio endet. – Wanderzeit: 3 Std. 15 Min.

Literatur/Karten
BOSCO GURIN UND SEINE KIRCHE – Bosco Gurin e la sua Chiesa. Testo di Emily Gerstner. Traduzione in italiano di Laura Della Pietra. Edizioni Pedrazzini, Locarno 1996.
GERSTNER-HIRZEL, EMILY: Aus der Volksüberlieferung von Bosco Gurin. Sagen, Berichte und Meinungen, Märchen und Schwänke (SSGV, Bd. 63). SGV, Basel 1979.
DIES.: Reime, Gebete, Lieder und Spiele aus Bosco Gurin (SSGV, Bd. 69). SGV, Basel 1985.
TOMAMICHEL, TOBIAS: Bosco Gurin. Das Walserdorf im Tessin. Mit Illustrationen von Hans Tomamichel. 4., erg. Aufl. Gesellschaft Walserhaus, Bosco Gurin 1997.

Informationen
ENTE TURISTICO BOSCO GURIN
CH-6685 Bosco Gurin
Tel. ++41(0)91 759 02 02 / Fax ++41(0)91 759 02 03
E-Mail: grossalp@bluewin.ch / Internet: www.bosco-gurin.ch

Simplongebiet

Im frühen 13. Jahrhundert überquerte eine Walliser Kolonistengruppe den Simplonpass (2006 m), um sich an seinem Südfuss neu anzusiedeln. Sie bauten ihre Höfe im Hauptal, aber auch am Feerberg und im hinteren Zwischbergental, das bei Ruden/Gondo mündet. Das Simplongebiet ist eine typische Passlandschaft mit Blütezeiten und Abstürzen. Die erste Blüte begann Ende des 12. Jahrhunderts, die zweite brachte die Ära Stockalper im 17. Jahrhundert mit dem Ausbau des Stockalperwegs, die dritte läutete die auf Befehl Napoleons zu Beginn des 19. Jahrhunderts erbaute Fahrstrasse ein. Florierte der Passverkehr, zog es die einheimischen Bauern zum Transportgewerbe und zum Handwerk hin, lag er darnieder, setzte eine Phase der Reagrarisierung ein. In der 2. Hälfte des 20. Jahrhunderts wurde mit der Nationalstrasse eine wintersichere Verbindung zwischen dem Oberwallis und Italien geschaffen, die das Dorf Simplon (1479 m), den einstigen Transitort, in grossem Bogen umfährt. An Simplons grosse Tage erinnern viele schöne Bauten, die stark von Italien beeinflusst sind.

Anreise
Mit eigenem Fahrzeug: Im Ossolatal der Beschilderung Simplon folgen. Aus Richtung Formazza/Antigoriota nach Crevolodossola, dort auf die Strasse zum Simplon. Aus dem Berner Oberland nach Kandersteg. Autoverlad nach

Goppenstein. Richtung Brig, der Beschilderung Simplon folgen.
Öffentlicher Verkehr: Im Sommer (von Mitte Juni bis ca. Mitte Oktober) verkehren neben den Zügen täglich mehrere Postbusse zwischen Domodossola und Brig.

Übernachten, Essen und Trinken
Übernachtungsmöglichkeiten und Restaurants gibt es in Gabi, im Dorf Simplon, auf der Passhöhe, an der Simplonstrasse und in Brig.
STADTHOTEL SIMPLON. Gemütliche Atmosphäre. Internationale und einheimische Küche.
CH-3900 Brig
Tel. ++41(0)27 922 26 00 / Fax ++41(0)27 922 26 05
E-Mail: simplon@wallis.ch / www.hotelsimplon.ch

Sehenswert
Die gesamte ins Ecomuseum Simplon einbezogene Passlandschaft. Zahlreiche Postauto-Haltestellen erlauben es, Wanderungen an verschiedenen Orten zu beginnen und zu beenden. – Das Dorf Simplon verfügt über ein reizvolles italienisch anmutendes Ortsbild. Den Dorfplatz mit achteckigem Brunnen dominiert die Pfarrkirche St. Gotthard aus dem Jahre 1725. Ausgestattet ist sie mit drei Altären aus der Bauzeit. Das Gemälde des hl. Gotthards von 1835 ist ein Werk von Lorenz Justin Ritz. Das Gasthaus «Weisses Kreuz» geht zurück in die 2. Hälfte des 17. Jahrhunderts. Der Kernbau des in mehreren Etappen errichteten «Alten Gasthofs» stammt von 1325. Das 1416 erbaute Haus nördlich der Kirche weist als einziges Gebäude im Dorf ein Heidenkreuz als Firstständer auf. Besuchen sollte man den Stockalperpalast in Brig, errichtet nach dem Muster italienischer Renaissancepaläste. Hier residierte im 17. Jahrhundert der mächtige Kaspar Stockalper (1609–1691), dem der Simplontransit die zweite Blütezeit verdankte.

Museen
Der «Alte Gasthof» ist kein klassisches Museum, denn er steht nicht für sich allein, sondern ist verzahnt mit der Geschichte des Stockalperwegs und der rund um diese Transitroute entstandenen Kulturlandschaft. Er zeigt Objekte und Bilder aus dem früheren bäuerlichen Alltagsleben und aus der Geschichte der Goldbergwerke in Gondo-Zwischbergen und der Specksteinverarbeitung. Das «Museum Stockalperschloss Brig» thematisiert Kaspar Stockalper und seine Zeit (17. Jahrhundert) sowie die Passstrasse und den Eisenbahntunnel.
Stiftung ECOMUSEUM SIMPLON – PASSWEGE und MUSEEN
CH-3709 Simplon-Dorf
Tel. ++41(0)27 978 80 86 / Fax ++41(0)27 979 15 44
E-Mail: Ecomuseum@rhone.ch / Internet: www.ecomuseum.ch

Wandern

Simplonpass – Simplon Dorf

Schöne Wanderung auf einem mit Sehenswürdigkeiten reich dotierten Abschnitt des Stockalperwegs, inmitten einer faszinierenden Bergwelt. Beachtung verdienen auch die letzten Bewässerungsgräben am Wegrand, aus welchen das Wasser mittels Rückstau auf die Wiesen geleitet wird.

Blick auf den Chrummbach und den Weiler Maschihüs (1621 m), die einst höchste Dauersiedlung am Südfuss des Simplon. Darüber eine Galerie der wintersicheren Simplon-Nationalstrasse.

Vom Simplonpass (2006 m) sind es nur einige Schritte bis zum 1831 vollendeten Napoleon-Hospitz. Überqueren Sie die Simplonstrasse, um auf den Stockalperweg zu gelangen. Dieser bringt Sie über die Alp Niwe zum Alten Spittel (1670), zum Engiloch-Schutzhaus (1810), und zur Alten Sust (1537?), weiter nach Maschihüs (1621 m), die ehemals höchste Dauersiedlung im Simplongebiet. Nun folgt die Überquerung des Chrummbachs auf der Ägerbrigga aus Napoleons Zeiten und weiter geht es nach Egga mit hübscher Kapelle und einem Gerichtshaus von 1603. Bald tritt das Dorf Simplon ins Blickfeld, das Ziel der Wanderung. – Wanderzeit: 2 Std. 15 Min.

Simplon Dorf – Gabi – Furggi – Zwischbergen – Gondo
Die Wanderung von Gabi auf Furggi führt an einer ganzen Reihe von Blockbauten vorbei, die teils noch landwirtschaftlich genutzt werden, teils zu Ferienhäusern umgestaltet wurden oder zerfallen. Ausserdem geniessen Sie von verschiedenen Standorten aus einen beeindrucken-

Das italienisch anmutende Dorf Simplon (1479 m) verfügt über einen interessanten Hausbestand, in dem sich die Blütezeiten des Passverkehrs widerspiegeln. Die ältesten Bauten reichen ins Mittelalter hinauf.

den Blick in die heute von der modernen Strasse geprägte Simplon-Passlandschaft.

Von Simplon Dorf folgen Sie zuerst der Hauptstrasse, dann einem Güterweg und zuletzt einem Fusspfad hinunter nach Gabi. Dort überqueren Sie die Laggina und steigen über den Feerberg zum Sattel Furggi (1872 m) auf. Von hier aus wandern Sie hinunter nach Zwischbergen und vorbei am Hof Piäneza und den Ruinen des Goldbergwerks Hof weiter nach Gondo, das vom Stockalperturm beherrscht wird. – Wanderzeit: 5 Std.

Literatur/ Karten
ANDEREGG, KLAUS: Simplon. Dorf und Pass. Hrsg. Gemeinde Simplon, 1986.
ARNOLD, PETER: Der Simplon. Zur Geschichte des Passes und des Dorfes. Rotten Verlag, Visp 1984.
DERS.: Gondo-Zwischbergen an der Landesgrenze am Simplonpass. Selbstverlag der Gemeinde und Pfarrei Gondo-Zwischbergen 1968.
FLÜCKIGER-SEILER, ROLAND: Bauernhäuser des Kantons Wallis Bd. 2.
DERS.: Nicolas Céard: Die Entstehung der ersten Kunststrasse über die Hoch-

alpen. Sonderdruck aus: Blätter aus der Walliser Geschichte XXIX. Band 1997.
JORDAN, ERICH: Einheimische erzählen. Aus Volkstum und Überlieferung von Simpeln und Zwischbergen. Neue Buchdruckerei Visp AG, Visp 1985.
ECOMUSEUM SIMPLON: Passwege und Museen. Ecomuseum Simplon 1998.
STOCKALPERWEG: Karte mit Wanderrouten 1 : 50 000. Brig – Simplon – Gondo.

Informationen
Verkehrsverein Simplon
CH-3907 Simplon-Dorf
Tel. ++41 27 979 12 21
E-Mail: info@simplon.ch / Internet: www.simplon.ch

Lauterbrunnental

Wie meistens, so siedelten auch die Walser im Lauterbrunnental in den hintersten Talgründen und auf Hangterrassen. Dass man sie in Dokumenten Lötscher nannte, verweist auf ihre Herkunft aus dem Lötschental. Aus diesen Walserniederlassungen ist nie eine Walsergemeinde geworden. Statt dessen wurden die Lötscher von Gimmelwald, Mürren, Lauterbrunnen, Trachsellauenen, Sichellauenen und Ammerten zusammen mit ihren Artgenossen in Steig und auf Planalp am Brienzerrothorn im Jahre 1346 vom Freiherrn Peter von Turn zu Niedergesteln im Wallis ans Augustinerkloster in Interlaken verkauft. Die zu einfachen Gotteshausleuten gewordenen Walser gingen bald in der Oberländer Bevölkerung auf. Die Siedlungen Ammerten, Trachsellauenen, Sichellauenen und die Höfe im Sefinental sind im Laufe der Jahrhunderte als Dauersiedlungen erloschen. Im 18. Jahrhundert, als kein Kulturbeflissener auf einer klassischen Schweizer Reise die Staubbachfälle auslassen durfte, fasste im Lauterbrunnental der Tourismus Fuss.

Anreise
Mit eigenem Fahrzeug: Ab Autobahnausfahrt oder Interlaken auf die Beschilderung Lauterbrunnen achten.
Öffentlicher Verkehr: Interlaken Ost ist Endstation der SBB-Schnellzüge aus Richtung Bern und der aus Luzern kommenden Brüniglinie. Mit der Berner-Oberland-Bahn nach Lauterbrunnen. Postbusverbindungen zwischen Lauterbrunnen und Stechelberg.

Übernachten, Essen und Trinken
Alles finden Sie in Stechelberg, Gimmelwald und Mürren.
BERGHAUS TRACHSELLAUENEN. Gemütlichkeit fern von Verkehr und Hektik
Tel. ++41(0)33 855 23 65
(Stechelberg – Trachsellauenen 50 Min.)

Sehenswert
In Trachsellauenen begegnen Sie letzten Zeugen des Bergbaus. Das Fundament der Schmelzhütte und des Knappenhauses wurden in den 1990er-Jahren freigelegt, restauriert und mit einer Informationstafel versehen (5 Min. ab Berghaus Trachsellauenen). – Zwischen Lauterbrunnen und Stechelberg beleben viele Wasserfälle die senkrechten Felswände, zwei davon erfreuen sich internationaler Beliebtheit: Die Trümmelbachfälle sind die einzigen Gletscherwasserfälle Europas im Berginnern. Ein Aufzug führt zu den beleuchteten Fällen. – Der Staubbachfall stürzt fast 300 m über die Felswand hinunter. J. W. Goethe sicherte dem höchsten Wasserfall der Schweiz mit dem «Gesang der Geister über den Wassern» einen Platz in der deutschen Literatur.

Wandern

Stechelberg – Sichellauenen – Trachsellauenen – Stechelberg
Die Wanderung führt durch ehemals walserisches Siedlungsgebiet. Sichellauenen und Trachsellauenen wurden Ende des 17. Jahrhunderts als Dauersiedlungen aufgegeben.

In Stechelberg beginnt das für den öffentlichen Verkehr gesperrte Strässchen, das Sie nach Sichellauenen (991 m) und weiter nach Trachsellauenen (1201 m) bringt, wo man für die Mitte des 17. Jahrhunderts noch einige Taufen verzeichnete. Überbleibsel der Schmelzhütte und

Am Weg zwischen Sichel- und Trachsellauenen. Die Gegend, in welcher die Walser, genannt «Lötscher» einst Dauersiedlungen einrichteten, ist nur mehr temporär bewohnt. Die Walser selbst sind in der Berner Oberländer Bevölkerung aufgegangen.

Der Säumerstein oberhalb Handegg, eine Raststelle der Säumer. Ein Säumer begleitete zwei, bei guter Witterung auch vier Saumtiere, die Kolonnen mit bis zu 30 Tieren bildeten Sie trugen Wein aus dem Ossolatal in die Schweiz und Hartkäse aus dem Berner Oberland und der Innerschweiz mit der Bezeichnung «Sbrienz» nach Italien.

des Knappenhauses erinnern an die Wiederbelebung der Siedlung durch den Bergbau im Jahr 1705, welcher allerdings bereits hundert Jahre später wieder aufgegeben wurde. Rückweg wie Aufstieg. – Wanderzeit: 1 Std. 30 Min.

Stechelberg – Talstation Schilthornbahn – Mürren – Gimmelwald – Stechelberg

Die Wanderung führt zu den ehemaligen Walsersiedlungen Mürren und Gimmelwald. Der Ausblick auf Eiger, Mönch und Jungfrau von Mürren aus ist unvergesslich.

Mit der Gondelbahn gelangen Sie über Gimmelwald auf die Felsterrasse von Mürren (1650 m). Am südlichen Dorfausgang beginnt der Wanderweg nach Gimmelwald, hier geht es teils auf einem schmalen Strässchen, teils auf markiertem Bergpfad zum verträumten Gimmelwald. Ein recht steiler Pfad führt von Gimmelwald hinunter nach Stechelberg. – Wanderzeit: 2 Std.

Literatur/Karten
KREIS, HANS: Die Lötscher im Berner Oberland. In: Schweizerische Zeitschrift für Geschichte, Schwabe, Basel 1954.
MICHEL, HANS: Buch der Talschaft Lauterbrunnen 1240–1949. Hrsg. im Auftrag des Gemeinderates Lauterbrunnen. 4. Aufl., 1979.
DERS.: Ein Kratten voll Lauterbrunner Sagen. Interlaken. 2. Aufl, o. J.
Offizielle Wanderkarte der SAW: 1 : 50 000, Blatt 264 T JUNGFRAU – LÖTSCHENTAL – ALETSCH.

Informationen
LAUTERBRUNNEN TOURISMUS
CH-3822 Lauterbrunnen
Tel. ++41 (0)33 856 856 8 / Fax ++41(0)33 856 856 9
E-Mail: info@lauterbrunnen-tourismus.ch/Internet: www.lauterbrunnen.ch
Links nach Mürren, Gimmelwald, Stechelberg.

Grimselgebiet

Zusammen mit dem Griespass (2479 m) bildete der Grimselpass (2165 m) während Jahrhunderten das Herzstück der Transitstrecke Mailand – Domodossola – Bern bzw. Mailand – Domodossola – Innerschweiz. In der Regel transportierten italienische Säumer ihre Waren nach Ulrichen im Rhônetal, wo diese von den Wallisern übernommen und zum Grimselhospiz befördert wurden. Hier auf der Grenze zwischen Wallis und Bern übernahmen in der Regel die Haslisäumer die Waren. Die Säumer aus dem Pomatt aber gingen häufig direkt durch das Wallis hinüber in den Kanton Bern. Seit kurzem führt die «Sbrienz–Route» als ausgeschilderter Wanderweg über das Doppelgespann Grimsel/Gries.

Anreise:
Mit eigenem Fahrzeug: Ab Interlaken auf der N 8 oder auf der rechtsseitig am Brienzersee verlaufenden Kantonsstrasse nach Innertkirchen. Wegweiser Grimsel folgen.
Öffentlicher Verkehr: Ab Interlaken Ost und Luzern mit der Brünigbahn nach Meiringen. Ab Meiringen Zugverbindungen nach Innertkirchen und Postbusverbindung Meiringen – Innertkirchen – Grimsel – Gletsch.

Wandern

Kunzentännlen – Handegg – Kunzentännlen
Kurzer Gang auf den Spuren der Säumer, der gleich mehrere Sehenswürdigkeiten erschliesst.

Von Kunzentännlen (Parkplatz) führt ein Pfad hinunter zur jungen Aare und über das «Kleine Bögli» aus dem 17. oder 18. Jahrhundert. Auf der linken Talseite gehen Sie auf dem Saumpfad abwärts. Wenn Sie einen hellen, wie Platten wirkenden Gletscherschliff mit eingemeisselten Stufen erreicht haben, befinden Sie sich auf den «Hälenplatten». Darunter verläuft auf einem Mäuerchen der jüngere Weg. Die Sage berichtet, dass einem piemontesischen Säumer, der einen Zwerg misshandelt hatte, die Rosse an der Hellen-Platte in die Tiefe stürzten, und der Säumer hinterher. Nun muss er mit einer unsichtbaren Säumerei, Rossen und Maultieren unter Rufen, Pfeifen und Chlepfen (Peitschenknallen) nächtlich säumen bis zum jüngsten Tage. Wenig später folgt der Säumerstein. Er diente den Säumern als Rastplatz und lädt auch heute noch zum Verweilen ein. Wenig später erreichen Sie Handegg. Zurück auf der gleichen Strecke. – Wanderzeit: 1 Std. 20 Min. Varianten: Postauto-Haltestellen gibt es bei Kunzentännlen und in Handegg. Busverkehr von Juli bis Anfangs Oktober. Betriebszeiten beachten!

Literatur/Karten
AERNI, KLAUS: Gemmi – Lötschen – Grimsel. Beiträge zur bernischen Passgeschichte. Jahrbuch der geographischen Gesellschaft von Bern Nr. 51, Bern 1975.
KÜCHLER, REMIGIUS: Obwaldens Weg nach Süden. Durch Oberhasli, Goms und Eschental. Verlag des Historischen Vereins Obwalden, Sarnen 2003.
REICHEN, QUIRINUS: Auf den Spuren des Käses nach dem Süden. Vom frühen Sbrinz-Export über die Alpenpässe Grimsel und Gries. Hallwag AG, Bern 1988.
RIZZI, ENRICO: Griespass. Eine vergessene Verbindung zwischen Mailand und Bern. Deutsche Ausgabe von Il passso del Gries «via del ghiacciaio» tra Milano e Berna. Anzola d'Ossola 1997.
SAGEN DER SCHWEIZ. Band Bern. 2. Aufl. Limmat Verlag, Zürich 1995.
Offizielle Wanderkarte der SAW: 1 : 50 000, Blatt 255 T SUSTENPASS – HASLITAL – URSEREN – MEIENTAL.

Ursern

Das geschichtsträchtige Urserntal liegt im Schnittpunkt von vier Tälern am Oberlauf der Reuss. Eine eigentliche Walserniederlassung ist Ursern nicht, es spielte aber im Rahmen der Walseransiedlung eine wichtige Rolle. Im Mittelalter gehörte das Gebiet zum Kloster Disentis. Deshalb fand auch die erste Besiedlung von Osten her statt. Um die Wende vom 12. zum 13. Jahrhundert folgten Leute aus dem Goms und aus der Gegend von Brig dem Ruf des Klosters, um zusammen mit den Rätoro-

Ein besonderes Erlebnis: Fahrt mit dem Dampfzug auf der Furka Bergstrecke von Gletsch am Fusse des Grimselpasses ins Urserntal.

manen die Kolonisierung des Hochtals voranzutreiben. Man sieht in den Walsern gelegentlich die Bezwinger der Schöllenenschlucht. Die Brücke war ein 60 Meter langer Laufsteg, der mit Eisenringen am überhängenden Fels befestigt war, ähnlich wie die freihängenden Holzkännel der Walliser Wasserleitungen. Mit der Erschliessung der Schöllenen wurde der Gotthardpass zu einer wichtigen Nord-Süd-Verbindung, die der Ursner Bevölkerung über Jahrhunderte hinweg Wohlstand brachte. Als der Saumweg zur Fahrstrasse ausgebaut wurde, verschwand die traditionelle Säumerei und mit der Eröffnung des Gotthardtunnels verlagerte sich der Transport auf die Schiene. Nach dem Ausbau der Passstrassen über Furka und Oberalp entwickelte sich das Urserntal zum Ferienort mit Sommer- und Wintersaison. Das wäre aber nicht so gekommen, hätte die Bevölkerung in der 1. Hälfte des 20. Jahrhunderts nicht vehement gegen ein Stauseeprojekt angekämpft, welches das ganze Hochtal überfluten wollte.

Anreise
Mit eigenem Fahrzeug: Aus der Zentralschweiz Anfahrt auf der Autobahn (Ausfahrt Göschenen) oder auf der Kantonsstrasse. Vom Wallis über den Furkapass, von Graubünden über den Oberalppass, vom Tessin über den Gotthardpass.
Öffentlicher Verkehr: Aus dem Wallis und aus Graubünden führt die FO ins Urserntal. Haltestellen in Realp, Hospental und Andermatt. Von Norden mit

der SBB bis Göschenen, anschliessend mit der Schmalspurbahn nach Andermatt.

Übernachten, Essen und Trinken
Die Talschaft Ursern eignet sich hervorragend als Etappenort. Realp, Hospental und Andermatt warten mit einem breiten Angebot an Hotels, Gasthäusern und Pensionen auf.
HOTEL RESTAURANT 3 KÖNIGE UND POST. Wo sich schon Goethe «sauwohl» fühlte.
CH 6490 Andermatt
Tel. ++41(0)41 887 00 01 / Fax ++41(0)41 887 16 66
E-Mail: hotel@3koenige.ch / Internet: www.3koenige.ch

In Hospental steht am alten Säumerweg unterhalb der alten Brücke ein prächtiges Ursner Barockhaus von 1723. Am 24. September 1799 stieg hier der russische General Suworow ab.
HOTEL ST. GOTTHARD. Angenehme Atmosphäre. Gute gutbürgerliche Küche.
CH-6493 Hospental
Tel. ++41(0)41 887 12 66 / Fax ++41(0)41 887 05 66
E-Mail: info@hotel-gotthard.ch / Internet: www.hotel-gotthard.ch

Blick in den Kochtopf
ANDERMATTER BEENÄLISUPPÄ
Zutaten: 80 g Butter, $1/2$ geschnetzelte Zwiebel, 1 gehackte Knoblauchzehe, 120 g Mehl, 100 g braune Bohnen, 50 g Reis, Salz, Muskat – Zubereitung: In der Pfanne Butter zergehen lassen und die geschnetzelte Zwiebel und den gehackten Knoblauch darin glasig dünsten. Mehl dazu geben und braun rösten. Dann Pfanne vom Feuer nehmen, mit Wasser vorsichtig ablöschen und Masse mit Schneebesen glatt rühren. Die Bohnen, die über Nacht eingeweicht wurden, dazugeben und das Ganze etwa $1^{1}/_{2}$ Stunden lang kochen. Sind die Bohnen fast weich, den Reis hinzugeben und 15 Minuten weiterkochen lassen. Wenn nötig noch etwas Wasser zugeben. Die «Beenälisuppä» mit Salz und Muskat würzen.

Sehenswert
Ein Spaziergang durch Andermatt führt vorbei an einer ganzen Reihe stattlicher Häuser, die vom Turm der Pfarrkirche St. Peter und Paul überragt werden. Erbaut 1602; 1696 wurde die Kirche vom aus Alagna stammenden Bartholomäus Schmid von Hospental in barocker Manier umgebaut. Prachtvoller barocker Hochaltar aus Arvenholz von Vater Johann Ritz und Sohn Jodok Ritz (1716). Das 1583 urkundlich erwähnte Rathaus wurde nach dem Dorfbrand von 1766 wieder errichtet. Dort wird das erstmals bei Abschluss des «Ewigen Landrechts» mit Uri im Jahe 1410 verwendete Talsiegel verwahrt. – Nördlich des Dorfes steht die Kirche St. Kolumban, deren Kern bis ins 11. Jahrhundert zurückreichen dürfte. – Von weitem sichtbar ist der auf einem Felssporn im 13. Jahrhundert erbaute Wohnturm von Hospental. Hier amteten im Mittelalter die Dienstherren des Klosters Disentis. – Am oberen Dorfende Kapelle und Pfrundhaus, eine malerische Baugruppe von Bartholomäus Schmid 1719.
Die Kirche Mariä Himmelfahrt im unteren Dorfteil ist ein Werk des gleichen Künstlers, erbaut 1705–11. Die drei Altäre stammen aus der Werkstatt des Oberwallisers Jodok Ritz. – Im nahen St. Annawald steht der Galgen. Er wurde errichtet, als Ursern im Jahre 1382 von König Wenzel den Blutbann erhielt.

Museum
Das Talmuseum Ursern in einem schönen Andermatter Patrizierhaus aus dem Jahr 1786 informiert über Geschichte, Wohnkultur, Säumereiwesen und die Alpwirtschaft des Userntales.

Mittwoch – Samstag 16.00 – 18.00
Ausserhalb der Öffnungszeit nach Vereinbarung
Tel. ++41(0)41 887 06 24
Internet: www.andermatt.ch/start.asp?level=8

Wandern

Andermatt – Hospental – Galgen – Andermatt

Diese Rundwanderung ist allen zu empfehlen, die sich zu Fuss einem gastlichen und architektonisch reizvollen Dorf (Bausubstanz bis ins 17. Jahrhundert zurückreichend) zu Fuss nähern möchten.

Von Andermatt wandern Sie Richtung Gotthard, überqueren bald die Reuss und folgen dem Güterweg entlang des Flusses und vorbei an Wiesen nach Hospental. Beim Gasthof Gotthard vorbei und auf der anderen Seite der Gotthardstrasse einem steilen Waldsträsschen folgen, bis ein gelbes Schild auf den links abzweigenden Wanderweg hinweist. Auf diesem gelangen Sie zum Galgen, und wenig später erreichen Sie nahe

Im Sommer liegt das Urserntal im Schnittpunkt der Pässe Oberalp, Furka und Gotthard und bietet sich dadurch als Etappenort an. Im Winter empfiehlt es sich als schneesichere Sportregion. Wer dennoch nach einem geruhsamen Flecken sucht, wird ihn finden.

der St. Anna Kapelle die Gotthardstrasse. Dieser folgend, kehren Sie zurück nach Andermatt. – Wanderzeit: 2 Std. 20 Min.

Hospental – Realp – Zumdorf – Hospental
Die vielfältige Rundwanderung führt vorbei an einigen ehemals ganzjährig bewohnten Walsersiedlungen.

Unterhalb Hospental überqueren Sie die Geleise der FO, dann eine steinerne Brücke über die Furkareuss. Nach kurzem Aufstieg kommen Sie zu einem Schild, das den Weg nach Realp weist. Schlagen Sie diese Richtung ein. Über Richleren gelangen Sie zu einer die Furkareuss überspannenden Brücke. Direkt davor verrät ein Wegweiser, dass es noch 45 Minuten bis Realp dauert. Zuerst entlang der Furkareuss, dann durch Wiesen, kommen Sie nach Steinbergen. Weiter in westlicher Richtung nach Realp. Den Rückweg treten Sie wieder in Richtung Steinbergen an, bis ein Schild an einer Hausmauer talwärts zeigt. Folgen Sie diesem und überqueren Sie die Brücke, dann die Furkatrasse und schliesslich die Geleise der FO. Steigen Sie jetzt am Hang etwas hoch und folgen Sie der weiss-rot-weissen Markierung auf einem durch eine vielfältige Blumenwelt führenden Bergweg, der Sie nach Zumdorf mit der St. Nikolaus-Kapelle aus dem frühen 18. Jahrhundert bringt. Von hier aus den weiss-rot-weissen Markierungen folgend über die Weide hochsteigen und auf dem Höhenweg zurück nach Hospental. – Wanderzeit: 4 Std. 20 Min.

Andermatt – Kirche St. Kolumban – Teufelsbrücke – Suworow-Denkmal – Andermatt
Kurze Wanderung zur Schöllenenschlucht, die im Mittelater vermutlich von den Walsern bezwungen wurde.

Vom Dorfzentrum zum Verkehrsbüro, dann auf der Strasse talauswärts. Einige Schritte abseits der Strasse steht die Kirche St. Kolumban mit dem schiefen Turm. Weiter in Richtung Urnerloch und durch den 1707/08 vom Tessiner Pietro Morettini erbauten Tunnel. Unterhalb desselben ist das Mosaik «DER ALTE WEG ZUR NEUEN ZEIT 1956» von Werner Müller zu sehen, das der Gotthardsäumerei gewidmet ist. Von der Felswand über der Teufelsbrücke grüssen Teufel und Geissbock. Sie sind ein Werk des Urner Künstlers Heinrich Danioth. Vom rechts abzweigenden Strässchen ist der Blick frei auf die zwei noch intakten Teufelsbrücken (1828–1830 und 1955–56). Zu sehen sind auch die Überreste einer Vorgängerin. Wenige Meter weiter befindet sich das

1898 errichtete Suworow-Denkmal, das an die Alpenüberquerung der russischen Soldaten im Herbst 1799 erinnert und an den Kampf gegen die französischen Truppen in der Schöllenenschlucht. Auf dem gleichen Weg zurück nach Andermatt. – Wanderzeit: 40 Min.

Literatur/Karten
URNER NAMENBUCH. Die Orts- und Flurnamen des Kantons Uri. 4 Bde. Hrsg. v. Albert Hug. Bibliotheksgesellschaft, Altdorf 1988–1991.
MÜLLER, ISO: Geschichte von Ursern. Von den Anfängen bis zur Helvetik. Desertina Verlag, Disentis 1984.
SAGEN AUS URI aus dem Volksmunde gesammelt von Josef Müller. 3 Bde. Hrsg. durch Robert Wildhaber. Unveränderter Nachdruck der 1. Auflage (Basel 1945). SGV, Basel 1978.
URSERN AM GOTTHARD. Eine Reihe von 21 Informationsblättern über das einzigartige Tal am Gotthard. Hrsg. Urner Kantonalbank, o. J.
Offizielle Wanderkarte der SAW: 1:50000, Blatt 255 T SUSTENPASS – HASLITAL – URSEREN – MEIENTAL.

Informationen
VERKEHRSBÜRO
Gotthardstrasse 2
CH-6490 Andermatt
Tel.++41(0)41 887 14 54 / Fax ++41(0)41 887 01 85
E-Mail: info@andermatt.ch Internet: www.andermatt.ch
Informationen über Andermatt, Hospental und Realp

Graubünden und Sarganserland

Obersaxen

Zwischen Tavanasa und Ilanz präsentiert sich die rechtsrheinische Bergflanke als ein steil ansteigender, bewaldeter und von Felsen durchsetzter Abhang. Uneingeweihte vermuten kaum, dass darüber eine an Wiesen und Weiden reiche, weiträumige Terrasse mit 28 Weilern, 2 Kirchen und 11 Kapellen liegt. Früher wurde Obersaxen gerne «das Land der Histen und Kapellen» genannt. Die vielen Kapellen bezeugen, dass Obersaxen beim katholischen Glauben geblieben ist, und die heute bis auf ein Exemplar verschwundenen Histen (= Gestelle zum Trocknen von Ge-

Die Bündner Walsersiedlungen waren ursprünglich Einzelhofsiedlungen. Erst allmählich entstanden Weiler- und Dorfsiedlungen. Die Sonnenterrasse von Obersaxen mit den in die Landschaft eingestreuten kleineren und grösseren Siedlungskernen ist dafür beispielhaft.

treidegarben) verweisen auf einstigen intensiven Getreideanbau. Pollenfunde verraten, dass bereits um 400 v. Chr. Ackerbau auf der Sonnenterrasse von Obersaxen betrieben wurde. Mittelpunkt der Gemeinde ist das Dorf Meierhof (1281 m). Klingende Namen wie Giraniga, Pradamaz und Quadra erinnern daran, dass die klimatisch begünstigte Gegend bereits von Rätoromanen bewohnt war, als Walser zu Beginn des 13. Jahrhunderts vom Kloster Disentis ins Land geholt wurden. Schon im Testament des Churer Bischofs Tello von 765 sind Güter in Obersaxen erwähnt, und laut dem Karolingischen Reichsurbar von 831 sass damals Arnolfus auf dem Lehenshof zu Obersaxen. Heute ist Obersaxen ein beliebter Ferienort mit prächtigem Panorama.

Anreise
Mit eigenem Fahrzeug: Von Andermatt kommend, können Sie kurz hinter Lumneins dem Wegweiser «Obersaxen» folgen und auf einer schmalen Strasse dorthin fahren. Nahe des Weilers Axenstein steht auf einem Fels von Gebüsch verdeckt die Ruine der Burg Axenstein, die im 13. Jahrhundert erbaut wurde. Eine weit bessere Strasse führt von Ilanz über das romanischsprachige Flond nach Obersaxen.
Öffentlicher Verkehr: Von Andermatt mit FO/RhB nach Ilanz und mit dem Postbus nach Obersaxen. Mit der SBB bis Chur, von dort mit der RhB bis Ilanz, weiter mit Postauto nach Obersaxen.

Übernachten, Essen und Trinken
Obersaxen verfügt über mehrere Hotels, Appartmenthotels und eine Pension.
HOTEL CENTRAL, Gepflegte Küche und auserlesene Weine.
CH-7134 Obersaxen/Meierhof
Tel. ++41(0)81 933 13 23 / Fax ++41(0)81 933 10 22
E-Mail: info@central-obersaxen.ch / Internet: www.central-obersaxen.ch

Blick in den Kochtopf
Kulinarisch ist Obersaxen ins rätoromanische Umland eingebettet. Beliebte Gerichte sind Pizokels, Capuns und Lammvoressen nach Lugnezer Art.

MARIAS PIZOGGEL
250 g Vollmehl, 50 g Griess, 150 g Halbweissmehl, Salz in Schüssel mischen. 4 Eier, 2½ dl Wasser zerquirlen und damit Teig anrühren und schlagen, ruhen lassen. Salzwasser, leicht kochend. Den Teig in Portionen ab nassem Brettchen ins Wasser schneiden, bedeutend grösser als bei Spätzli. 2-3 dl Milch oder Halbrahm, heiss in gefettete, flache Auflaufform geben. Pizoggel mit Reibkäse darin anrichten und im Ofen backen, ca. ¼ Std. Vor dem Fertigbacken dünne Käsescheiben (auch Alpkäse) darauf legen und schmelzen lassen. Apfelstücklein oder Apfelmus dazu servieren. Auch Salat passt dazu.

Sehenswert
Galerie Mirer Tel. / Fax ++41(0)81 933 10 29. Rudolf Mirer ist der bekannteste Bündner Maler der Gegenwart. – In Platenga sind Alois Carigiets Künstlerhaus mit Freskenschmuck und die von ihm in der Kapelle restaurierten Fresken zu sehen. Von Carigiet stammt auch der Schmuck im St. Niklaus-Bildstock an der Strasse zwischen Affeier und Meierhof. – Beim Schulhaus Meierhof stehen die Skulpturen des ebenfalls aus Graubünden stammenden Robert Indermauer. – Hübsche, teils schindelbedeckte Kapellen aus dem

17./18. Jahrhundert, Walserhäuser und Stallscheunen sind noch allenthalben zu sehen. – Meierhof wartet überdies mit einem gut erhaltenen Backhäuschen und einem prächtigen Speicher auf. – An der Strasse zwischen Meierhof und Affeier zeugt die letzte Obersaxer Kornhiste vom einstigen Getreidebau.

Wandern

Giraniga – Sassli – Giraniga

Mit dem neuen Walserweg bietet Obersaxen eine interessante Themenwanderung mit 12 Stationen an. Die lehrreiche Wanderung ist auch für Kinder geeignet. An den einzelnen Stationen werden Fragen zum Text gestellt, deren richtige Antwort auf der nächstfolgenden Tafel nachzulesen ist.

Ausgangspunkt ist Giraniga. Ein gut sichtbares Orientierungsschild weist auf den Walserweg hin. Auf dem Forststrässchen leicht ansteigen, um dann auf einem schönen Pfad zuerst über Weiden, später durch den Wald und zum Schluss nochmals über Weiden nach Sassli (1625) zu gelangen. Die Tafel bei Sassli verweist auf verschiedene Wege für den Rückweg. – Wanderzeit Giraniga – Sassli 1 Std. 30 Min.

Rundwanderung Meierhof – Punt – Zarzana – Huot – Giraniga – Meierhof

Die Wanderung führt zur Obergrenze des Dauersiedlungsgebietes und in die Maiensässzone.

Von Meierhof steigen Sie nach Punt auf. Dort biegen Sie in den von Miraniga kommenden Weg ein, der zum Natursteg über den St. Petersbach und weiter nach dem ganzjährig bewohnten Zarzana führt. Von hier aus wandern Sie hinüber nach Huot. Die vier Häuser des früher ganzjährig bewohnten Weilers wurden um 1900 verlassen. Für den Abstieg nach Giraniga bietet sich der Walserweg an. Schöner Ausblick auf die gegenüberliegende Talseite und die Siedlungslandschaft von Obersaxen. – Wanderzeit: 1 Std. 30 Min.

Meierhof – Misanenga – Platenga – Surcuolm – Valata – Dachlisee – Affeier – Meierhof

Abwechslungsreiche Rundwanderung zur deutsch-rätoromanischen Sprachgrenze und zum bezaubernden Dachlisee.

Von Meierhof hinauf zur Talstation der Sesselbahn Miraniga – Stein und dem Güterweg folgend hinüber nach Misanenga, wo neben der

Der berühmte Bündner Maler Alois Carigiet lebte von 1939 an einige Jahre im Obersaxer Weiler Platenga. Nicht nur sein Haus versah er mit schönem Freskenschmuck, auch den St. Nikolaus Bildstock an der Strasse von Affeier nach Meierhof malte er aus.

St. Jakobskapelle vor allem die umstrittene Überbauung «Walsersiedlung» ins Auge sticht. Weiter auf dem Strässchen, welches durch die Valata-Schlucht nach Platenga führt. An der Kapelle Heilige Drei Könige sollten Sie nicht vorbei gehen. Der auf das Jahr 1695 zurückgehende Bau ist eng mit dem Namen Alois Carigiet verbunden. Der Künstler restaurierte 1942 die aus dem Jahr 1704 stammenden Wandmalereien von Johann Jakob Rieg. Beachtung verdient auch der kleine Renaissance–Flügelaltar über der Tür. Wenige Schritte weiter steht auf der andern Strassenseite das von Carigiet verzierte Haus, welches der Künstler in Obersaxen bewohnte. Weiter geht es nach Surcuolm. Bereits die St. Georg geweihte Kirche lässt erahnen, dass Surcuolm mehr als ein Weiler von Obersaxen ist. Surcuolm gehört zwar geografisch zu Obersaxen, politisch aber zum rätoromanischen Lugnez. «La Posta» heisst hier die Post, «Usteria» das Gasthaus. Von Surcuolm steigen Sie nach Valata ab. Vorbei an der St. Anna Kapelle führt der Weg zum Dachlisee. Zu den grössten gehört er mit einer Oberfläche von ca. 1000 m² nicht, dafür liegt er herrlich eingebettet im Tannenwald. Von hier aus führt der Weg zuerst durch Wald, dann durch offenes Gelände nach Affeier. Vorbei an einem Kinderspielplatz und einer Familienfeuerstelle gelangen Sie zu

Obersaxens letzter Kornhiste. Auf der Strasse begegnen Sie einem von Alois Carigiet ausgeschmückten Bildstock, zurück nach Meierhof. – Gehzeit: 3 Std.

Literatur/Karten
ABELE, TONI: Die Walser von Obersaxen. In: JB der WVG 1982.
CADUFF, CHRISTIAN: Region Ilanz – Obersaxen – Vals. Terra Grischuna Ferien- und Freizeitbuch; Bd. 7. 2. Aufl. Chur und Bottmingen 1994.
ETTLIN-JANKA, MARIA: Inschi Sprààch, ds Obarsàxar Titsch. Obersaxer Wörtersammlung, hrsg. von Pro Supersaxa-Obersaxen. Maria Ettlin-Janka, Stansstaderstrasse 44, 6370 Stans.
PRO SUPERSAXA - OBERSAXEN. Jahresheft der Walservereinigung Obersaxen. Pro Supersaxa-Obersaxen, 7134 Obersaxen.
ARDÜSER, HANS und TONI LAMPERT: Surselva. (Bündner Wanderführer; Bd. 1). Terra Grischuna, Chur 2001.
OBERSAXEN. WANDERKARTE 1 : 40 000: Hrsg. v. den Verkehrsvereinen Val Lumnezia, Obersaxen, Flond, Surcuolm und den Bündner Wanderwegen (BAW). Erhältlich beim Verkehrsverein Obersaxen.

Informationen
VERKEHRSVEREIN OBERSAXEN
CH-7134 Obersaxen
Tel. ++41(0)81 933 22 23 / Fax ++41(0)81 933 11 10
E-Mail: info@obersaxen.ch / Internet: www.obersaxen.ch

Vals

Nach Durchquerung der vom Valser Rhein durchströmten Lucheren, eine enge, wilde Schlucht, erreicht man den Talboden von Vals. Die walserische Bevölkerung spricht im Gegensatz zum benachbarten Lugnez deutsch. Ihre Vorfahren kamen im 14. Jahrhundert aus dem Rheinwald. Nur Leis (1526 m) scheint von einer Walsergemeinschaft direkt aus dem Misox besetzt worden zu sein. 1325 hatte Leis jedenfalls einen eigenen Ammann. Walser siedelten zuerst an der Flanke des Sonnenhanges und verdrängten allmählich die romanische Bevölkerung aus der Talsohle. Sie stiessen auch ins Lugnez vor, was zu Streit zwischen beiden Volksgruppen führte. 1457 erliessen die Lugnezer ein Gesetz, welches den Romanen verbot, Güter und Häuser durch Verkauf, Verleihung zu Erbrecht oder Verpfändung an Fremde, «die nit sind von vatter stamm Churwalhen» gelangen zu lassen. Zudem untersagte das Gesetz bei Verlust des Erbrechtes Heiraten Einheimischer mit Fremden. Unter Fremden waren eindeutig die Walser gemeint. Das Gesetz ging als «Heiratsverbot» in die Geschichte ein. Bis zur Eröffnung der Strasse von Ilanz nach Vals im Jahre 1879 blieb die Verbindung über den Valser-

Die Zumtor'sche Felsentherme und Coca Cola brachten Vals in die Schlagzeilen der Tagespresse. Vals Platz (1252 m), Mittelpunkt der Walser Streusiedlung Vals, nahm dies gelassen hin - die Kirche blieb im Dorf und mit ihr die schönen alten Walserhäuser.

berg ins Rheinwald mit Anschluss an den San Bernardino die wirtschaftliche Lebensader von Vals. 1892 wurde mit dem Bau eines Kur- und Badehotels ein erster Schritt in Richtung Fremdenverkehr getan. Doch den wirklichen Aufschwung erlebte Vals im Jahre 1961, als das Mineralwasser der St.-Peters-Quelle unter der Bezeichnung «Valser» in den Export ging. Mittelpunkt der Streusiedlung ist Vals Platz (1252 m), heute ein moderner Badekurort. Im Talhintergrund liegt der Zervreilasee, über dem das markante Zervreilahorn wie ein Zahn in den Himmel ragt. Das Valsertal ist ein schönes Wandergebiet, das auch über ein kleines Skigebiet verfügt.

Anreise
Mit eigenem Fahrzeug: Ab Ilanz der Beschilderung Vals folgen. Kurz hinter dem Dörfchen St. Martin liegt der Weiler Lunschania, wo Bauernhäuser an steilen Hängen kleben. Besonders eindrücklich ist der Blick zurück auf die sterbenden Höfe von Munt (1473 m) und Travisasch (1690 m) am Hang ob St. Martin.
Öffentlicher Verkehr: Postbus von Ilanz nach Vals Platz. Von Vals Platz Verbindung zur Staumauer Zervreila.

Übernachten, Essen und Trinken
Vals besitzt zehn Hotels und Restaurants. Das Übernachtungsangebot reicht vom einfachen bis zum Komfortzimmer.

HOTEL ALPINA. Gepflegtes Haus am Dorfplatz mit Tradition. Neu gestaltet 2001.
CH-7132 Vals Platz
Tel. ++41(0) 81 935 11 48 / Fax ++41(0)81 935 16 51
Email: info@hotel-alpina-vals.ch / Internet: www.hotel-alpina-vals.ch

Blick in den Kochtopf
HUNGBOONA (Hefeteigrollen mit Bienenhonig)
600 g Mehl, 20 g Hefe, $1/2$ Tasse lauwarme Milch, 3 Eier, $1^{1}/_{2}$ EL Zucker, $1/2$ EL Salz, 50 g Butter, 1 dl Milchwasser.
Aus diesen Zutaten bereitet man einen Hefeteig zu, den man aufgehen lässt. Danach formt man daumendicke Rollen und schneidet davon ca. $1^{1}/_{2}$ cm lange «Bohnen» ab und backt sie im Öl goldgelb. 150 g Butter, 400 g Bienenhonig. Butter und Honig in der Bratpfanne zergehen lassen und die gebackenen «Bohnen» darin wenden.

Sehenswert
Der Dorfplatz von Vals Platz ist umrahmt von prächtigen Holzhäusern mit den für das Valsertal typischen Steinplattendächern, welche allerings erst im 19. Jahrhundert die Schindeldächer ablösten. Das älteste Haus trägt die Jahrzahl 1539. Am Dorfplatz steht auch die Kirche St. Peter und Paul. Neubau 1643. Die östliche Seitenkapelle war Chor der alten, 1451 erstmals erwähnten Kirche. Dort steht der Flügelaltar aus dem frühen 16. Jahrhundert. Der aus Holz geschnitzte Hochaltar mit Drehtabernakel stammt von 1741. Zu beiden Seiten des Choreingangs befinden sich zwei Spätrenaissance-Altäre von 1647, östlich der Sebastiansaltar mit dem Walserheiligen Theodul als Nebenpatron, und westlich der St.-Anna-Altar. Originell ist die im Deckengewölbe festgehaltene Berufung Petri am See Genezareth mit dem Zervreilahorn im Hintergrund. – Auf der anderen Seite des Valserrheins steht gegenüber dem Platz das Gandahaus aus dem 16. Jahrhundert und etwas taleinwärts am Hang der Weiler Leis (1526) mit schönem Walserhaus und einer St. Jakobs-Kapelle aus dem beginnenden 17. Jahrhundert mit interessantem Flügelaltar. – Zur Sakrallandschaft Vals gehören über 15 weitere Kapellen und Bildstöcke. – Die Fraktion Camp wartet mit der Wallfahrtskapelle Sta. Maria von 1692 auf, und wenig talauswärts befindet sich die kleine Kapelle St. Nikolaus, unter welcher sich ein Tordurchgang des alten Valser-Weges befindet. – Die wahre und zeitgenössische Attraktion von Vals aber bildet die Felsentherme des Architekten Peter Zumthor. Das aus massivem, einheimischem Quarzit erbaute Bad steht an der Stelle, wo die einzige Therme Graubündens mit 32° aus dem Berg sprudelt. Wasser, Stein und Licht laden ein zum Erlebnisbad. «Nimm dir Zeit und schaue, wie das Spiel des Lichts den Stein und das Wasser auf immer wieder neue Weise verzaubert», so Peter Zumthor in seiner Rede zur Eröffnung der Therme im Jahre 1996.
Tel. ++41(0)81 926 80 80 / Fax ++41(0)81 926 80 00
E-Mail: therme-vals@bluewin.ch / Internet: www.therme-vals.ch/

Museum
HEIMATMUSEUM GANDAHAUS
CH-7132 Vals Platz
Das interessante Bauernhaus aus dem 16. Jahrhundert stand ursprünglich am linken Hang hinter Leis. Es wurde sorgfältig abgetragen und oberhalb Vals Platz wieder aufgebaut. Das Gandahaus beherbergt eine reiche Sammlung von Möbeln, Werkzeugen und Gegenständen des früheren Alltags. Führungen jeweils Di, Mi, Fr, nachmittags nach Voranmeldung. Verkehrsbüro.
Tel. ++41(0)81 920 70 70

Wandern

Vals Platz – Staumauer Zervreilasee – Vals Platz

Wanderung durch einstiges walserisches Dauersiedlungsgebiet, das später Maiensässzone wurde. Dabei kommt man auch in Leis vorbei, wo sich einst Walser aus dem Misox niederliessen.

Vom Platz über die Brücke und vorbei am Gandahaus zum noch ganzjährig bewohnten Leis (1526 m). In leichtem Anstieg weiter zur einstigen Dauersiedlung Frunt (1990 m) mit hübscher Kapelle hoch über dem Abgrund. Prächtiger Blick auf den Zervreilasee, das markante Zervreilahorn und die Rheinwaldgruppe. Von Frunt steigen Sie zum See ab, in dessen Fluten 1950 das kleine Walserdörfchen Zervreila versank. Über die Krone der Staumauer gelangen Sie auf die andere Talseite und auf dem alten Walserweg über Vallé zurück nach Vals. – Wanderzeit: 5 Std. 45 Min.

Varianten: Strecke Vals Platz – Zervreilasee bzw. Zervreilasee – Vals Platz mit Bus.

Vals Platz – Camp – Kapelle St. Nikolaus – Teufelstein – Soladüra – Vals Platz

Wanderung in die Sagenwelt des Teufels. Im Heidbodawald befindet sich der Teufelstein. Der Teufel brachte ihn ins Tal. Er wollte damit die

Vals, neben Obersaxen die andere katholische Walserkolonie, besitzt ebenfalls eine dem hl. Nikolaus geweihte Kapelle. Durch den Bogen führte der Saumweg, der bis zur Eröffnung der Strasse 1879 die Verbindung mit Ilanz sicherstellte.

Leis (1526 m) ist heute die höchste Valser Dauersiedlung. Man nimmt an, dass sie von einer Walser Gemeinschaft aus Leis bei Mesocco gegründet wurde. Um 1325 verfügte die Kleinsiedlung jedenfalls über einen eigenen Ammann.

Wallfahrtskapelle in Camp zerstören. Als er mit seiner Last rastete, verwickelte ihn ein altes schlaues Bauernweib in ein Gespräch. Und ohne dass er es bemerkte, zeichnete es ein Kreuz auf den Stein. Als der Teufel diesen wieder aufnehmen wollte, war er ihm zu schwer. Der Teufel verschwand, der Stein aber blieb, wo er heute noch ist.

Von Vals Platz am rechten Ufer des Valser Rheins hinaus nach Zerneis, über die Brücke nach Camp und weiter zur St.-Nikolaus-Kapelle. Nicht weit von der Kapelle entfernt zweigt von der Strasse rechts der frühere Saumpfad ab. Auf diesem steigen Sie durch den Heidbodawald ab. Nach rund 10 Minuten erreichen Sie unterhalb des Weges zwei grosse Felsbrocken. Der höhere ist der Tüüfelstei. Südlich des Hoobrüggastutzes mündet der Saumweg in die Landstrasse. Es lohnt sich, dieser bis hinunter zur Hoobrügga zu folgen, um einen Blick in die wildromantische Lucheren-Schlucht zu werfen. Der Rückweg beginnt auf der Landstrasse. Kurz hinter der Kapelle St. Nikolaus steigen Sie zum früher ganzjährig bewohnten Soladüra auf und wandern auf dem Güterweg zurück nach Vals Platz. – Wanderzeit: 2 Std. 20 Min.

Literatur/Karten
CADUFF, CHRISTIAN: Region Ilanz – Obersaxen – Vals. Terra Grischuna Ferien- und Freizeitbuch; Bd. 7. 2. Aufl. Chur und Bottmingen 1994.
JÖRGER, J.J.: Bei den Walsern des Valsertales. 5. Aufl., bearbeitet v. Paula Jörger. Hrsg. von der Gandahausvereinigung Vals, Vals 1998.
KULTURFÜHRER VAL LUMNEZIA UND VALS. Hrsg. v. Duri Blumenthal, Armin Caduff u.a. Fundaziun da cultura Val Lumnezia, 2000.
SCHMID, BERNHARD: Sagen und Geschichten aus dem Valsertal. Tipografia Menghini, Posciavo 1999.
RIEDER, ALFRED: Die Walser und ihre Beziehungen zu den rätoromanischen Nachbarn. In: WM 1/2000.
TSCHIFERA heisst ein 2x jährlich erscheinendes Heft für Gäste und Einheimische, das mit Informationen für Touristen und interessanten Artikeln über die Walserkultur im Valsertal aufwartet. Herausgeber ist der Kur- und Verkehrsverein Vals-Valsertal. «Tschifera» heisst in der Walser/Wallisersprache der Rückentragkorb.
Offizielle Wanderkarte der SAW: 1 : 50 000. Blatt 255 T SAFIENTAL – LUMNEZIA – VALSERTAL – HINTERRHEINTÄLER.

Informationen
KUR- UND VERKEHRSVEREIN
Vals-Valsertal
CH-7132 Vals
Tel. ++41(0)81 920 70 70 / Fax ++41(0)81 920 70 77
E-Mail: valsinfo@bluewin.ch / Internet: www.graubuenden.ch/vals

Safiental

Ruhe ist im landschaftlich äusserst reizvollen Safiental gewährleistet. Dass keine Übernutzung durch den Fremdenverkehr besteht, verrät schon die in Versam abzweigende Strasse. Sie ist über weite Strecken noch nicht asphaltiert, teilweise sehr schmal und an gefährlichen Stellen durch Galerien gesichert. Das Tal erstreckt sich über mehr als 20 km von der Wasserscheide am Safierberg (2486 m) bis zur Mündung der Rabiusa in den Vorderrhein. Im auch heute noch stark auf Viehzucht ausgerichteten Gebirgstal dehnen sich über eher spärlichen Waldbeständen weitläufige Alpweiden aus. Safien wurde wie Vals vom Rheinwald aus über den Safierberg (2486 m) besiedelt. Aus dem Talhintergrund drangen die Walser rasch nach Safien Platz vor. Auf der rechten Talseite stiessen sie nach Glas und weiter nach Tschappina vor, auf der linken Talseite nach Tenna und vereinzelt auch nach Versam und Valendas. Im 15./16. Jahrhundert führte ein Saumweg von Ilanz zum Turra (= Turm) im inneren Tal und weiter über den Safierberg nach Splügen und Lugano. Dokumente, ehemalige Rossalpen und Hufeisenfunde auf Safier Höfen beweisen, dass auch die Safier Walser als Säumer unterwegs waren. Erstaunliche Leistung erbrachte Safiens Bewohnerschaft auf dem Gebiet der Kultur. Sie pflegte den Brauch des Ostereierritzens mit grösster Prä-

Mäher, Heuwender, Ladewagen und Heugebläse haben die Sense weitgehend verdrängt und den Einsatzbereich der Gabel stark eingeschränkt. Im Bild: Ladewagen und Gebläse im stark auf Viehwirtschaft ausgerichteten Tenna (1642 m).

Die Streusiedlung Safien Camana reicht über die geschlossenen Waldbestände hinaus. Eine Maiensässzone fehlt. Die Alpen grenzen direkt an die Dauersiedlung an. Im Bild: Camana-Boda (1766 m). Das alte Walserhaus von 1707 dient als Museum.

zision, legte Wert auf eine gepflegte Handschrift lange bevor das Schreiben zur Pflicht erklärt wurde und brachte eine erstaunlich grosse Zahl berühmter Lehrkräfte vom Schulmeister bis zum Hochschulprofessor hervor. In der Streusiedlung Safien Camana (1780 m) bestand in den 1880er Jahren die höchste Geigenschule Europas. Bleibt nachzutragen, dass die Safier ihre Instrumente gerne selber bauten, sei es Cello, Geige oder Alphorn. Bis zur Eröffnung der Strasse von Versam nach Safien 1885 deckte sich die Bevölkerung über die Berge hinweg auf den Märkten von Thusis und Splügen ein.

Anreise
Mit eigenem Fahrzeug: Von Ilanz oder Bonaduz nach Versam und weiter ins Safiental.
Öffentlicher Verkehr: Mit der RhB zur Station Versam–Safien und mit Postbus nach Tenna und Safien.

Einen umfassenden Überblick über das Safiental verschaffen sich Reisende, wenn sie auf der Fahrt taleinwärts dem Wegweiser nach Tenna folgen. Tenna (1642 m) ist eine prächtig gelegene Walsersiedlung und ein beliebter Sommerferienort. Die Besiedlungsgeschichte liegt weitgehend im Dunkeln. Fest steht, dass das Tenner Gebiet von Romanen aus Valendas als Alpe genutzt wurde. Im 14. Jahrhundert mussten diese den auf Tenna wohnenden Walsern das Gebiet abtreten. Kirchlich blieb Tenna noch bis ins 16. Jahrhundert hinein bei Valendas.

Sehenswert
Tenna hat den Charakter als Hof- und Weilersiedlung bis auf den heutigen Tag gut bewahrt. Tennas Wahrzeichen ist aber die reformierte Kirche mit dem Bleistiftturm. Der einst dem hl. Valentin geweihte Bau birgt im Inneren eine wunderschöne, spätgotische Leistendecke aus dem Jahre 1504. Friese gliedern die Decke in fünf Teile. Die Friesbretter sind von hoher Qualität, beschnitzt und bemalt, ebenso die Leisten, die Band- und Zackenmuster aufweisen. Schmuckstück der Kirche ist das wandhohe Gemälde an der Nordwand. Zu ihm gehören zehn grosse Bilder, je fünf in einer Reihe, die einen Passionszyklus darstellen. Er entstand, wie wohl auch die Darstellung der Epiphanie an der Südwand, im ersten Viertel des 15. Jahrhunderts.

Nach Besichtigung des Ortes fahren Sie zurück auf die Talstrasse, die Sie nach Safien Platz und Safien Thalkirch bringt. Unterkünfte für Kurzaufenthalte gibt es im Safiental nur wenige.

Übernachten, Essen und Trinken
BERGGASTHAUS TURRAHUS
CH-7104 Safien Thalkirch
Tel. / Fax ++41(0)81 647 12 03
GASTHAUS RATHAUS
CH-7107 Safien Platz
Tel. ++41(0)81 647 11 06 / Fax ++41(0)81 647 13 02

Blick in den Kochtopf
CHNOLLASUPPA
2 Eier, 1 Tasse Milchwasser, 2 Tassen Mehl, Salz, 400 g fein geschnittenes, geräuchertes Fleisch: Schafslaffe, Rippli, Speck, Landjäger, Schinken, Salziz,

Gehacktes oder Siedfleischresten, Muskat, Petersilie, Schnittlauch. Aus diesen Zutaten knetet man einen Teig und formt daraus aprikosengrosse Knödel. Diese gibt man in die aufgekochte Fleischbrühe und rührt sie immer wieder sorgfältig auf. Von Zeit zu Zeit gibt man der Flüssigkeit wenig Milch bei. Man lässt alles ca. eine halbe Stunde ziehen und schmeckt die feine Suppe mit Muskat, Petersilie und Schnittlauch ab.

Sehenswert
Die reformierte Kirche in Safien Platz stammt von 1510. Sie wurde von Andreas Bühler aus Kärnten erbaut. Taufstein aus der Bauzeit, die sparsam beschnitzte Kanzel hingegen geht auf das Jahr 1690 zurück. Im Chor erinnert eine Pest-Inschrift an harte Zeiten: «Jm jar 1550 seintt in savia 155 Parszonen und im Jar 1629 seintt 100 Parszonen und im Jar 1630 seintt 31 Parszonen alle an der Pestolenz gestorben.» – Das schlichte Kirchlein von Thalkirch stammt von 1503, der Turm vermutlich von der rund 60 Jahre älteren Vorgängerin, die einen dem Walserheiligen Theodul geweihten Altar beherbergte. Im Innern achteckiger Taufstein, Kanzel von 1789. – Über das ganze Tal verstreut beggenen schöne Walserhöfe. Besonders eindrücklich wirkt der fast nahtlose Übergang von den Heimgütern Camanas zu den Alphütten, in welchen die Bauern noch im ausgehenden 20. Jahrhundert täglich die Milch verarbeiteten. Unglaublich reich ist Safiens Pflanzenwelt.

Museum
SAFIER HEIMATMUSEUM
CH-7107 Camana-Boda
Das aus dem Jahr 1707 stammende Bauernhaus besteht aus Stube, Küche, Kaltkammer, Schlafzimmer und Keller. Behandelt sind u. a. die Themenkreise landwirtschaftliche Gebrauchsgegenstände, Handwerk, häusliche Arbeit, brauchtümliches Eierritzen (Ostereiersammlung) und Auswanderung. Tonbildschau über Bauernarbeit und Talschaft.
Mai bis Okt. abwechslungsweise jeden 2. Sonntag 14–17. Erster Öffnungstag: 2. Maisonntag. Ferner nach Vereinbarung mit Marie Blumer-Buchli, Safien Camana, Tel. ++41(0)81 647 11 61.

Wandern

Thalkirch – Camana Boden – Thalkirch

Die Wanderung erschliesst die durch Streuhöfe geprägte Siedlungslandschaft. Besonders eindrücklich ist der praktisch nahtlose Übergang vom Dauersiedlungsgebiet in die Alpregion bei Camana, bedingt durch die geringe vertikale Distanz zwischen beiden Zonen.

Bei der Post Thalkirch (1686 m) steigen Sie auf einem Bergweg leicht an und wandern vorbei an schönen Walserhöfen hinüber zum Bawald (= Bannwald). Nach Durchquerung desselben erreichen Sie die Bächer Hütten, queren das Bächer Tobel und gehen durch den Camaner Wald und über Weiden nach Inder-Camana. Auf dem schmalen Strässchen steigen Sie bergan. Unterhalb des Fahrwegs liegen die Heimgüter, darüber, wie an einer Perlenschnur aufgezogen, die Alphütten. Bleiben Sie auf dem Strässchen, bis rechts ein Weg nach Camana-Boda abzweigt, wo eine hübsche Gartenwirtschaft mit herrlichem Ausblick über das Tal der Rabiusa zum Rasten einlädt. Nur einige Schritte davon entfernt befindet sich das Safier Heimatmuseum. Der Rückweg führt über die Strasse nach Inder-Camana und von dort aus talwärts bis zum Schild, welches auf den Fussweg nach Thalkirch verweist. Dieser mündet kurz vor Bäch in die Talstrasse. Auf dieser zurück zum Ausgangsort. – Wanderzeit: 3 Std. 30 Min.

Safien Platz – Zalön – Safien Platz

Rundwanderung, die an einigen schönen alten Walsergehöften vorbeiführt und schöne Ausblicke auf Tenna und das kleine Inner Glas bietet.

In Safien Platz bleiben Sie ca. 250 m auf der Strasse nach Zalün. Dann wechseln Sie auf den alten Güterweg und beachten das Schild «Rüti/Höfli». Bei einem kleinen Stall mündet der Weg in ein Strässchen, welches Sie nach Inder-Zalön und weiter nach Bruschgaläschg bringt. Nach Querung einer imposanten Schlucht erreichen Sie Hof. Von hier aus erfolgt der Abstieg nach Safien Platz. – Wanderzeit: 1 Std. 50 Min.

Safien Platz – Glaspass – Safien Platz

Den Glaspass benutzten nicht nur jene aus Safien abgewanderten Walser, die sich in Tschappina am Heinzenberg neu ansiedelten. Ihn überstiegen auch die Safier, wenn sie dem Kloster Cazis den Zins ablieferten oder den Markt von Thusis besuchten. Von Inner Glas, das von drei Bauernfamilien ganzjährig bewohnt wird, ist der Blick frei auf grosse Teile des Safientals. Den sorgfältig bewirtschafteten Sonnenhängen mit seinen Streusiedlungen stehen die ansehnlichen Waldbestände auf der Schattenseite gegenüber.

Von der Poststelle Safien Platz begeben Sie sich hinunter zum Ausgleichsbecken der Elektrizitätswerke, wo der Chilchawald-Weg beginnt. Über weite Strecken steigen sie auf geschichtsträchtigem Kopfsteinpflaster bergan. Weite Kehren führen hinauf zu den Wiesen von Inner Glas und weiter nach Inner Glas (1819 m), das bereits Fraktion der Gemeinde Tschappina ist. Auf dem Fahrweg erreicht man ohne nennenswerte Steigung Usser Glas und den Glaspass (1846). Auf dem gleichen Weg zurück. Wanderzeit: 3 Std.

Literatur/Karten
BANDLI, HANS und LEONHARD: Im Safiental. 2. Aufl., Verlag Bündner Monatsblatt, Chur 2002.

WANNER, KURT: Das Frauenkloster Cazis und die Safier Walser. In: Das Werk der Klöster bei der Besiedlung der Alpen (Akten der 8. Internationalen Walser Studientagung), 1992.
ARDÜSER, HANS und TONI LAMPERT: Surselva. (Bündner Wanderführer; Bd. 1). Terra Grischuna, Chur 200.
Offizielle Wanderkarte der SAW: 1 : 50 000. Blatt 255 T SAFIENTAL – LUMNEZIA – VALSERTAL – HINTERRHEINTÄLER.

Informationen
VERKEHRSVEREIN SAFIEN
CH-7107 Safien Platz
Tel. ++41(0)81 647 12 09 / Fax ++41(0)81 647 13 22
E-Mail: maria.hunger-fry@bluewin.ch / Internet: www.safien.ch

Rheinwald

Die Talschaft Rheinwald bildet die oberste Stufe des Hinterrheins und reicht von der Adulagruppe mit dem Rheinwaldhorn (3402 m) bis zur Roflaschlucht (1100 m). Rheinwald wurde zur Heimat der ersten urkundlich fassbaren Walser im Kanton Graubünden. Sie kamen aus der italienischen Walserniederlassung Pomatt/Formazza, aus Simlon, Brig und Bosco Gurin. Von Hinterrhein stiessen Walserfamilien schon bald Richtung Splügen vor, andere überstiegen das Gebirge Richtung Norden, um sich im Safien- und Valsertal neu anzusiedeln. Am Sonnenhang liegen die Orte Hinterrhein, Nufenen, Medels, Splügen und Sufers. Splügen (1640 m), wirtschaftlicher und kultureller Mittelpunkt des Rheinwalds, war wichtiger Transitknoten und Etappenort an den Verkehrswegen über den Splügen- und den San-Bernardino-Pass. Mit dem Ausbau des Via-Mala-Weges im Jahre 1473 nahm der Warenaustausch zwischen Norden und Süden um ein Mehrfaches zu. In der Regel wurden die Waren durch Genossenschaften, so genannte Porten befördert. Jeder zweite Erwachsene war in der Blütezeit des Passverkehrs direkt mit dem Warentransport beschäftigt oder von diesem abhängig. Mitte des 19. Jahrhunderts erlebte der Transitverkehr einen letzten Höhepunkt. Er wurde allerdings schon über die neuen Fahrstrassen abgewickelt. Der Transport mit Ross und Wagen machte die traditionellen Säumer brotlos. Unzählige Menschen verliessen ihre Heimat am Hinterrhein, um in den Ländern Europas oder in Übersee ihr Glück zu suchen. Den einstigen Reichtum Splügens dokumentieren die Patrizierhäuser und Susten der Kaufmannsfamilien Schorsch, Albertini und Zoja im oberen Dorfteil. Sie stehen in reizvollem Kontrast zu den Holzhäusern der Walser Säumerbauern im unteren und westlichen Quartier.

SCHWEIZ

Im «Rothuus» in Nufenen (1569 m) wurde als Spross eines alten Rheinwalder Geschlechts der bekannte Magistrat Philipp Hössli (1800 bis 1854) geboren. Er studierte Rechtswissenschaft in Göttingen und Berlin, wo er sich mit den Familien Brentano und von Arnim befreundete.

Unterhalb des Dörfchens Hinterrhein (1620 m) überspannt die alte «Landbrugg» von 1692 den jungen Rhein. Die vom Baumeister Peter Zurr erstellte Brücke kostete seinerzeit 330 Gulden. Sie zählt zu den schönsten Bauwerken des Tals.

Kopfsteingepflasterte Gassen gehören zum Ortsbild wie die mit Steinplatten gedeckten Häuser im Ortskern. 1995 erhielt Splügen für das intakte Dorfbild den Wakker-Preis. Splügen ist heute Sommer- und Winterkurort. Die Landwirtschaft spielt noch eine wichtige Rolle. Schon vor mehr als einem Jahrzehnt entschieden sich die rund 50 Betriebe dazu, nach den Richtlinien des Biolandbaues ohne künstlichen Dünger und chemische Herbizide zu produzieren. Sie spielten damit gesamtschweizerisch eine Vorreiterrolle.

Anreise
Mit eigenem Fahrzeug: Von Norden und Süden erfolgt die Anreise über die N 13 oder die Kantonsstrasse. Die San-Bernardino-Passstrasse (2065 m) ist nur im Sommer offen.
Öffentlicher Verkehr: Das Rheinwald liegt an der Buslinie Chur – Thusis – Bellinzona. Postbus-Haltestellen sind Sufers, Splügen, Medels, Nufenen und Hinterrhein. Im Sommer Postkurse über den Splügenpass.

Übernachten, Essen und Trinken
Der Ort Splügen alleine verfügt über fünf Hotels. Zwei weitere und ein Gasthof befinden sich in den Dörfern Sufers, Medels und Nufenen.
POSTHOTEL BODENHAUS. Haus mit 180-jähriger Tradition.
CH-7435 Splügen
Tel. ++41(0)81 650 90 90 / Fax ++41(0)81 650 90 99
E-Mail: posthotel-bodenhaus@bluewin.ch / Internet: www.posthotel-bodenhaus.ch

Blick in den Kochtopf
STOCKPOLENTA - (Maisknödel mit Käse)
Zutaten: 200 g Polentamehl, 6 dl Milchwasser (halb Milch, halb Wasser) 1 TL Salz, 4 EL geriebener Käse, Butter.
Zubereitung: Die Polenta im gesalzenen Milchwasser weichkochen und noch warm mit einem Löffel faustdicke Knollen ausstechen. In einer Schüssel aufschichten und den geriebenen Käse dazwischenstreuen. Das Gericht mit viel heisser Butter übergiessen. Eventuell kurz in den Backofen schieben, damit der Käse gut schmilzt.

Sehenswert
In der Umgebung des Sustenbachs stehen die südländisch anmutenden Palazzi der Handelsherren aus dem 18. Jahrhundert, darunter die auch einem gemauerten Sockel ruhenden Holzhäuser der Säumerbauern. – Am zentralen Platz von Splügen befindet sich das Posthotel Bodenhaus, das 1722 als Handelshaus errichtet und rund 100 Jahre später zum Gasthaus umgebaut wurde. Auf dem Platz tummelten sich zu Beginn des 19. Jahrhunderts noch 400–500 Saumrosse täglich. Die Kirche mit stattlichen Ausmassen wurde in den späten 1680er-Jahren von Meister Peter Zurr aus Thusis erbaut. Besondere Aufmerksamkeit verdient das reich verzierte, herrschaftliche Familiengestühl aus dem 17. Jahrhundert. – Zu Fuss erreicht man von Splügen aus in wenigen Minuten auf dem mittelalterlichen Saumweg nach Sufers die auf das spätere 13. Jahrhundert zurückgehende Ruine der Burg Splügen. Sie dürfte von den Herren von Vaz erbaut worden sein, die um 1300 über den Splügner Zoll verfügten. – Ebenfalls zu Fuss erreicht man von Splügen aus in ca. 20 Minuten die knapp 50 Bewohner zählende Streusiedlung Medels, die kleinste Walsergemeinde Graubündens. Sie besitzt ein reizendes Kirchlein aus dem Jahre 1708 mit einem schindelgedeckten Turm. – Auch das weiter taleinwärts gelegene Nufenen ist zu Fuss erreichbar. Hier befindet sich das Rathaus mit dem Kreisarchiv, in welchem einige der ältesten Walserdokumente aufbewahrt werden. Der auffälligste Bau des Dorfes ist das Rothuus aus dem 17. Jahrhundert. Das geschichtsträchtige Gebäude diente einst als Herberge und dem Bundesappellationsgericht des Grauen Bundes als Tagungsort. Im 18. Jahrhundert verlieh ihm die alteingesessene Rheinwalder Familie Hössli durch einen Umbau sein heutiges Aussehen. – Unterhalb Hinterrhein, von den Walsern einst Zum Rin genannt, überspannt die schöne «Landbrugg» aus dem Jahre 1692 den Rhein, über die der Saumweg zum San-Bernardino-Pass führte, den Walser aus Pomatt, Simplon, Brig und Bosco Gurin im 13. Jahrhundert bei der Einwanderung ins Rheinwald überschritten haben. Die Brücke erbaute Meister Peter Zurr aus Thusis, dem wir in Splügen bereits begegnet sind. – Alte Walserarchitektur ist über das ganze Hochtal verstreut anzutreffen.

Museum
Das Splügner Museum ist kein Heimatmuseum im herkömmlichen Sinn. Das Passdorf hat sein Museum stark auf die Säumerei über Splügen- und Bernhardinpass und den Postverkehr ausgerichtet. Neben dem lebensgrossen, mit Saumfässern beladene Saumross bildet eine Transportkiste für ängstliche Reisende einen Blickfang. Zu sehen sind auch Säumerbriefe, -körbe und -truhen, Schlitten, landwirtschaftliche Geräte und anderes mehr.
Juli bis Mitte Okt.   Di, Do, Sa 16 – 18
Jan. bis Mitte April   Di, Do, Sa 16 – 18
Mitte–Ende Dez.   Di, Do, Sa 16 – 18
Ferner nach Vereinbarung. Tel. ++41(0)81 664 11 38

Wandern

Dorfrundgang
Auf gepflästerten Gassen durch das sich beidseits des Sustenbaches ausbreitende einstige Passdorf Splügen. – Dauer: ca. 30 Min.

Talwanderung Sufers – Splügen – Medels – Nufenen – Hinterrhein
Schöne und leichte Wanderung. Sie erschliesst das gesamte Rheinwalder Siedlungsgebiet und endet in Hinterrhein, wo sich die ersten Walser in der zweiten Hälfte des 13. Jahrhunderts niederliessen.

Auf dem einstigen Saumweg von Sufers an der Ruine der Splügner Burg vorbei nach Splügen. Rund zwei Kilometer sind es von Splügen in das kleine Medels, bei dessen Kirchlein ein Zwischenhalt sich lohnt. Sowohl auf der linken, als auch auf der rechten Talseite führen Wege nach Nufenen. Bei Nufenen auf die rechte Talseite wechseln, um zur alten Landbrugg zu gelangen; diese überqueren und hinauf ins Dorf Hinterrhein. – Wanderzeit: 4 Std. Rückfahrt mit dem Postbus.

Auf dem alten Säumerweg durch die Cardinell-Schlucht
Die südlich des Splügenpasses auf italienischem Territorium gelegene Cardinell-Schlucht ist Teilstück des historischen Saumwegs Thusis-Splügen-Chiavenna. Während der Begehung der Schlucht sollten Wandernde gelegentlich daran denken, dass dieser gefährliche Weg auch im Winter begangen wurde. Nicht nur Säumer mit ihren Rossen waren darauf unterwegs, sondern auch fremde Truppen in Kriegszeiten.

Der Einstieg in die Schlucht liegt kurz hinter der Staumauer des Lago di Monte Spluga. Nach Verlassen der Schlucht vorbei an Mottaletta nach Isola. – Wanderzeit: 2 Std. Einkehrmöglichkeit in Isola. Im Sommer Postautokurse ab Isola nach Splügen.

Literatur/Karten
HITZ, FLORIAN: Walser, Burgen, Adel. In: JB der WVG 2001.
LOREZ, CHRISTIAN: Bauernarbeit im Rheinwald. Landwirtschaftliche Methoden und Geräte. (Schriften der Schweizerischen Gesellschaft für Volkskunde, Bd. 25). Schweiz. Gesellschaft für Volkskunde, Basel 1943.
LOREZ-BRUNOLD, CHRISTIAN UND TILLY: Rheinwalder Mundartwörterbuch. Walservereinigung Graubünden, Chur 1987.
WANNER, KURT: Das «Bodenhaus» in Splügen. Geschichte und Geschichten eines Bündner Hotels. Hotel Bodenhaus, Splügen 1997.
DERS.: Der Himmel schon südlich, die Luft aber frisch. Schriftsteller, Maler, Musiker und ihre Zeit in Graubünden 1800–1950. Verlag Bündner Monatsblatt, Chur 1993.

DERS.: Rheinwald – Avers. (Region; Bd. 11). Terra Grischuna Verlag, Chur 1990.
DERS.: Sufers, das älteste Dorf im Rheinwald. Verlag Bündner Monatsblatt. Chur 1990.
DERS.: Via Spluga. Durch Kulturen wandern. Terra Grischuna Verlag, Chur 2001.
WANNER, SABINA: Rheinwalder Auswanderung im 19. Jahrhundert. Walser Vereinigung Graubünden, Verlag Bündner Monatsblatt, Chur 1994.
WILD, WERNER und TONI LAMPERT: Hinterrhein (Bündner Walserführer; Bd. 3). Terra Grischuna, Chur 2003.
Offizielle Landeskarte der SAW: 1 : 50 000. Blatt 257 T SAFIENTAL – LUMNEZIA – VALSERTAL – HINTERRHEINTÄLER.
Offizielle Landeskarte der SAW: 1 : 50 000. Blatt 267 T SAN BERNARDINO – SPLÜGEN – RHEINWALD – VAL MESOLCINA.

Informationen
SPLÜGEN/RHEINWALD TOURISMUS
CH-7435 Splügen
Tel. ++41(0)81 650 90 30 / Fax ++41(0)81 650 90 31
E-Mail: splugen@viamalaferien.ch / Internet: www.splugen.ch

Abstecher ins Mesocco/Misox

Anreise
Mit eigenem Fahrzeug: Vom Rheinwald auf der N 13 durch den Tunnel oder über den San-Bernardino-Pass. Die Autobahn evtl. bei der Ausfahrt San Bernardino verlassen. Es empfiehlt sich aber – auf welcher Strasse auch immer – zuerst nach San Vittore hinunterzufahren (Autobahnausfahrt Roveredo) und dort mit der Annäherung an das Tal zu beginnen. Von Bellinzona auf der N 13 (Autobahnausfahrt Roveredo) oder auf der alten San-Bernardino-Strasse nach San Vittore.
Öffentlicher Verkehr: Postbusverbindungen ab Rheinwald und Bellinzona.

Sehenswert
Dicht hinter der Tessiner Grenze liegt das Dorf San Vittore. Im westlichen Teil steht auf einem Felsblock eine karolingische Rotunde aus dem 8. Jahrhundert und dahinter die Kapelle San Lucio aus dem 17. Jahrhundert (Parkplatz gegenüber der Rotunde). Neben dem Eingang zur Rotunde finden sich Fresken aus dem ausgehenden 14. Jahrhundert, die Heiligenfiguren und Kirchenfürsten zeigen. In der Kapelle steht neben dem Altar aus dem 17. Jahrhundert eine spätgotische Männergestalt in vornehmer Kleidung; möglicherweise den Bündner Heiligen Luzius darstellend. Zwar steht die interessante Anlage in keinerlei Zusammenhang mit den Walsern, was von einer Besichtigung nicht abhalten sollte. Wenige Minuten östlich davon steht mitten in einem kleinen Rebberg die einst mit Alpen und Weiden im Rheinwald begüterte, in das 13. Jahrhundert hinaufreichende Stiftskirche S. Giovanni e Vittore. Die Südfassade trägt ein grosses Christophorus-Fresko. Im Innenraum fällt die reiche Barockausstattung auf. – Auf einer Felsnase unterhalb Mesocco ragen die geschichtsträchtigen Ruinen des Castello di Mesocco gegen den Himmel. Die Burganlage diente zur Überwachung des Verkehrs über den San Bernardino. Bereits im 12. Jahrhundert residierten hier die Freiherren von Sax, vor welchen 1274 die im Rheinwald wohnhaften Pomatter Brüder Jakobus und Ubertus den Vasalleneid ablegten. Als 1483 die Talschaft an Graubünden überging, verkauften die mittlerweilen zu Grafen gewordenen Sax-Misox die Burganlage an Giovan Giacomo Trivulzio von Mailand. 1526

setzten die Bündner die Schleifung der Burganlage durch, denn sie befürchteten, dass die Mailänder diese als Stützpunkt benutzen könnten. Von der Burgruine schöne Aussicht auf die Kirche von Soazza und das untere Misox. Am Fusse der Burg steht die Kirche Sta. Maria del Castello mit sechsstöckigem romanischem Turm. Ihr Kern dürfte auf die Zeit um 1100 zurückgehen. Monumentales Christophorusgemälde aus dem 15. Jahrhundert an der Fassade. Die Nordseite des Schiffes ist mit besonders schönen spätgotischen Wandmalereien aus der Mitte des 15. Jahrhunderts ausgeschmückt. Ferner verdienen die bemalte Decke und die Seitenaltäre aus dem 17. Jahrhundert Beachtung. – Oberhalb Mesocco sieht man auf der linken Talseite die Kleinsiedlungen Andergia und Darba, die im 13. Jahrhundert von Walsern bewohnt wurden. – Kurz vor dem Dorf San Bernardino lag nur wenig abseits der Strasse die einst wohl höchste Walsersiedlung im Misox, Suossa (1701 m).

Wandern

San Bernardino – Mesocco

Abwechslungsreiche Wanderung, die zuerst durch Wald und Weiden, dann mitten durch eine Transitlandschaft von europäischer Bedeutung führt und gleichzeitig Einblick in einst von Walsern bewohnte Gebiete gewährt.

Vom Dorf San Bernardino (1608 m) zur Brücke über die Moesa, dann hinüber zum Lago d'Isola. Am rechten Ufer hinunter zur Staumauer. Auf der Naturstrasse, später auf einem Wanderweg zu den Weiden von Pignela Sura (1472 m); schöner Aussichtspunkt. Weiter durch Wald und Weiden und vorbei an einem kleinen malerischen See nach Sei. Bald ist die alte San-Bernardino-Strasse erreicht, der Sie folgen, bis ein Schild am Strassenrand den Weg nach Mesocco weist. Die gewaltigen Brücken über die Moesa-Schlucht präsentieren sich jetzt aus einer völlig ungewohnten Perspektive. Wenig später wechselt die Szenerie: Grasende Rinder und Esel lassen den Verkehr vergessen. Am Hang gegenüber liegen die einstigen Walserniederlassungen Andergia und Darba, deren Bewohner die Herren von Sax-Misox gelegentlich in Schwierigkeiten brachten. Bald kommt der Turm der Pfarrkirche SS. Pietro e Paulo von Mesocco in Sicht, und durch den Weiler Cebbia und entlang der Moesa führt der Weg ins Dorf Mesocco. – Wanderzeit: 3 Std. 30 Min.

San Bernardino – Suossa – San Bernardino

Rund 2 km südlich des Dorfes San Bernardino befindet sich nach einer Kehre links der Strasse ein grosser Parkplatz. Auf der anderen Seite der Strasse weist ein Schild den Weg nach Suossa (1701 m). Diesen ehemals

Die Stiftskirche S. Giovanni e Vittore im Dorf San Vittore geht auf das 13. Jahrhundert zurück. Die im Rheinwald mit Alpen und Weiden begüterte Kirche spielte im Rahmen der Walser Ansiedlung am Hinterrhein eine wichtige Rolle.

Auf der Wanderung von San Bernardino nach Mesocco setzen die das Tal der Moesa überspannenden Brücken der N 13 spektakuläre Akzente.

wohl höchsten Siedlungspunkt der Walser im Misox erreicht man in 15 Min. In Suossa interessanter Blockbau.

Variante: Rundwanderung Parkplatz – Suossa – Lago d'Isola – Parkplatz. – Wanderzeit: 1 Std.

Mesocco – Castello di Mesocco – Mesocco

Vom Dorf auf dem alten Bahntrasse, das heute als Wanderweg dient, abwärts, bis zu einem Schild, welches den Weg zum Castello weist. Auf dem Pfad hinunter zur Strasse, diese überqueren und hinüber zur Ruine. Auf dem gleichen Weg zurück nach Mesocco – Wanderzeit: 1 Std.

Literatur/Karten
CHIESE E MUSEO DI SAN VITTORE (GR) – Kirchen und Museum von San Vittore (GR). Guida storico-artistica. Testo di Rinaldo Boldini. Deutsche Übersetzung von Mariantonia Reinhard-Felice. Edizioni Pedrazzini, Locarno 1991.
RIZZI, ENRICO: L'archivio Sacco-Trivulzio e la colonizzazione walser nel Rheinwald. In: Akten II, 1985.
WILD, WERNER und TONI LAMPERT: Hinterrhein (Bündner Wanderführer; Bd. 3). Terra Grischuna, Chur 2003.
Offizielle Wanderkarte der SAW: 1:50 000. Blatt 267T SAN BERNARDINO – SPLÜGEN – RHEINWALD – VAL MESOLCINA.

Avers

Die Gemeinde Avers breitet sich oberhalb des Val Ferrera über zwei Talstufen aus. Von der wilden Waldschlucht hinter Innerferrera, wo von Süden der Reno di Lei und von Osten der Starlerbach in den Averser Rhein münden, reicht sie hinauf zu den Gebirgskämmen, über welche historische Pfade ins Oberhalbstein, ins Oberengadin, ins Bergell und nach Italien führen. Im unteren Avers liegen die Weiler Campsut (1668 m) und Cröt (1715 m). In Cröt zweigt die Strasse ins Madrisertal ab, wo noch zwei Bauern auf über 1750 m ü. M. ganzjährig wirtschaften. Bleibt man auf der Hauptstrasse, so erreicht man nach einigen Kurven das obere Tal mit den Siedlungen Cresta (1960 m), Pürd, (1921 m), Am Bach (1959 m), Juppa (2004 m), Podestatsch Hus (2046 m) und Juf (2126 m), Europas höchste Dauersiedlung und Ausgangspunkt für viele Passwanderungen. Alle Höfe im Averser Hochtal liegen an der unbewaldeten rechten, nach Südwesten orientierten Talflanke. Auffallend ist die Waldarmut im Hochtal. Sie ist eine Folge der Nutzung des Holzes zum Bau und Unterhalt von Häusern, Ställen und Zäunen sowie des grossen Brennholzverbrauches. Zusätzlich zum Holz verwenden die Avner getrocknete Ziegel aus Schafmist als Brennmaterial. Diese sind an den Stallwänden aufgeschichtet. Nach Walserart heisst die Zentrumssiedlung Cresta mit Kirche, Schulhaus, Post und einem Einkaufsladen Platz. Sprachliche Kriterien weisen auf die Herkunft der Avner Walser aus dem Rheinwald hin. Das älteste Walserdokument stammt von 1377. Daraus ist zu erfahren, dass der erste namentlich bekannte Ammann Johannes Hosang hiess. Viele romanische und italienische Flurnamen wie Cresta, Foppa, Ganda, Juf, Mazza, Scalotta und Zocca erinnern aber daran, dass das Tal bereits vor Ankunft der Walser bewohnt war. Die auf Viehzucht und Milchwirtschaft ausgerichteten Avner Walser blieben bis

Die Höfe im oberen Talabschnitt von Avers liegen zwischen 1960 und 2126 m ü. M. und stehen damit in der Alpregion. Das Wirtschaftsleben der Avner Bauern ist damit im Wesentlichen an eine einzige Betriebsstufe gebunden.

Der Holzarmut begegnen die Avner mit Schafmist. Er wird zuerst in Würfel und nach dem Trocknen in Ziegel geschnitten. Diese werden vor den Stallgebäuden aufgeschichtet und zwischen einem halben und einem ganzen Jahr gelagert. Die Schafmistplatten werden zusammen mit Holz verbrannt.

Ende des 19. Jahrhunderts über die Pässe hinweg nach Süden und Osten ausgerichtet. Einige Einheimische züchteten Pferde und beteiligten sich als Säumer am Warenverkehr über den Septimerpass. Das Vieh trieben die Avner auf die Märkte von Lecco und Lugano, gelegentlich gar nach Mailand. Als 1892 ein Schwindel erregender Steg bei Innerferrera durch einen bequemen Weg ersetzt wurde, konnten Vieh und landwirtschaftliche Erzeugnisse leicht nach Andeer und Thusis ausgeführt werden. Heute bilden Viehzucht und ein sanfter Fremdenverkehr die Lebensgrundlagen der Bevölkerung.

Anreise
Mit eigenem Fahrzeug: Bei Rofla die N 13 oder die alte San-Bernardino-Strasse verlassen und der Beschilderung Avers folgen. Die Strasse dorthin führt zuerst durch das enge, vorwiegend romanische Val Ferrera, das politisch zum Schams gehört. Der Name leitet sich ab aus lateinischem ferraria (= Eisen-

werk, Schmelzofen). Die Überreste einer Schmelze dicht an der Strasse vor Ausserferrera weisen auf den früheren Bergbau in diesem Talabschnitt hin.
Öffentlicher Verkehr: Mehrmals täglich Postbusverbindung ab Andeer.

Übernachten, Essen und Trinken
PENSION EDELWEISS. Essen, Trinken und Übernachten in Europas höchster Dauersiedlung! Gutbürgerliche Küche. Fleisch- und Milchprodukte fast ausschliesslich aus eigener Produktion.
CH-7448 Avers-Juf
Tel. ++41(0)81 667 11 34 / Fax ++41(0)81 630 80 15
E-Mail: info@juf2126.ch / Internet: www.pension-edelweiss.ch

Blick in den Kochtopf
CHÄÄSRIIS – (Käsereis)
250 g Reis, 7 dl Wasser, 1 TL Salz, 200 g Reibkäse, Butter.
Den Reis gar kochen und viel Reibkäse unterrühren. Mit einem Löffel Löcher in den Reis stechen und heisse Butter darüber giessen.

Sehenswert
Bei Avers-Cresta steht über einem Steilabbruch in einmaliger Lage das im Kern romanische «Edelweisskirchlein», das Wahrzeichen des Tals. Wandmalereien aus ursprünglich dem hl. Nikolaus geweihten Gotteshauses zeigen St. Georg mit dem Drachen und Christophorus, beide 15. Jahrhundert. Der Glockenturm stammt aus der ersten Hälfte des 18. Jahrhunderts. – Im kleinen Weiler Podestatsch-Hus steht das höchste Bürgerhaus der Alpen, das 1664 erbaute Podestatshaus. Die talseitige Fassade trägt bemerkenswerte Sgraffiti und die lateinische Inschrift: «Hostibus invitis viat Strubea propago. Agere et pati fortia Strubeam est, 1664.» (= Zum Trutze der Feinde lebe das Strub'sche Geschlecht, ein Tapferes zu tun und Schweres zu ertragen ist Strub'sche Sitte. 1664). Bauherr war Augustin Strub, Podestà zu Tiglio im Veltlin. – Im ganzen Tal verstreut, beggenen schöne Wohnhäuser und Stallscheunen. Sie sind eingedeckt mit Steinplatten und teilweise mit Lawinenkeilen versehen. Besonders auffällig ist jener über dem Hof Ramsa (1748 m) im Madrisertal. – Kurz vor Campsut zweigt das Strässchen zum Lago di Lei ab, von dem fast nur die Staumauer zur Schweiz, der Rest aber zu Italien gehört. Er bildet das Rückgrat der Hinterrheiner Kraftwerke. Vom See (1931 m) lohnt sich der Aufstieg zur Furgga (2167 m). Schöner Aussichtspunkt! Auf dem gleichen Weg zurück. Wanderzeit: 1 Std. 15 Min.

Wandern

Cresta – Oberplatta – Cröt – Pürt – Cresta

Die Rundwanderung führt anfänglich durch ehemaliges Dauersiedlungsgebiet. Vom höchsten Punkt Oberplatta (2140 m) geniesst man eine prächtige Rundsicht auf das obere Aversertal, hinunter nach Cröt und hinein ins Madrisertal.

Von Cresta wandern Sie auf der Strasse abwärts bis zum Schild, das den Weg nach Platta weist. Ein Wanderweg führt hinauf zur Alpe Oberplatta. Dort halten Sie sich an die Beschilderung «Cröt/Innerferrera». Nach steilem Abstieg gelangen Sie zu einem Wegweiser, bei dem Sie die Richtung nach Cröt einschlagen. Von Cröt steigen Sie zuerst auf der alten Strasse, dann auf einem Pfad Richtung Cresta auf. Wo dieser in ein Strässchen mündet, trennen sich bei einem Richtungsweiser die Wege nach Cresta und Pürt. Folgen Sie dem Strässchen bergwärts durch den Letzi- und Capettawald bis ans Ende. Ein Fussweg führt nun zuerst durch Wald, dann über eine Weide hinunter zum Averser Rhein und hinauf nach Pürt. Dort begeben Sie sich auf den Weg, der unterhalb der Strasse zum Kirchlein und weiter nach Cresta führt. – Wanderzeit: 3 Std. 45 Min.

Varianten: a) Bei der Verzweigung «Pürt/Cresta» nach dem Aufstieg von Cröt ins Obertal können Sie den Weg nach Cresta einschlagen. Die alte Strasse führt direkt nach Crest. b) Beim Wegweiser Capettawald (1946 m) am Weg nach Pürt können Sie sich an die Richtungsangabe «Cresta» halten. Hinunter zum Averser Rhein, über die Brücke und auf der rechten Talseite hinauf zum Kirchlein.

Murmeltier- Erlebnis- und Lehrpfad

Ausgangspunkt ist das Loretzhaus bei Juppa, Endpunkt die Alp Bregalga/Olta Stofel. Der beschilderte Themenweg führt mitten durch den natürlichen Lebensraum der Murmeltiere. Am rund 3 km langen Weg verraten elf Stationen viel Wissenswertes über das Alpenmurmeltier. – Wanderzeit: 3 Stunden im Reich der munteren Nager sollten sich Interessierte gönnen.

Literatur/Karten
BUNDI, MARTIN: Zur Besiedlungs- und Wirtschaftsgeschichte Graubündens. 2. Aufl. Calven-Verlag, Chur 1989.
DEPLAZES, LOTHAR: Das Hochtal Avers in den Statuten von Como 1929. In: Bündner Monatsblatt (2000).
RIZZI, ENRICO: Sull'origine della colonia Walser di Avers /Über die Entstehung der Walserkolonie Avers. In: WW 1/1993.
STOFFEL, JOH. RUD.: Das Hochtal Avers. Graubünden. Graphische Anstalt Zofinger Tagblatt A.G., Zofingen 1938.
WANNER KURT: Rheinwald – Avers. (Region; Bd. 12). Terra Grischuna Verlag, Chur 1990.
WEBER, HERMANN: Aus Geschichte und Leben eines Bündner Hochtals. Terra Grischuna Buchverlag, Chur 1985.
WILDHABER, ROBERT: Vom Schafmist in Avers. In: Beiträge zur Volkskunde Graubündens (Schriftenreihe des Rätischen Museums Chur ; Nr. 62).
GANSNER H.P.: Wanderführer Schams-Avers. Hrsg. von Andeer Tourismus und Avers Tourismus. 4. Aufl., 1999.
WILD, WERNER und TONI LAMPERT: Hinterrhein (Bündner Walserführer; Bd. 3). Terra Grischuna, Chur 2003.
Wanderkarte 1 : 50 000. AVERS/VAL FERRERA. Hrsg. Avers Tourismus, Avers-Cresta.
Offizielle Wanderkarte der SAW: 1 : 50 000. Blatt 268 T. JULIERPASS (PASS DAL GÜGLIA) BIVIO – BERGELL – OBERENGADIN.

Offizielle Wanderkarte der SAW: 1 : 50 000. Blatt 267 T. SAN BERNARDINO – SPLÜGEN – RHEINWALD – VAL MESOLCINA.

Informationen
AVERS TOURISMUS
7447 Avers-Cresta
Tel. ++41(0)81 667 11 67
7448 Avers-Juf
Tel. ++41(0)81 667 12 02
E-Mail: avers@viamalaferien.ch / Internet: www.splugen.ch/deutsch/index.html

Mutten

Mutten kam im Jahre 1871 zu einer ersten Strassenverbindung. Es ist heute zwar kein Kunststück mehr, auf der verschiedentlich ausgebesserten Strasse mit 20 engen Kurven in die Walsersiedlung hoch über der Schinschlucht zu gelangen, ein kleines Abenteuer ist es dennoch. Parkplätze sind gelegentlich rar. Das mag sich ändern, wenn voraussichtlich im Jahre 2004 die neue Strasse von Solis nach Mutten dem Verkehr übergeben wird, dank der man hofft, junge Familien im überalterten Mutten ansiedeln zu können. Manche, die heute noch oben wohnen, sind Nachkommen jener Leute, die kurz nach 1300 von den Herren von Vaz angesiedelt wurden. Ihre Anwesenheit machte den Weg über den Bergsat-

Mutten sei, schrieb 1742 der Bündner Pfarrer Nicolin Sererhard «auch eine Wildnus von zerstreuten Häussern», wie alle Bündner Walserkolonien zur Zeit ihrer Entstehung auch, darf man beifügen. Im Bild ist ein altes Walserhaus in Obermutten (1860 m) zu sehen.

tel zwischen dem Albulatal und dem Schams sicherer, den die Vazer auf der Reise in ihre Besitzungen im Hinterrhein gerne benutzten. Mutten wurde zu einer Niederlassung mit drei Siedlungskernen ausgebaut: Underem Wald, das jetzt Untermutten (1394 m) heisst, Stafel (1761 m) und Zoberst uf, heute Obermutten (1860 m), ein prächtiger Aussichtspunkt. Mutten überrascht mit einer einzigartigen Alpenflora.

Anreise
Mit eigenem Fahrzeug: Von Thusis Richtung Tiefencastel. Kurz vor dem Solis-Tunnel den Wegweiser Mutten beachten. Aus Davos nach Tiefencastel, dort der Beschilderung Thusis folgen. Kurz hinter dem Solis-Tunnel weist ein Schild den Weg nach Mutten.
Öffentlicher Verkehr: Postbusverbindungen ab Thusis. Ab Davos mit der RhB nach Tiefencastel und Thusis. Weiter mit Postbus nach Mutten. Von Ende Juni bis Ende September ist Obermutten Endstation.

Übernachten, Essen und Trinken
GASTHAUS POST. Gute Küche mit vorwiegend eigenen Produkten.
CH-7431 Obermutten
Tel. 081 659 02 02

Blick in die Küche
MILCHRIIS (MILCHREIS)
2 dl Wasser, 1 l Mlch, 2 Tassen Reis (Vialone oder Arborio), ½ TL Salz, 1 Zimtstängel, ½ Tasse Zucker, 100 g Butter.
Das Wasser erhitzen, die Milch dazugeben und aufkochen. Reis, Salz, Zimtstängel und Zucker dazugeben und unter Rühren 20 Minuten kochen lassen. Vor dem Servieren Butter beigeben und mit Zimt und Zucker bestreuen. Dazu schmeckt Zwetschgenkompott.

Sehenswert
Das schlichte Holzkirchlein von 1718 in Obermutten ist das einzige dieser Art in der Schweiz. Zu einem ebenfalls hölzernen Turm kam das kleine Gotteshaus erst in den 1930er-Jahren. Schöne, zum Teil urtümliche Walserhäuser und alte Stallscheunen sind noch verschiedentlich vorhanden.

Wandern

Obermutten – Muttner Höhi – Obermutten

Die kurze Wanderung lohnt sich alleine schon der einmaligen Rundsicht wegen.

Von Obermutten steigen Sie inmitten einer vielfältigen Blumenwelt hinauf zur Muttner Höhi (2000 m). Auf dem gleichen Weg zurück. Wanderzeit: 35 Min.

Literatur
HOTZENKÖCHERLE, RUDOLF: Die Mundart von Mutten. Diss. Zürich 1934.
MÜLLER, PAUL EMANUEL: Albula – Bergün – Filisur. (Region; Bd. 11). Terra Grischuna Verlag, Chur 2001.

Informationen
MUTTEN TOURISMUS
CH-7432 Mutten
Tel. 081 681 17 84
E-Mail: frauenfelder-mutten@spin.ch/Internet: www.mutten.ch

Arosa

Gegen Ende des 13. Jahrhunderts erschienen Walser aus Davos in Arosa. Um 1320 gliederten die Freiherren von Vaz den Walserhof «Araus» (= Arosa) dem Grosshof Davos an. Damit wurde Arosa Teil der Landschaft Davos und blieb dies bis 1851. Arosa lebte über Jahrhunderte mehr schlecht als recht von der Landwirtschaft. Im 15./16. Jahrhundert wurde mit geringem Erfolg etwas Bergbau betrieben. Mit der Klimaverschlechterung im 16. Jahrhundert kamen viele Alpen, Wälder sowie der Ober- und Untersee in die Hände Auswärtiger, vor allem der Chu-

Das Eggahuus in Innerarosa. 1944 verkauften die Erben des bisherigen Besitzers, Ständerat Hans Hold, die Liegenschaft zu einem günstigen Preis an die Vereinigung für Naturschutz und Heimatkunde. Sie hielten es für ihre Pflicht, den Arosern dieses historische Zeugnis zu erhalten.

rer. Laut Davoser Landbuch von 1831 zählte man in Arosa gerade noch 51 Seelen. Der Wandel zum Besseren zeichnete sich ab, als in den 1870er-Jahren der Fremdenverkehr in Innerarosa Einzug hielt. Der Ort wuchs zuerst Richtung Obersee und dehnte sich allmählich auch gegen den Untersee aus. Seit 1890 ist Arosa ans Strassennetz angebunden und seit 1914 mit der Bahn erreichbar. Verschiedene Prominente fanden den Weg nach Arosa, darunter Thomas Mann, Annemarie Schwarzenbach und Hermann Hesse. Heute ist Arosa ein «Schweizer Ferienklassiker» mit rund 15 000 Fremdenbetten. Ausser den üblichen Sportanlagen hat Arosa ein Strandbad und einen Bootsverleih, aber auch einen Golfplatz mit unvergleichlichem Panoramablick aufzuweisen. Sein unverwechselbares Gesicht verdankt Arosa einer klugen, auf Aufforstung ausgerichteten Forstpolitik, die es ermöglichte, den Kurort mitten in den Wald hineinzubauen.

Anreise
Mit eigenem Fahrzeug: Bis Chur auf der N 13 oder auf der Kantonsstrasse (bei der Autobahnausfahrt den Hinweis Arosa beachten). Nach einem kurzen steilen Aufstieg führt die kurvenreiche Strasse durch malerische Schanfigger Dörfer hinein nach Langwies und Arosa.
Öffentlicher Verkehr: Ab Bahnhof Chur fährt die RhB nach Arosa.

Übernachten, Essen und Trinken
Um die 50 Hotels aller Kategorien stehen in Arosa. Einige sind allerdings nur im Winter geöffnet.
HOTEL CARMENNA
Ab Anfang Mai durchgehend offen. Das Hotel liegt am Obersee. Gemütliches Ambiente. Gediegenes A-la-carte-Restaurant.
CH-7050 Arosa
Tel. ++41(0)81 377 17 66 / Fax ++41(0)81 377 37 13
E-Mail: carmenna@bluewin.ch / Internet: www.hotelcarmenna-arosa.ch
HOTEL OBERSEE
Schöne Zimmer (meist mit Blick auf den Obersee). Angenehme Atmosphäre. Gutbürgerliche Küche.
Im Sommer ab Ende Juni bis Mitte Oktober geöffnet.
CH-7050 Arosa
Tel. ++41(0)81 377 12 16 / Fax ++41(0)81 377 45 66
E-Mail: info@hotelobersee.ch / Internet: www.hotelobersee.ch

Sehenswert
Das Bergkirchlein Innerarosa, erbaut 1492/93, war dem hl. Jodocus und der hl. Barbara, der Patronin der Bergknappen, geweiht. Markant sind der holzverkleidete Turm und die Schindelbedachung. Polygonale Holzdecke im Schiff. Das Wappen des Landesherrn Maximilian erinnert an die österreichische Herrschaft, jenes des Bischofs von Chur an das seinerzeitige kirchliche Oberhaupt. Kostbarstes Ausstattungsstück ist die kleine Orgel aus dem 18. Jahrhundert mit zwei Flügeln, auf deren Innenseite König David und die hl. Cäcilie dargestellt sind. Besichtigung des Kirchleins nur im Rahmen von Führungen, jeweils Freitag, 14.45, Mitte Juni bis Mitte Oktober. Ebenfalls in

Innerarosa steht das Eggahuus aus der Mitte des 16. Jahrhunderts, welches sich stark abhebt von den wenigen alten Walserhäusern, die in Innerarosa noch zu sehen sind. – Eine Besonderheit Arosas bildet die Grenzmarkierung, welche teils als Mauer, teils als Lattenzaun von der Hörnlihütte bis nach Arosa reicht und den Churer- vom Aroseralpbesitz trennt. Ausgeprägter Gerechtigkeitssinn wird es wohl gewesen sein, der die Erbauer veranlasste, den Steinwall mitten durch den kleinen Wasserbodensee zu ziehen.

Museum
Das Heimatmuseum Schanfigg hat seinen Platz im Eggahuus. Zu sehen sind u.a. die Themenbereiche Bäuerliche Gebrauchsgegenstände, Wohnkultur, Kleidung, Werkzeuge, Musikinstrumente, Waffen, Bergbau, Gesteine, Vögel aus dem Alpenraum, Sport (die ältesten Skier sind mehr als 100 Jahre alt!). Periodisch finden kleine Sonderausstellungen statt. Diavorträge über Arosa und das Schanfigg runden das Programm ab.
Sommer: Mitte Juni bis Mitte Sept.   Mo, Mi, Fr 14.30–16.30
Winter: Mitte/Ende Dez. bis März   Di, Fr 14.30–16.30
Tel. ++41(0)81 377 17 31
Internet: homepage.hispeed.ch/arosamuseum

Wandern

Innerarosa – Schwellisee – Älplisee – Alpenblick – Innerarosa
Ausgangspunkt zu dieser Rundwanderung: Parkplatz/Bushaltestelle Gada. Am Heimatmuseum Eggahuus vorbei führt der Weg taleinwärts zum Berghaus Alpenrose und weiter auf dem Güterweg zum Schwellisee. Hier steigen Sie vorbei an den sagenumwobenen Arven (2060 m!) zum Älplisee auf. Kurz nach dem See begeben Sie sich auf den rechts abbiegenden Weg und folgen diesem bis zum Schild, das auf die Wege nach Innerarosa und zur Hörnlihütte verweist. Beachten Sie den Pfad Richtung Innerarosa. Nach kurzem Abstieg erreichen Sie den Weg, der als Panoramaweg oberhalb des Schwellisees und der Siedlung Innerarosa verläuft. Vom Gasthaus Alpenblick führt ein Güterweg zurück zum Ausgangspunkt. – Wanderzeit: 2 Std. 15 Min.

Innerarosa – Älplisee – Hörnlihütte – Innerarosa
Herrliche Rundsicht auf die Bergwelt und auf die ehemaligen Walser-Dauersiedlungen Medergen und Strassberg, ferner auf die Dörfer am Sonnenhang im äusseren Schanfigg und auf den Urdensee. Aus dem See, weiss die Sage, hört man gelegentlich ein fürchterliches Brüllen. Es stammt von drei oder vier jungen Pferden, die ein mutwilliger Hirte in den See getrieben hat.

Wie oben zum Älplisee und zum Wegweiser «Innerarosa/Hörnlihütte». Folgen Sie dem Weg Richtung Hörnlihütte. Hinter einem klei-

Die markanten Arven (2060 m) am Weg zwischen Schwellisee und Älplisee bilden eine Station am Aroser Sagenweg. Ein Hirte hätte hier eine glückbringende Prinzessin erlösen können, doch weil er ihr eine goldene Kuhschelle vorzog, wurde er vom Unglück heimgesucht.

nen Sattel haben Sie einen kurzen steilen Abstieg zu bewältigen (nur trittsicheren Wandernden zu empfehlen!), dann geht es wieder bergan zur Hörnlihütte. Vom Sattel bei der Hörnlihütte (2513 m) gelangen Sie teils auf einem Fahrweg, teils auf einem Pfad, zurück nach Innerarosa. – Wanderzeit: 4 Std.

Aroser Obersee – Litzirüti – Sunnenrüti – Langwies – Prätschwald – Aroser Obersee

Rundwanderung durch altes Walser Siedlungsgebiet. Schöne Ausblicke auf die Walser Rodungsinseln Litzirüti und Sunnenrüti.

Vom Obersee hinunter zum Untersee. Hinter dem See überqueren Sie die Strasse und folgen dem Wegweiser «Litzirüti/Langwies». Ein schöner Weg bringt Sie durch den Usserwald. Bald weist ein Schild darauf hin, dass Sie entweder zum Stausee absteigen oder auf der alten Poststrasse nach Litzirüti wandern können. Auch vom Stausee führt ein Weg hinaus nach Litzirüti. Jetzt wandern Sie auf der Strasse abwärts, überqueren die Brücke und bleiben auf der Strasse, bis ein Wegweiser am rechten Strassenrand auf den Wanderweg nach Sunnenrüti und Langwies verweist. Nach kurzem Aufstieg erreichen Sie Sunnenrüti. Wählen Sie hier den Sommerweg, der meist durch bewaldetes Gebiet nach Langwies führt. Vom Dorfzentrum steigen Sie zum Bahnhof ab, dann dem Schild «Arosa» folgend, wandern Sie hinunter in die Plessur-Schlucht, die hier vom 287 m langen und 62 m hohen Langwieser Viadukt überspannt wird. Nach dem Aufstieg auf der andern Hangseite erreichen Sie bald ein Landwirtschafts- und Forststrässchen, das Litzirüti mit Molinis verbindet. Auf dem leicht ansteigenden Natursträsschen gelangen Sie über Inner Prätschwald und Litzirüti zurück nach Arosa. – Wanderzeit: 4 Std. 30 Min.

Variante: Wandern Sie wie oben beschrieben nach Langwies (2 Std.) und fahren anschliessend mit der RhB zurück nach Arosa.

Sagenwanderung Arosa und Umgebung

Der Sagenweg umfasst zehn Schauplätze. Der südlichste liegt bei den Arven (2060 m), am Aufstieg zum Älplisee, der nördlichste in Strassberg im Fondei (1919 m). Zu fast allen Sagenspielorten kommen Sie in kurzer Zeit zu Fuss. Strassberg, den entferntesten, erreichen Sie auf einem gebührenpflichtigen Natursträsschen von Langwies aus. Wer es vorzieht, von Arosa nach Strassberg und zurück zu wandern, plane ca. 7 Std. 30 Min. ein. Auf dem Sagenweg können Sie einen Sammelband mit den zehn Sagen des Sagenwegs gewinnen. Nähere Auskünfte bei Arosa Tourismus.

Literatur/ Karten
BIRRER, SUSANNE: Region Arosa – Schanfigg. Terra Grischuna Ferien- und Freizeitbuch; Bd. 20. Terra Grischuna Verlag Chur und Bottmingen 1988.
DANUSER HANS und RUEDI HOMBERGER: Arosa und das Schanfigg. Eigenverlag H. Danuser u. R. Homberger, Arosa 1988.
DANUSER, HANS: Arosa, wie es damals war (1850–1978). 6 Bde. Hans Danuser, Arosa 1997 ff.
HALDIMANN, UELI, Hrsg.: Hermann Hesse, Thomas Mann und andere in Arosa. Texte und Bilder aus zwei Jahrhunderten. AS-Verlag, Zürich 2001.
JÄGER, GEORG: Die Walser im Schanfigg. Eine Skizze zur Siedlungsgeschichte. In: WW 2/1997. Ebenso in: JB der WVG 1997.
DANUSER, HANS: Alte Wege im Schanfigg. Walservereinigung Graubünden, Splügen, 1997.
FISCHER, ROLF, GEORG JÄGER und HANS DANUSER: Wanderführer Arosa – Chur – Bündner Herrschaft. Bern 1996.
Offizielle Wanderkarte der SAW: 1:50 000, Blatt 248 T. PRÄTTIGAU – SCHANFIGG – LANDSCHAFT DAVOS.
Wanderkarte AROSA und Umgebung 1:25 000. Hrsg. Benker AG, Buchhandlung, Arosa, in Zusammenarbeit mit dem Kurverein.

Informationen
AROSA TOURISMUS
CH-7050 Arosa
Tel. ++41(0)81 378 70 20 / Fax ++41(0)81 378 70 21
E-Mail: arosa@arosa.ch / Internet: www.arosa.ch

Langwies und Umgebung

Langwies ist Sommer- und Winterkurort und ein beliebter Ausgangspunkt für Bergwanderungen. Die politische Gemeinde Langwies besteht aus der Zentrumssiedlung Langwies Platz (1377 m) an der Talstrasse, einer Vielzahl von Fraktionen, darunter Sunnenrüti mit einigen schönen alten Walserhäusern und Litzirüti an der Strasse nach Arosa, sowie den Tälern Fondei und Sapün. In Langwies, im Jahre 998 in einem päpstlichen Schirmbrief als «pratum longum» (= Lange Wiese) erstmals urkundlich erwähnt, liessen sich im 13./14. Jahrhundert Walser aus der Landschaft Davos nieder. 1385 wurde die Kirche in der Zentrumssiedlung Am Platz eingeweiht. 1742 schrieb der Bündner Pfarrer Nicolin Sererhard über Langwies und seine beiden Seitentäler: «*Dies Ort ist eine Wildnus, hat zwei Neben Thäler, zur Linken Fanday, ein Sommerszeit nicht unliebliches heureiches Thal. Vormalen wohnten etliche Famiglien über Jahr in selbigem, jez aber bald niemand mehr, weil es, wenn das Heu bis mitten Winter verbraucht worden, dann hernach bis in den Heumonath unbewohnt gelassen wird. Das andere zu Langwiesen gehörige Neben Thal heisst Sappün und Cupen, allda wohnen etliche Haushaltungen über jahr, ist aber so gäch und stotzig, dz sie ob*

In dieses stattlichen Sapüner Haus (1725 m) aus dem Jahre 1863 richtete sich 1875 die Post ein. Sie hat es längst wieder verlassen. Der Name «Posthuus» aber ist dem Gebäude geblieben.

den Häussern und Ställen einen überhochen Vorschopf bauen müssen wegen der Lawinen, masen es oftmalen geschiecht, dass über ein Hauß oder Stall die Schnee-Läuwinen 6, 7 oder mehrmalen in einem Winter hinunder schiessen.»

Fahrsträsschen führen heute hinauf in die mittlerweilen nicht mehr ganzjährig bewohnten Siedlungen Strassberg (1919 m) im Fondei, Sapün Dörfji (1725 m) und Medergen (1986 m). Das Parkplatzangebot ist beschränkt. Fahrbewilligungen sind erhältlich in Langwies im Gasthaus Bahnhof und im Hotel Alte Post. Wer die Nerven schonen und zugleich mehr von der Landschaft erleben möchte, besucht diese Örtlichkeiten zu Fuss.

Anfahrt
Mit eigenem Fahrzeug: Ab Chur richten Sie sich nach der Beschilderung Arosa. Langwies und seine Seitentäler lassen sich gut auch vom nur gerade 8 km entfernten Arosa aus erkunden.
Öffentlicher Verkehr: Langwies ist Station an der Bahnstrecke Chur-Arosa. Ein steiles Strässchen führt vom Bahnhof hinauf in die Zentrumssiedlung Langwies.

Übernachten, Essen und Trinken
Langwies Platz verfügt über zwei Beherbergungsbetriebe.
GASTHAUS BAHNHOF. Gutbürgerliche Küche.
Tel. ++41(0)81 374 17 77
E-Mail: mona-stalder@bluewin.ch / www.langwies.ch
HOTEL ALTE POST. Saisonale und einheimische Spezialitäten.
Tel. ++41(0)81 374 20 33 / Fax ++(0)81 374 21 01
E-Mail: hitsch.bardutt@bluewin.ch / www.langwies.ch

Blick in die Küche
HÄRDÖPFELCHÜECHLL 8 rohe Kartoffeln, 2 Eier, 4 EL Mehl, 1 Prise Salz, Öl. Die Kartoffeln grob raffeln und mit den Zutaten mischen. Der Teig darf leicht flüssig sein. Von dieser Masse formt man mit zwei Esslöffeln Chüechli und brät sie im heissen Öl beidseitig knusprig. Dazu schmeckt Salat.

Sehenswert
Haupttal
Kirche mit kostbaren spätmittelalterlichen Wandmalereien, die in neun Bildern die Ereignisse aus der Passion Christi darstellen, und spätgotischer Decke. Stattliche Blockbauten. Die nur zum Teil unterkellerten Häuser bestehen aus Kant- oder Rundholz und weisen bis zu vier Stockwerke auf. Zierelemente sind an der Schauseite aufgemalte Sprüche und dekorative Muster. Wenig oberhalb des Dorfkerns steht in einer Häusergruppe ein Bau mit schöner Unterdachmalerei, datiert 1793. – Der Langwieser Viadukt der RhB, gerne als das Wahrzeichen von Langwies bezeichnet, überspannt in 62 m Höhe die Plessur und ist mit 285 m die längste Brücke im Bündner Bahnnetz. Zwischen 1912 und 1914 erbaut, war der Langwieser Viadukt die erste Stahlbeton-Eisenbahnbrücke der Welt. – Bescheidener gibt sich der gedeckte Sapüner Steg über den Fondei-Bach.
Sapün: Schöner Bestand an gut erhaltenen Walserhäusern, die bis ins 16. Jahrhundert hinauf reichen. Das äusserste in der obersten Häuserzeile trägt die Inschrift: «Auf Medergen einst meine Wiege stand dort schaut ich bescheiden hinaus ins Land. Verfallen die Stätte mein Platz dort ist leer hier steh

ich gereiche dem Dörfji zur Ehr. Anno domini 1674 Jöry Mattli von Sapün 1974».
Fondei: Auf einer offenen Terrasse weit über der Baumgrenze liegt Strassberg. 33 Holzhäuser stehen dicht beieinander. Sie sind hervorragende Studienobjekte für traditionelle Walser Architektur, obwohl viele Ställe zu Ferienwohnungen umgebaut sind und Solarzellen die von der Sonne verbrannten Fassaden zieren. Eine Strassberger Besonderheit ist das restaurierte Wasserrad, welches einst das Butterfass in Rotation versetzte.

Wandern

Langwies – Strassberg – Langwies

Wanderung durch einstigen Walsersiedlungsraum. Der Ort Strassberg dürfte seinen Namen den auf der gleichnamigen Burg in Malix wohnhaft gewesenen Rittern von Strassberg verdanken, die vermutlich das Fondei vom Bischof von Chur zu Lehen hatten.

Auf dem in Langwies abzweigenden Fondeier Strässchen erreichen Sie das Sommerdörfchen Strassberg ohne besondere Anstrengungen. Zur Rückkehr empfiehlt sich der Weg über das Skihaus Casanna, das Blackter Fürggli und Seta. Anschliessend auf dem Fondeier Strässchen zurück nach Langwies. – Wanderzeit: 4 Std. 15 Min.

Variante: Nach Strassberg wie oben. Zuerst auf dem Fondeier Strässchen talauswärts, dann hinunter zum Fondeier Bach und beim Sapüner Steg auf die Strasse, weiter zum Parkplatz Säge und nach Langwies. – Wanderzeit: 3 Std. 25 Min.

Langwies – Sapün – Langwies

Sapün verfügt über eine stattliche Zahl gepflegter alter Walserhäuser inmitten sorgfältig bearbeiteter Heuwiesen. – Von Langwies Säge (1373 m) führt der Fahrweg vorbei am Sapüner Steg hinauf nach Sapün. Beim Verlassen des Waldes erblicken Sie linker Hand «Egga», den äussersten Hof der Siedlung. Wenig später kommen Sie nach Sapün Döfji (1725 m). Auf dem gleichen Weg zurück nach Langwies Säge. – Wanderzeit: 1 Std. 30 Min.

Variante: Zurück nach Langwies auf dem Sommerweg. – Wanderzeit: 1 Std. 50 Min.

Langwies – Sapün Dörfji – Chüpfen – Medergen – Rongg – Langwies

Rundwanderung zu alten Walser-Höhensiedlungen. Ausgangs- und Endpunkt ist Langwies Säge. Von Wangegg (2085 m), dem höchsten

Punkt der Wanderung, bietet sich ein grossartiger Ausblick. Im Osten ist die das Schanfigg von der Landschaft Davos trennende Gebirgskette zu sehen, davor die Siedlungslandschaft Sapün und links davon das Fondei. Im Westen fällt der Blick auf das Schanfigg und die Schneeberge des Bündner Oberlandes. Im Süden lässt Arosa mit seinen Bergen grüssen.

Wie oben nach Sapün. Nach Besichtigung des Dörfchens wandern Sie weiter taleinwärts nach Chüpfen. Einkehrmöglichkeit im Berggasthaus «Heimeli». Bei Chüpfen überqueren Sie den Bach und steigen gleich hinter der Brücke auf einem Pfad hinauf zum Seewjiboden, von wo aus Sie nach Wangegg und zum Alpdörfchen Medergen gelangen. Die ehemalige Dauersiedlung Medergen, heute ein Feriendorf, wartet mit einem ins 17. Jahrhundert hinaufreichenden Haus auf. Für eine Rast empfiehlt sich das Bergrestaurant «Alpenrose». Von Medergen führt der Weg hinunter nach Rongg. Mit schönem Blick auf Langwies. Nun geht es steil hinunter zum Ausgangspunkt der Wanderung. – Wanderzeit: 4 Std. 15 Min.

Literatur/Karten
BIRRER, SUSANNE: Region Arosa – Schanfigg. Terra Grischuna Ferien- und Freizeitbuch; Bd. 20. Terra Grischuna Verlag Chur und Bottmingen 1988.
DANUSER HANS und RUEDI HOMBERGER: Arosa und das Schanfigg. Eigenverlag H. Danuser und R. Homberger, Arosa 1988.
HITZ, FLORIAN: Walser, Burgen, Adel. In: JWVG 2001.
KULTURWEG ALPEN. Hrsg. von den Naturfreunden der Schweiz. Limmatverlag, Zürich 1999.

Informationen
VERKEHRSVEREIN
CH-7057 Langwies
Tel. ++41(0)81 374 22 55 / Fax ++41(0)81 374 22 55
E-Mail: langwies@bluewin.ch / Internet: www.langwies.ch/

Abstecher nach Tschiertschen

Anreise
Mit eigenem Fahrzeug: Die auf der Schattenseite des Schanfiggs gelegenen Walsersiedlungen Tschiertschen und Praden sind von Chur her erschlossen. Zudem verbindet eine schmale Strasse Tschiertschen mit St. Peter auf der Sonnenseite des Tals und damit mit Langwies und Arosa.
Öffentlicher Verkehr: Tschiertschen und Praden sind mit Postbussen ab Chur zu erreichen.

Walser scheinen sich in Tschiertschen (1343 m) erst im 15. und 16. Jahrhundert niedergelassen zu haben. Ihre Streuhöfe legten sie um den alten Kern des ehemals rätoromanischen Dorfes an. An ihrer Stelle stehen heute Chalets. Tschiertschen ist ein Geheimtipp für Winter- und Sommergäste. Schöne Wanderwege und gute Wintersportmöglichkeiten sprechen für Tschiertschen, das einen naturnahen Fremdenverkehr pflegt. Tschiertschen zeichnet sich durch ein schönes, praktisch verkehrsfreies Ortsbild aus.

Sehenswert
Die Kirche stammt aus der Zeit um 1450. Sie wurde unter Verwendung der Umfassungsmauern von Schiff und Chor der bereits 1405 erwähnten Jakobskapelle erbaut und St. Jakob und Christoph geweiht. An der Aussenwand spätgotisches Wandbild, Kreuzigung Christi. Daneben ein dem Waltensburger Meister zugeschriebenes, 6 m hohes Christophorusbild aus der ersten Hälfte des 14. Jahrhunderts. Die schönen aus Kantholz erbauten Bauernhäuser gehen teilweise auf das 17./18. Jahrhundert zurück. Häufig sind sie an der Schauseite mit Sprüchen verziert. Ihr Schöpfer soll ein kunstbeflissener Schulmeister des 19. Jahrhunderts gewesen sein.

Wandern

Tschiertschen – Arosa

Der alte Weg von Chur über Tschiertschen, Gadenstett und Molinis ins innere Schanfigg war das ganze Jahr begehbar. Der eine Zweig führte als Handelsweg nach Langwies, weiter zum Strelapass und hinüber nach Davos und von da ins Engadin und ins Tirol, der andere durch den Prätschwald nach Litzirüti und Arosa. Die Wanderung erfolgt bis Molinis teilweise, von Molinis bis Arosa ausschliesslich auf einem Fahrweg.

Wanderzeit: 6 Std. Zurück mit Bahn und Postauto. Umsteigen in Chur.

Tschiertschen – Runcalier – Churwalden bzw. Parpan

Auf den Spuren der Walser. Die in diese Gegend eingewanderten Walser dürften zur Gruppe der Davoser Walser gehört haben. Der Weg führt vorbei an Runcalier am Walserberg, wo 1327 ein Peter von Silvaplan Güter vom Domdekan und Domkapitel Chur erwarb. Sehr schöne Flora.

Vom Dorfzentrum folgen Sie der Kantonsstrasse in Richtung Chur bis zur Brücke über den Pajülbach. Kurz hinter der Brücke halten Sie sich an den Wegweiser zum Untersäss, folgen diesem ein kurzes Stück und wandern dann auf dem Weg in Richtung Praden. Ob Innerpraden steigen Sie relativ steil ins Sagentobel und zur Kantonsstrasse ab. Sie erreichen diese bei der alten Säge. Wenden Sie sich nach links. Auf der Kantonsstrasse erreichen Sie Usser Praden. Hier zweigt der Fussweg nach links ab, steigt zum Waldrand über dem Dorf auf und führt gegen das Steinbachtobel. Kurz vor dem Tobel trennen sich die Wege. Rechts geht es nach Passugg und Chur, links nach Runcalier und Churwalden. Nach Querung des Steinbachtobels folgt bald ein kurzer steiler Anstieg

Strassberg (1919 m) im Fondei wirkt in der Abendsonne besonders reizvoll. Der Name des Dörfchens verweist wohl auf die Ritter von Strassberg, die im 14. Jahrhundert auf der Burg Strassberg bei Malix residierten und das Fondei vom Bischof von Chur zu Lehen hatten.

zum Fahrweg nach Runcalier (1440 m). Rund 5 Min. hinter Runcalier treffen Sie auf ein gepflegtes Walserhaus und drei Stallscheunen. Weiter durch Wald, dann über Weiden nach Büel. Von hier aus können Sie über Tschuggen nach Parpan wandern, oder auf dem leicht abfallenden Gütersträsschen bleibend, gelangen Sie in wenigen Minuten nach Vargan mit einem weiteren alten Walserhaus. Dann über Stein hinunter nach Churwalden.

Wanderzeit: Tschiertschen – Churwalden: 3 Std. 30 Min. – Wanderzeit: Tschiertschen – Parpan: 4 Std. 20 Min. Zurück nach Tschiertschen mit dem Postauto über Chur.

Literatur
CONZETT, SILVIA: Wie s esie gsin ischt. Landwirtschaft und Tourismus in Tschiertschen im 20. Jahrhundert. Hrsg. Pro Tschiertschen. Desertina, Chur 2003.
DANUSER, HANS: Alte Wege im Schanfigg. Verl. Walservereinigung Graubünden, Splügen 1997.
WANDERN IN TSCHIERTSCHEN/PRADEN. Dreizehn Wanderungen und acht lokale Rundtouren auf der linken Seite des Schanfiggs. Verein Pro Tschiertschen – Kur- und Verkehrsverein Tschiertschen – Verkehrsverein Praden, 1999.
Offizielle Wanderkarte der SAW PRÄTTIGAU SCHANFIGG LANDSCHAFT DAVOS 1:50 000, Blatt 248 T.

Informationen
KUR- UND VERKEHRSVEREIN TSCHIERTSCHEN
CH-7064 Tschiertschen
Tel. ++41 (0)81 373 12 32 / Fax ++41 (0)81 373 14 80
E-Mail: info@tschiertschen.ch / Internet: www.tschiertschen.ch

Praden (1161 m) überrascht Reisende mit einem prächtigen Blick ins Schanfigg und auf das Calandamassiv. Das malerische Strassendorf besteht aus den durch das Sagentobel getrennten Ortsteilen *Usser* und *Innerpraden*. Praden, (lat. pratum = Wiese) trat erst mit der Ansiedlung der Walser ins Licht der Geschichte. «Walliser» tauchten hier kurz vor 1300 auf.

Sehenswert
Das Prader Kirchlein aus dem Jahr 1642 birgt im Innern eine kleine, ebenfalls aus dem 17. Jahrhundert stammende Hausorgel. Das bemalte Instrument mit geschnitzten und vergoldeten Ornamenten sowie zwei Gemälden auf den Flügeltüren (König David mit Harfe und Posaunenengel) ist die älteste Orgel in einer Bündner Kirche.

Literatur
JENNY, VALENTIN: Praden. Geschichte einer Bündner Gemeinde. Gemeinde Praden, 1983.
WANDERN IN TSCHIERTSCHEN/PRADEN. Dreizehn Wanderungen und acht lokale Rundtouren auf der linken Seite des Schanfiggs. Verein Pro Tschiertschen – Kur- und Verkehrsverein Tschiertschen – Verkehrsverein Praden, 1999.

Landschaft Davos

Die Landschaft Davos ist mit einer Fläche von 254 km² die zweitgrösste Gemeinde der Schweiz. Sie umfasst das Einzugsgebiet des Landwassers, welches durch die wildromantische Zügenschlucht abfliesst und bei Filisur in die Albula mündet, greift aber mit Davos Laret noch über den Wolfgangpass (1631) ins Prättigau hinüber. Das grossartige Hochtal von

Besonders erholsam ist es an den Ufern des Davoser Sees am frühen Morgen und am Abend. Er fand bereits im Lehensbrief der Landschaft Davos von 1289 Erwähnung und stand mit 1000 Fischen jährlich in der Zinspflicht.

17 km Länge weist im oberen Teil eine breite Talsohle und durchwegs ein geringes Gefälle auf. Drei markante Nebentäler münden von Südosten ins Haupttal: das Flüela-, Dischma- und Sertigtal. Durch alle drei Täler und über den Flüela-, Scaletta- und Sertigpass führten einst Handelswege ins Engadin und nach Italien.

Walser tauchten in Davos um 1280 auf. Sie wurden von Freiherr Walter von Vaz V. angesiedelt. Von 1289 stammt der Lehensbrief, welcher «Wilhelm dem Ammann und seine Gesellen» zwar recht grosse Freiheiten zusicherte, dafür aber auch Kriegsdienste forderte. Woher diese Walser kamen, ist nirgends erwähnt. 1436 wurde in Davos der Zehngerichtebund besiegelt. Davos beanspruchte das Vorrecht als Tagungsort und besetzte die wesentlichen Ämter. Die Bevölkerung lebte über Jahrhunderte von Viehzucht, Milch- und Waldwirtschaft, von der Säumerei und zeitweilig auch vom Bergbau. Zur Ernährung aller reichte es nicht. Noch gegen Mitte des 19. Jahrhunderts war die Abwanderung beachtlich, doch schon um 1860 setzte eine geradezu märchenhafte Entwicklung ein. Der aus Deutschland stammende Landschaftsarzt

Alexander Spengler verschaffte Davos rasch europaweiten Ruf als Luftkurort. Im 20. Jahrhundert entwickelte sich Davos zum weltbekannten Wintersportplatz, der heute zum exklusiven Kreis der «Best of the Alps» gehört. Im Sommer wartet Davos mit 450 km markierten und gut unterhaltenen Wanderwegen auf. Davos zeichnet sich aber auch durch ein vielfältiges Kulturangebot aus, auf das die rund 13 000 Einwohner der Landschaft stolz sein dürfen. Architekten, Literaten und Künstler, die in Davos weilten und wirkten, hinterliessen ihre Spuren und spielen im Davoser Kulturleben noch heute eine wichtige Rolle. So der deutsche Schriftsteller Thomas Mann (1875 bis 1955), der in Davos am «Zauberberg» schrieb, oder der deutsche Expressionist Ernst Ludwig Kirchner (1880 bis 1938), der zwei Jahrzehnte in Davos lebte, wo sich heute die weltweit grösste Sammlung des Künstlers befindet.

Anreise
Mit eigenem Fahrzeug: Die wichtigste Zufahrt führt ab Landquart (Autobahnausfahrt) durch das Prättigau. Aus dem Albulatal gelangen Sie durch den 2800 m langen Landwasser-Tunnel in die Landschaft Davos. Der Flüelapass verbindet Susch im Unterengadin mit Davos Dorf.
Öffentlicher Verkehr: RhB Verbindung Landquart – Klosters – Davos – Filisur – Chur. Busverbindung über die Lenzerheide nach Chur. Die ganze Landschaft ist durch ein leistungsfähiges Busnetz, die Talsohle zusätzlich durch die RhB erschlossen.

Übernachten, Essen und Trinken
Um die 100 Hotels und Pensionen aller Kategorien gibt es in Davos. Dem breiten Angebot entspricht die gastronomische Palette. Die meisten Betriebe befinden sich im Städtchen. Doch auch in der Landschaft lässt es sich gut leben:
HOTEL/RESTAURANT DUCAN. Gemütliche Atmosphäre fernab vom Verkehr.
CH-7278 Davos Monstein
Tel. ++41(0)81 401 11 13 / Fax ++41(0)81 401 11 75
E-Mail: info@hotel-ducan.ch / Internet: www.hotel-ducan.ch/
GASTHOF LANDHAUS. Gute traditionelle Küche. Bündner Spezialitäten.
CH-7276 Davos Frauenkirch
Tel. ++41(0)81 413 63 35 / Fax ++41(0)81 413 56 62
E-Mail: Landhausfrauenkirch@spin.ch / Internet: www.hotels-and-more.ch/de/graubuenden/davos-frauenkirch/gasthof_landhaus.php
HOTEL RESTAURANT KULM. Geschmackvolle Einrichtung, kompetente und freundliche Leitung. Gutbürgerliche Küche, saisonale Gerichte. Idealer Ausgangsort für Ausflüge in die Landschaft Davos und in die Prättigauer Walsersiedlungen.
CH-7265 Davos Wolfgang
Tel. ++41(0)81 417 07 07 / Fax ++41(0)81 417 07 99
E-Mail: info@kessler-kulm.ch / Internet: www.kessler-kulm.ch

Blick in den Kochtopf
RIISPULT (Reis mit Sultaninen)
250 g Reis (für Risotto), 1 fein geschnittene Zwiebel, Bratbutter, 7 dl Fleischbrühe, 1 dl Weisswein, 1 Beutel Safran, 1 Prise Salz, 2 EL Sultaninen, Butter zum Übergiessen.
Man kocht einen guten Risotto und fügt nach zwei Dritteln der Kochzeit zwei

Esslöffel Sultaninen bei. Ist der Reis gar, richtet man ihn an, bestreut ihn mit geriebenem Käse und übergiesst das Ganze mit heisser Butter. – Mit Kaffee und Käse ein feines Abendessen.

Sehenswert
Davos Dorf: St. Theodulkirche von 1514 mit Sterngewölbe auf maskenverzierten Rippenkonsolen, im ehemaligen Turmchor spätgotische Fresken. Vor der heute reformierten Kirche steht der originelle Skisturzbrunnen von Wilhelm Schwerzmann von 1936. Über sechs Hexagonfelder hinweg vollführt der Skifahrer einen Purzelbaum.
Davos Platz: Die reformierte Kirche St. Johann am Platz fällt mit dem geschindelten, gedrehten Turmhelm auf. Die Drehung im Gebälk entstand durch die grossen winterlichen Temperaturgegensätze an Sonn- und Schattenseite. Chorfenster von Augusto Giacometti mit Darstellungen des Paradieses. Die Kirche steht dort, wo die Walser ca. 1300 eine St.-Johann-Kapelle erbauten. Ein Meisterwerk der Innenarchitektur ist die vom Davoser Hans Ardüser 1564 geschaffene Grosse Stube aus dem 16. Jahrhundert im 2. Stock des heutigen Rathauses. Schöne Arvenholztäfelung mit kunstvollen Schnitzereien und Intarsien. Einen Blickfang bilden der Mittelpfeiler und die Tür. Der Kachelofen stammt aus der Renaissancezeit. Porträtmedaillons zeigen die Wappen der 13 alten Orte des Zehngerichtebundes. Zu besichtigen Mo bis Fr 8.30 – 11.30 u. 14 – 17. An der Promenade 82 steht das 1992 eröffnete Kirchner Museum, eine interessante Beton-Glas-Konstruktion der Zürcher Architekten A. Gigon und M. Guyer.
Davos Frauenkirch: Die reformierte Kirche, ursprünglich Kapelle «ze vnser frowen», ist erstmals 1466 erwähnt. Der heutige Bau mit Turm über dem ehemaligen Chor stammt aus der Zeit gegen 1500. Bergseits keilförmiger Lawinenbrecher. Spruchverzierte Empore ca. 1680 und auf den Flügeln reich bemalte Orgel von Georg Hammer in Schiers, datiert 1823. Das Schulhaus trägt ein hübsches Holzrelief «Lehrer und Schüler» (Kopie) von E. L. Kirchner an der Fassade, schräg gegenüber steht ein urtümliches Walserhaus von 1559, errichtet aus Rundholzstämmen. Einige verstreute Kornspeicher erinnern an den Getreidebau.
Davos Glaris: Die reformierte Kirche wurde um 1350 zu Ehren des hl. Nikolaus erbaut. Charaktervolle Turmchor-Anlage. Geschnitzte Kanzel von 1728; Orgelempore mit gedrechselten Säulen. Orgel von Georg Hammer in Schiers, datiert 1832. Inschrift: «Diese Orgel ist ein Geschenk von denen Herren Johannes Wolf / Andreas Ambüel (1832)». Schöne alte Walserhäuser. Daneben sind Elemente des Engadinerhauses zu sehen.
Davos Monstein: Alte Kirche von 1668, schöner Turmchorbau. Kornspeicher auf hölzernen Stelzen unterhalb des Dörfchens. Im Monstein (1626 m) steht die höchstgelegene Brauerei Europas. Näheres erfährt man von der Bier Vision Monstein, CH-7278 Davos Monstein,
Tel. ++41(0)81 420 30 60 Fax ++41(0)81 420 30 61
E-Mail: info@biervision-monstein.ch / Internet: www.biervision-monstein.ch
Flüelatal: In den Weilern Höfji und Dörfji sind noch alte Walserhöfe zu sehen, teilweise noch urtümliche Rundholzkonstruktionen.
Dischmatal: Die Strasse ins Dischmatal beginnt mitten in Davos. Bedeutende Kulturschätze birgt das Tal keine. Dafür wartet der untere Talabschnitt mit gepflegten Walserhöfen inmitten saftiger Wiesen auf. Ausserdem gedeihen hier schöne Fichten- und Lärchenbestände, während es im oberen Bereich zusehends karger wird. Lediglich Arven, Bergföhren und Zwergsträucher überleben. Die Strasse endet beim Gasthaus Dürrboden auf fast 2000 m ü. M.
Sertigtal: Das Sertigtal erreicht man von Davos Frauenkirch aus. Am Eingang liegt das Dörflein Davos Clavadel, taleinwärts folgen einige Walserhöfe und Ferienhäuser. Im Hintergrund liegt das malerische Sertig-Dörfli (1861 m) mit kleiner reformierter Kirche von 1699. Es handelt sich um einen Turmchorbau mit gewölbter Holzdecke über dem Schiff.

Museen
HEIMATMUSEUM
Es hat Sitz im Alten Pfrundhaus. Gezeigt werden u. a. die Themenkreise Alte Davoser Wohnkultur, Davoser Holzuhren, Landwirtschaft, Handwerk, Jagd, Transport und Verkehr (Postschlitten, Flüela-Postkutsche, Säumerei), Sport und Kurbetrieb.
Mitte Juni bis Mitte Okt.   Mi, Fr, So 16–18
Mitte Dez. bis Mitte April   Mi, Fr, So 16–18
Tel. ++41(0)81 416 26 66 oder ++41(0)81 420 68 03
KIRCHNER MUSEUM
Ernst Ludwig Kirchner lebte von 1917 bis 1938 in Davos. Das Kirchner Museum verfügt über die weltweit grösste Sammlung von Werken des bedeutendsten deutschen Expressionisten (Gemälde, Plastiken, Zeichnungen, Aquarelle, Grafik).
Di bis So 14–18
Mitte Juli bis Ende Sept. zusätzlich 10–12.
Tel. ++41(0)81 413 22 02 / Fax ++41(0)81 413 22 10
E-Mail: kirchnermuseum@spin.ch / Internet: www.kirchnermuseum.ch/architektur.htm
WINTERSPORT-MUSEUM
Es befindet sich im alten, mit Sgraffito-Fries geschmückten Postgebäude von Davos Platz. Dokumentiert werden 120 Jahre Wintersport. Bekleidung, Ski, Schlitten, Bob, Eissport, Geschichte des HC Davos und des Spengler Cup.
Ende Juni bis Mitte Okt.   Di, Do 16.30–18.30
Mitte Dez. bis Mitte April   Di, Do, Sa 16.30–18.30
Tel. ++41(0)81 413 24 84 / Fax ++41(0)413 47 36
Internet: www.wintersportmuseum.ch/
BERGBAUMUSEUM GRAUBÜNDEN
Das Museum ist im Verwaltungsgebäude der ehemaligen «Bergwerkgesellschaft Schmelzboden-Hoffnungsau» untergebracht. Neben dem lokalen wird der frühere Bergbau in Europa und Übersee anschaulich erläutert. Die historische Tonbildschau «Historischer Bergbau in Graubünden» vermittelt einen Überblick in den Bergbau verschiedener Talschaften. Exkursionen zum Schaubergwerk Silberberg.
Juni bis Okt. Mi 13.45 – 17, Sa 14 –16
Auskünte: ++41(0)81 413 76 03 oder ++41(0)81 416 59 18
E-Mail   info@davos.ch
Davos ist auch Standort des SPIELZEUGMUSEUMS ANGELA PRADER, Promenade 83, Davos Platz eines MEDIZINMUSEUMS, Sonnenhof, Platzstrasse 1, Davos Platz, und des BOTANISCHEN ALPENGARTENS ALPINUM, Davos Schatzalp, in welchem über 800 registrierte Pflanzenarten zu sehen sind. Dort steht auch das JUGENDSTILHOTEL SCHATZALP, welches als Vorlage für die Verfilmung des Romans «Zauberberg» von Thomas Mann diente.

Wandern

Davos Dorf – Wolfgangsee – Drussetscha – Klosters

Von der Landschaft Davos ins Prättigau. Bis vor rund 12 000 Jahren wurde das Davosertal nach dem Prättigau entwässert. Dann wurde dem Fluss durch den Bergsturz von der Totalp der Weg versperrt. Die Fliessrichtung drehte sich um, und die Wasserscheide verschob sich von Glaris auf den Wolfgang. Die Bergsturzmassen bildeten auch den Hügel von

Der deutsche Künstler Ernst Ludwig Kirchner hinterliess Spuren nicht nur im nach ihm benannten Davoser Museum. Über dem Eingang zur Schule in Davos Frauenkirch ist eine Kopie des Holzreliefs «Lehrer Bätschi» aus dem Jahre 1936 zu sehen.

Drussetscha. Die Alp Drussetscha bietet schöne Ausblicke zurück auf Stadt und Landschaft Davos und hinüber ins Prättigau.

Von Davos Dorf begeben Sie sich zum See und bleiben auf dem Uferweg, bis ein Schild den Weg nach Drussetscha weist. Nach Überquerung des Bahngeleises steigen Sie am Ufer des Drussetschabächleins auf einem recht steilen Bergweg hinauf zur Alp Drussetscha (1759 m). Der Weg führt weiter durch Wiesen, vorbei an kleinen Tümpeln, Heidelbeerfluren und Fichtenbeständen hinunter zum Eingang ins Mönchalptal. Auf dem Fahrweg zum Grüenbödeli und weiter auf dem Schluchtweg. Vorbei am Verladebahnhof vor dem Vereinatunnel nach Selfranga und zum Bahnhof Klosters. – Wanderzeit: 3 Std.

Frauenkirch – Stafelalp – Chummeralp – Frauenkirch

E. L. Kirchner war von der Stafelalp so begeistert, dass er sich dort in den Sommern 1917/18 in einer Alphütte einmietete und die Alp wiederholt auf der Leinwand festhielt.

Ausgangspunkt der Wanderung ist das beim Gasthof Landhaus beginnende Strässchen, das am Schulhaus (Kopie eines Kirchner-Holzreliefs über dem Eingang) und an einigen schönen Walserhäusern vorbeiführt. Nach wenigen Minuten bringt Sie ein markierter Pfad durch Wiesen zu einem Flurweg. Diesem folgen Sie kurz talauswärts, biegen bei einem Stadel rechts ab und benutzen den Güterweg, der durch den Wald zur Stafelalp führt, wo ein kleines Restaurant zum Verweilen einlädt. Nach dem Aufbruch achten Sie auf die Beschilderung «Chummeralp». Ein über der Waldgrenze verlaufender Pfad führt fast ohne Steigung dorthin. Von der Chummeralp führt ein Güterweg hinunter nach Mälcheren und zurück zum Ausgangspunkt. – Wanderzeit: 3 Std.

Frauenkirch – Lengmatte – Hitzenboden – Glaris – Mühle – Lengmatte – Frauenkirch

Die Rundwanderung eignet sich hervorragend zum Kennenlernen der vielfältigen Davoser Hauslandschaft.

Bei Frauenkirch schwenken Sie auf die Strasse nach Lengmatte ein, die zum gleichnamigen Hotel führt. Wenig später erreichen Sie eine Strassengabelung. Bleiben Sie auf der oberen Strasse, die Sie nach Hitzenboden und Rüti bringt. Weiter auf dem ungeteerten Güterweg, bis der Abstieg nach Glaris beginnt. Vom Dorf zur Mühle Glaris und über Chummen hinauf nach Lengmatte und zurück nach Frauenkirch. – Wanderzeit: 2 Std. 15 Min.

Monstein – Laubenenalp – Oberalp – Monstein

Auf dieser Rundwanderung lernt man die Hütten des Alpdorfes Oberalp kennen. Besonders reizvoll sind diese in der Abendsonne.

Von Monstein (1628 m) führt ein Güterweg zur Inneralp, dem Sie bis zur Laubenenalp folgen. Hier beginnt ein guter Fusspfad zur Oberalp (1913 m). Von der Alp steigen Sie ab nach Monstein. – Wanderzeit: 1 Std. 30 Min.

Mobilitätsweg

Der Mobilitätsweg beginnt auf dem Schmelzboden und führt durch die Zügenschlucht, vorbei an den Hinterlassenschaften der Wegmacher, Strassen- und Eisenbahnbauer. Er endet in Wiesen Station. Besonderheit: Die einzige Schautafel befindet sich am Anfang des Weges. Über das Mobiltelefon erhält man an den einzelnen Stationen nach Wahl

Zu den urtümlichsten Walserhäusern gehören die Rundholz-Blockbauten. Das abgebildete, traufseitig erschlossene Wohnhaus steht in Davos Frauenkirch nur wenige Schritte oberhalb des Gasthofs Landhaus.

Die elegante «Schraubung» des Turmhelms der Kirche in Davos Platz ist nicht das Werk eines begabten Baumeisters, sondern der grossen winterlichen Temperaturgegensätze an der Sonn- und Schattenseite.

einer vorgegebenen Telefonnummer Informationen zum Thema Mobilität, die in Beziehung zum jeweiligen Standort stehen.

Literatur/Karten

DAVOS. PROFIL EINES PHÄNOMENS. Hrsg. v. Ernst Halter. 2., verbesserte und erneuerte Aufl. Offizin Zürich Verlags AG 1997.
DONATSCH, PETER: Klosters – Davos – Prättigau. (Region; Bd. 12). Terra Grischuna Verlag, Chur und Bottmingen 1996.
GREDIG-THÖNY, ANDREAS: Sitten und Bräuche in den Tälern Prättigau und Davos. AG Buchdruckerei Schiers, Schiers o. J.
HITZ, FLORIAN: Walser, Burgen, Adel. In: JB der WVG 2001.
LAELY, ANDREAS: Davoser Heimatkunde. 2. Aufl. Genossenschaft «Davoser Revue», Davos 1984.
LAELY-MEYER, HANS: Flurnamen der Landschaft Davos. Walser Vereinigung Graubünden, Verlag Bündner Monatsblatt, Chur 1990.
LEHMANN-GUGOLZ URSULA: Vorfahren, Nachkommen. Auswanderer aus Klosters und Davos nach Amerika im 19. Jahrhundert. Terra Grischuna Verlag, Chur 1998.

SCHMID, MARTIN: Us em Underschnitt. Das und ditz uf Davaasertüütsch erzelld. Walservereinigung Graubünden, Chur 1982.
SCHMID, MARTIN, UND GAUDENZ ISSLER: Davoserdeutsches Wörterbuch. Verlag Walservereinigung Graubünden, 1982.
WANNER, KURT: Der Himmel schon südlich, die Luft aber frisch. Schriftsteller, Maler, Musiker und ihre Zeit in Graubünden 1800–1950. Verlag Bündner Monatsblatt, Chur 1993.
ZINSLI, PAUL: Der Malerpoet Hans Ardüser. Eine volkstümliche Doppelbegabung um die Wende des 16. Jahrhunderts. Terra Grischuna Verlag, Chur 1986.
WEISS, RUDOLF und SIEGRUN: Davos – Prättigau. 50 schöne Tal- und Bergwanderungen. Bergverlag Rudolf Rother GmbH, 1995.
DAVOS. WANDERWEGE. Sommer-Wanderkarte 1:25 000. Mit Begleitheft Wandervorschläge. Kur- und Verkehrsverein Davos, 1994.

Informationen
DAVOS TOURISMUS
CH-7270 Davos
Tel. ++41(0)81 415 21 21 / Fax ++41(0)81 415 21 00
E-Mail: davos@davos.ch / Internet: www.davos.ch

Abstecher nach Wiesen und Schmitten

Unterhalb der Zügenschlucht liegen rechts am Hang die Dörfer Wiesen (1437 m) und Schmitten (1280 m), wo sich Walser um 1300 ansiedelten. Am gegenüberliegenden Hang breitet sich auf einer Rodungsinsel das Davos zugehörige Jenisberg (1504 m) aus. Letzteres ist auf einer schmalen Strasse ab Station Wiesen erreichbar. Aus der Landschaft Davos gelangt man auf zwei Wanderwegen nach Jenisberg. Der eine führt von Schmelzboden abwärts durch die Zügenschlucht und steigt im Schlussstück an. Der andere nimmt seinen Anfang im Dorf Monstein. Beide Wanderungen lassen sich zu einer Rundwanderung vereinen.

Anreise
Öffentlicher Verkehr: Station der RhB 2 km unterhalb des Dorfes. Postbusverbindungen von Wiesen nach Chur und Davos.

Übernachten, Essen und Trinken
Hotels und Restaurants sind in Wiesen selten. Einblick in die traditionelle bäuerliche Wohnkultur vermittelt das in einer ehemaligen Bauernstube eingerichtete Veltlinerstübli.

Blick in den Kochtopf
ZIMETPITTELI
150 g Butter, 170 g Zucker, 2 Eier, 1 Prise Salz, 170 g gemahlene Mandeln, 1 EL Zimt, 140 g Mehl.

Einen geschmeidigen Teig aus allen Zutaten herstellen und ihn auf ein gut gefettetes Blech streichen. Mit Zucker und Mandelsplitter bestreuen und bei 180° eine halbe Stunde backen. Noch warm in verschobene Quadrate schneiden.

Sehenswert
Wiesen wartet mit einer um 1490 erbauten Kirche auf, die sich vor allem durch eine gut erhaltene gotische Flachdecke und ein schönes Netzgewölbe über den Spitzbogenfenstern im Chor auszeichnet. Die Leisten der Holzdecke sind bemalt und mit Wappenschildchen verziert. Die Kanzel mit bäuerlichem Schnitzwerk ist 1722 datiert, Orgel und Orgelempore stammen von 1774. Beachtung verdient der schöne handgeschmiedete und ziselierte Riegel an der Eingangstür. In den einzelnen Dorfteilen stösst man noch auf alte Bauernhäuser, deren Fassaden verschiedentlich mit Sgraffito-Schmuck versehen sind. – Der Wiesner Viadukt (Länge von 210 m, Höhe 88 m) über das Landwasser, gehört zu den kühnsten Bauwerken der Rhätischen Bahn.

Museum
Das Dorfmuseum im «Süesa Wichel» war ursprünglich ein Bauernhaus mit angebautem Stall, später diente es als Armenhaus. Die Ausstellung umfasst: Bauernstube um 1800, Nebenstube, Küche, Webkammer. Flur und Hinterzimmer bieten Platz für Sonderausstellungen.
Juli bis Mitte Okt. Mi 15.30–17
Winter auf Vereinbarung. Tel. ++41(0)81 404 14 13 oder ++41(0)81 404 14 69

Das Dorf Schmitten (1280 m). Im Gegensatz zum benachbarten Wiesen, das wie Davos die Reformation annahm, blieb das von Walsern mitbesiedelte Schmitten beim katholischen Glauben.

Wandern

Wiesen – Wiesner Alp – Wiesen

Die rund 40 von der Sonne gebräunten Holzhäuschen verraten, dass auf der Wiesner Alp die Einzelsennerei üblich war. Heute dienen die Gebäude als Ferienwohnungen. – Von der Kirche wandern Sie auf der Strasse nach Gruoba und weiter nach Süesa Wichel. Dann steigen Sie auf dem Güterweg zuerst durch offenes Gelände, anschliessend durch den Wald bergan. Am Ende des Weges liegt auf einem Sattel die Wiesner Alp (1945 m). Als Rückweg empfiehlt sich der Abstieg über das Obere Rüggmad, wo es noch einige Heu- und Stallscheunen aus vergangenen Zeiten zu sehen gibt. Ein Güterweg bringt Sie zurück auf den Fahrweg, der von Wiesen auf die Wiesner Alp führt. Durch Usser Gassa zurück zur Kirche. – Wanderzeit: 3 Std.

Literatur
MÜLLER, PAUL EMANUEL: Albula – Bergün – Filisur. (Region; Bd. 11). Terra Grischuna Verlag, Chur 2001.
SCHNEIDER, ROBERT K.: Kunsthistorischer Führer der Landschaft Belfort: Lenz, Brienz, Surava, Alvaneu, Schmitten und Wiesen. Verkehrsverein Belfort-Wiesen, 1983.
Offizielle Landeskarte der SAW 1 : 50 000. Blatt 258 BERGÜN/BAVUOGN – SURSÉS – ALBULA – FLÜELA (Landschaft Davos, südlicher Teil).

Informationen
TOURISTIKVEREIN WIESEN
CH-7494 Wiesen
Tel. ++41(0)81 404 14 69 / Fax ++41(0)81 404 22 20

Schmitten, das vermutlich um das Jahr 1000 entstanden ist, heisst romanisch Ferrera, was an den im Mittelalter betriebenen Bergbau erinnert. Den deutschen Namen gaben dem Dorf die Walser.

Anreise
Öffentlicher Verkehr: Postbusverbindungen nach Chur und Davos.

Sehenswert
Besonders reizvoll ist der Kirchhügel von Schmitten. Die Kreuzwegstationen, die Pfarrkirche Allerheiligen und die Kapelle St. Luzius aus der Zeit um 1200 verleihen ihm ein unverwechselbares Gepräge. Die Kapelle birgt Fresken aus dem 14./15. Jahrhundert. Dominierend ist der in der Apsis auf einem Regenbogen thronende Christus als Herr der Christenheit. Links und rechts von Christus-Medaillons mit den vier Evangelisten Johannes, Lukas, Markus und Matthäus. Rechts vom romanischen Rundbogenfensterchen ist der Kirchenpatron und Bündner Heilige Luzius zu sehen. Die Apsismalerei, entstanden um 1350. Der Künstler ist unbekannt. Die zwischen 1470 und 1490 erbaute Pfarrkirche Allerheiligen mit einem Glockenturm, der seine Wurzeln in einem

Wehrturm aus der Zeit zwischen 1100 und 1200 hat, wurde 1706 barockisiert. Sie wartet im Innern mit barocken Wandmalerein und einem Hochaltar mit gedrehten Säulen aus dem Jahre 1711 auf. Auffallend sind in Schmitten auch einige Profanbauten. Am Fuss des Kirchhügels steht ein renoviertes 14 m breites «Engadinerhaus» mit Durchfahrt aus dem 16. Jahrhundert. Seit der Restaurierung von 1972 befindet sich dieses unter Denkmalschutz. Das Untergeschoss barg anfänglich Pferdeställe einer Säumerei. Durch das breite Rundbogentor gelangten die Wagen vorbei an Küche und Stube zum Tenn und Futterlager. Im Usserdorf zieht ein grosses Doppelhaus den Blick auf sich. Es handelt sich um einen viergeschossigen, im unteren Teil ummauerten Ständerbau aus dem 17. Jahrhundert. Am Schmittner Bach steht unterhalb der Strasse eine Sägerei. – Einen schönen Blick auf Schmitten geniesst man vom Käppeli aus, wenige hundert Meter in Richtung Alvaneu.

Museum
Das kleine Ortsmuseum präsentiert eine alte Küche, landwirtschaftliche Geräte, eine Webstube und Werkzeuge. Fotos aus alter Zeit. Tonbildschauen informieren über das Dorf in Vergangenheit und Gegenwart und über die Fresken der Kapelle St. Luzius.
Ende Juni bis Ende Okt.   Mi, Sa 17–18.30
Übrige Zeit nach telefonischer Vereinbarung. Tel. ++41(0)81 404 11 85 oder ++41(0)79 263 58 21.

Literatur
MÜLLER, PAUL EMANUEL: Albula – Bergün – Filisur. (Region; Bd. 11). Terra Grischuna Verlag, Chur 2001.

Informationen
SCHMITTEN TOURISMUS
CH-7493 Schmitten
Tel. ++41(0)81 404 17 35 / Fax ++41(0)81 404 10 77

Wenig weiter zweigt hinter Alvaneu die Strasse über die Lenzerheide nach Chur ab. Auf dieser erreicht man nach ca. 2 km die Ruine der Burg Belfort. Seit 1222 gehörte die Burg den Herren von Vaz. 1289 dürfte hier der Lehensvertrag mit den Davoser Walsern besiegelt worden sein. Die Burg lag strategisch günstig zwischen den Vazer Besitzungen im Prättigau, Schanfigg, Davos und Rheinwald.
Öffentlicher Verkehr: Haltestelle an der Buslinie Davos – Lenzerheide – Chur.

Klosters

Klosters (1206 m), bekannter Sommer- und Winterkurort, verdankt seinen Namen dem kleinen Kloster St. Jakob im Wald, welches Prämonstratenser Mönche aus Churwalden auf Anweisung der Vazer zwischen 1208 und 1222 erbauten. Die Mönche trieben zusammen mit den im hinteren Prättigau sesshaft gewordenen Romanen das Rodungswerk voran. Ende des 13. Jahrhunderts liessen sich landhungrige Walser aus Davos in Schlappin und Monbiel nieder, breiteten sich rasch aus und durchsetzten die Landkarte mit deutschen Flurnamen wie Mälcheti, Rüti und Schwendi. Im 15. Jahrhundert kam es zu schweren Auseinan-

Blick in die Siedlungslandschaft Klosters (ca. 1200 m). «Die Häusser liegen weitest zerstreut nach Art der Wildnussen...» heisst es in Nicolin Sererhards Einfalte Delineation von 1742. Das hat sich geändert.

dersetzungen zwischen Rätoromanen und Walsern, bei denen es auch zu Totschlägen kam. Es ging dabei weniger um sprachliche Probleme als um die Interessen zweier verschiedener Rechtsgemeinschaften. Als Klosters nach heftigen Kämpfen 1525/26 zur Reformation übergetreten war, verliessen die «weissen Mönche» ihr Kloster und übergaben es der Gemeinde. Danach hatte Klosters schwer unter der Gegenreformation zu leiden. Als 1852 die Talstrasse nach Klosters eröffnet wurde, entstanden die ersten Hotels, und als 1889 Klosters ans Bahnnetz angeschlossen wurde, war es mit der Ruhe im Tal vorbei. Wagemutige Engländer waren die Ersten, die sich Skier unter die Füsse schnallten, über die Selfrangaschanze flogen und auf der Davoser Strasse Bob- und Schlittenrennen veranstalteten. Klosters wurde zum internationalen Wintersportplatz, was es bis heute geblieben ist. Vor wenigen Jahren ist der Vereinatunnel eröffnet worden, der eine wintersichere Bahnverbindung zwischen dem Prättigau und dem Unterengadin garantiert. Auch ein Autoverlad auf dieser Strecke ist möglich. Gegenwärtig ist man dabei, das Verkehrsproblem zu lösen. Eine Umfahrungsstrasse wird ab Dezember 2005 Klosters vom Durchgangsverkehr nach Davos entlasten.

Anreise
Mit eigenem Fahrzeug: Ab Autobahnausfahrt oder Landquart der Beschilderung Davos folgen. Aus Richtung Davos über den St. Wolfgang. Im Engadin Verlademöglichkeit ab Sagliains bei Lavin durch den Vereinatunnel.
Öffentlicher Verkehr: RhB-Verbindungen von Landquart, Davos und aus dem Engadin. Stationen in Klosters Dorf und Klosters Platz. Ortsbus.

Übernachten, Essen und Trinken
Klosters wartet mit über 25 Hotels und Pensionen aller Kategorien auf. Informationen über Restaurants und deren Spezialitäten findet man im jährlich erscheinenden Gastro Guide durch Klosters und das Prättigau, der vom Kur- und Verkehrsverein Klosters abgegeben wird.
HOTEL CHESA GRISCHUNA. Traditionelles Haus im Zentrum, warme Atmosphäre, ausgezeichnete internationale Küche.
CH-7250 Klosters
Tel. ++41(0)81 422 22 22 / Fax ++41(0)81 422 22 25
E-Mail: hotel@chesagrischuna / Internet: www.chesagrischuna.ch

Blick in den Kochtopf
SCHWIINBLUÄMÄHUNG (Löwenzahnkonfitüre)
300 g Löwenzahnblüten (Schwiinbluama), 70 g Zitronensaft, 1^1/$_2$ kg Zucker, 1^1/$_2$ l Wasser. Das grüne Hüllblättchen der Blüten entfernen. Blüten im Wasser aufkochen, 5 Min. sprudelnd kochen lassen, vom Herd nehmen und 24 Stunden stehen lassen. Danach Flüssigkeit gut absieben und mit dem Zitronensaft aufkochen. Auf kleinem Feuer köcheln lassen, bis die Flüssigkeit sirupartig eingedickt ist. In Gläser abfüllen und verschliessen. Die Menge ergibt 7–8 kleine Gläser. Hinweis: Blüten nicht auf gedüngten Wiesen sammeln!

Sehenswert
Kirche St. Jakob im Wald. Der freskengeschmückte Chor und das Schiff stammen aus der Spätgotik, der markante Turm geht auf die Gründungszeit des Klosters St. Jakob zurück. Das Zifferblatt der Kirchenuhr an der Ostseite des Turms trägt die Jahreszahl 1831 und ist mit Malereien geschmückt. Darunter sind die Wappen der Drei Bünde zu sehen. Links der Wilde Mann mit Tanne (im Wappen von Klosters hält er eine Fahne) und rechts ein Obstpflücker. Laut Inschrift an der Wand des Kirchenschiffs ist das Gotteshaus im Jahr 1621 vom Feind (Österreicher) verbrannt und 1634 mit Gottes Segen wieder aufgebaut worden. Die Glasmalereien in den hohen Chorfenstern schuf 1928 der Bergeller Künstler Augusto Giacometti. Das alte Rathaus, ein prächtiger Strickbau, stammt aus dem Jahre 1680. Im Innern schöne Täferstuben und zwei reich beschnitzte Buffets. Heute dient es als Bibliothek und Zentrum für kulturelle Anlässe. Unweit davon steht an der Strasse nach Monbiel das Nutli-Hüschi, ein kleines Wohnhaus aus dem 16. Jahrhundert mit typischer Laube an der Traufseite. Es beherbergt das Heimatmuseum, zu dem auch die daneben stehende Stallscheune gehört. Etwas taleinwärts befindet sich unterhalb der Strasse die Getreidemühle Im Rohr, eine wasserbetriebene Mühle mit funktionierendem Mahlwerk. Weitere schöne Walserhäuser gibt es in den Fraktionen von Mezzaselva bis Monbiel zu sehen.

Museum
Das zweigeschossige, zweiraumtiefe Nutli-Hüschi stammt aus dem Jahr 1565. Seinen Namen verdankt es Christian Nutli, der das Haus erbauen liess.

Das Innere birgt Küche, Stube, Vorhaus, Keller und ein Obergeschoss. Gezeigt werden Möbel, Gebrauchsgegenstände, allerlei Gerätschaften (z.B. Holzgeschirre zur Milchverarbeitung) und Keramik aus der Bündner Töpferwerkstatt Lötscher in St. Antönien aus der Zeit um 1850. In der Stallscheune untergebracht sind der Viehstall, wo alte Geräte gezeigt werden; im Kleinviehstall ist eine Schreinerwerkstatt eingerichtet. Hier sind auch Werkzeuge aus anderen Handwerkszweigen zu besichtigen. Im Obergeschoss werden Gegenstände aus der frühen Bergsteigerzeit aufbewahrt und Wechselausstellungen durchgeführt.

Ende Dez. bis Mitte April   Mi, Fr 15 – 17
Ende Juni bis Mitte Okt.   Mi, Fr 15 – 17
Tel. ++41(0)81 422 21 53

Wandern

Klosters Platz – Schlappin – Kloster Platz

Schlappin ist vermutlich die älteste Prättigauer Walsersiedlung. Das heutige Sommerdörfchen liegt am Weg zum Schlappiner Joch (2202 m), ein früher zu Friedens- und Kriegszeiten viel begangener Pass. Noch in den 1830er-Jahren transportierten Saumtiere italienischen Wein über das Joch hinüber ins Montafon, während in der Gegenrichtung Korn, Salz und Vieh befördert wurden.

Vom Bahnhof Klosters Platz wandern Sie vorbei an Kirche und altem Rathaus zum Strässchen nach Schlappin. Bald biegt bei einem gelben Wanderwegschild der Pfad ab, der nach Schlappin (1658 m) führt. Schon von weitem sind die Gebäude des kleinen Ortes mit zwei Gasthäusern zu sehen. Rückweg: Auf der Strasse ein kurzes Stück Richtung Klosters gehen, bis ein Schild auf den Wanderweg nach Flue verweist. Dieser mündet in Flue in einen Güterweg. Diesem folgen Sie einige Schritte talauswärts, um bei den malerischen Maiensässgebäuden in Richtung Klosters Dorf abzusteigen. – Hinweis: Erhöhte Aufmerksamkeit erfordert vor allem im Herbst das Teilstück durch den Wald, denn gefallenes Laub bedeckt nicht nur die Markierungen, sondern macht auch die Unebenheiten des Weges unsichtbar. – In Klosters Dorf überqueren Sie die Strasse und wandern auf dem praktisch eben verlaufenden Fussweg zum Bahnhof Klosters Platz. – Wanderzeit 4 Std. 30 Min.

Ab Schlappin führt ein Bergweg auf das Schlappiner Joch. Der Aufstieg wird mit einem weiten Ausblick in die Gebirgswelt belohnt. Auf dem gleichen Weg zurück nach Schlappin. – Wanderzeit 2 Std. 45 Min.

Maiensäss auf Flue (1488 m). Wo die vertikale Distanz zwischen Dauersiedlung und Alpregion beachtlich war, schob sich die Maiensässzone ein.

Klosters – Chüenisch Boden – Alp Novai – Monbiel – Berg – Klosters

Rundwanderung, die schöne Einblicke in die Siedlungs- und Berglandschaft des inneren Prätttigaus bietet. Die gestreifte Alp Pardenn galt einst als bekannter Hexentanzplatz. – Vom Bahnhof Klosters Platz durch das Dorf zum nördlichen Uferweg an der Landquart. Bei der Brücke nach Aeuja wechseln Sie an das andere Ufer und folgen dem Weg nach Prästenboden. Am linken Ufer des Vereinabachs bleibend, wandern Sie hinein in einen unberührten Talkessel mit schönem Blick ins Vereina- und Silvrettamassiv. Weiter zur Brücke, über die der Weg zur Alp Novai führt. Von der Alp Novai begeben Sie sich auf das von Monbiel kommende Strässchen, um auf diesem vorbei an der Alp Pardenn über Schwendi und Baretschrüti nach Monbiel zu gelangen. Weiter geht es auf dem Höheweg nach Berg (1350 m), von wo aus sich die gegenüberliegende Talseite mit Lauizughorn, Gatschieferspitz und Hohliecht, dem Siedlungsgebiet von Selfranga und dem Bergsturzgebiet Drusatscha besonders schön präsentiert; rechts sind Gotschnagrat, Grüenhorn und Casanna zu sehen. Durch das Tobel gelangen Sie zum Gehöft Rohr an der Monbielerstrasse und vorbei am Nutli-Hüschi zum Bahnhof Klosters. – Wanderzeit 4 Std.

Varianten: a) Ab Monbiel mit dem Postbus nach Klosters.

b) Beim Parkplatz Monbiel rechts abbiegen und zuerst wenige Schritte auf einem Güterweg, dann auf einem guten Bergpfad nach Alp (1486 m); schöner Aussichtspunkt. Auf recht steilem Fussweg hinunter nach Bergji und weiter nach Berg und Rohr. – Wanderzeit 4 Std. 45 Min.

Klosters Platz – Selfranga – Rüti – Mälcheti – Monbiel – Klosters Platz

Einfache, empfehlenswerte Rundwanderung über Mälcheti, wo die Bauern von Klosters Aeuja das Heimvieh in die Sommerferien schickten.

Vom Bahnhof Klosters Platz wandern Sie zur Hauptstrasse und folgen dieser, bis sie gegen Davos ansteigt. Links abbiegen und hinauf nach Selfranga. Dort achten Sie auf den Wegweiser «Mälcheti /Monbiel» und wandern zum Doggiboden und durch den Wald hinüber nach Rüti und Mälcheti, dessen Gebäude bis ins 18. Jahrhundert hinaufreichen. Hinter Mälcheti weiter Richtung Monbiel, welches Sie nach Überquerung der Landquart und einem kurzen Aufstieg erreichen. Oberhalb des Restaurants Höhwald führt ein Bergweg durch schöne Mähwiesen auf den Berg und von dort talaus zum Hof Rohr. Auf der Monbieler Strasse nach Klosters Platz. – Wanderzeit 3 Std. 30 Min.

Literatur/Karten
BAMERT FRANZ, ROLF FISCHER UND TONI LAMPERT: Rheintal, Prättigau, Mittelbünden. (Bündner Wanderführer; Bd. 3). Terra Grischuna, Chur 2003.
CHÄÄSGEZÄNGG UND TÜRGGÄRIBEL. Rezepte aus der Walserküche. Walservereinigung Graubünden, Splügen 1999.
FISCHER, ROLF: Landschaft Davos, Prättigau. Wanderbuch Klosters, Küblis, St. Antönien, Seewis. Kümmerly und Frey, Bern 1995.
HITZ-WALSER, CORDULA: Das Heimatmuseum Nutli-Hüschi in Klosters. Buch- und Offsetdruck Brassel, Klosters 1989.
HITZ, FLORIAN: Die Walser im Prättigau. In: JB der WVG 1998.
HITZ, FLORIAN und MARIA KASPER-KUONI: Die Kirche St. Jakob in Klosters. Evangelische Kirchgemeinde, Klosters 1993.
LEHMANN-GUGOLZ URSULA: Vorfahren, Nachkommen. Auswanderer aus Klosters und Davos nach Amerika im 19. Jahrhundert. Terra Grischuna Verlag, Chur 1998.
PLATTNER, HANS: D Walser wie sch gläbt und ghuused häind. Walservereinigung Graubünden, Chur 1989.
PLATTNER, HANS: Walserschicksal. Jugend- und Studienjahre von Hans Plattner. 2. Aufl. Walservereinigung Graubünden, Chur 1998.
DAS PRÄTTIGAU. Land und Leute in Bildern. Hrsg. von der Talvereinigung Pro Prättigau. 2. Aufl. Küblis 1993.
VETSCH, JAKOB: Ds Goldbrünneli. Eine Sagensammlung aus Klosters und Umgebung. Verlag Haltiner, Klosters 1982.
WILDHABER, ROBERT: Heimvieh in Klosters-Aeuja. In: Schriftenreihe des Rätischen Museums Chur, Nr. 26. Rätisches Museum, Chur 1982.
KLOSTERS. WANDERTIPPS: Kur- und Verkehrsverein Klosters. Wird kostenlos abgegeben.

Offizielle Landeskarte der SAW 1 : 50 000. Blatt 248 T. PRÄTTIGAU – SCHANFIGG – LANDSCHAFT DAVOS (nördlicher Teil).
WANDERKARTE PRÄTTIGAU – SCHANFIGG. 1 : 40 000. Hrsg. von der Vereinigung Pro Prättigau und den Verkehrsvereinen Prättigau–Schanfigg.

Informationen
KUR- UND VERKEHRSVEREIN KLOSTERS
CH-7250 Klosters
Tel. 081 410 20 20 / Fax 081 410 20 10
E-Mail: info@klosters.ch / Internet: www.klosters.ch

St. Antönien

Das St. Antöniertal ist das längste Nebental des Prättigaus und zählt zu den landschaftlich schönsten Gegenden Graubündens. Es liegt im Einzugsgebiet des Schanielbaches, der nach einer engen Waldschlucht bei Küblis ins Hauptal fliesst.

St. Antönien ist ein typisches Beispiel einer Walsersiedlung. Die Wohnstätten sind an den Hängen verstreut. Nur an wenigen Orten, so in St. Antönien Platz (1420 m), scharren sie sich zu einem Dörfchen zusammen. Die Walser rodeten an den Berghängen so gründlich, dass die Höfe bergseitig mit Lawinenkeilen versehen werden mussten. Diese «Äbihööch» aus Stein oder Beton sollen die Lawinen teilen oder über

Wanderer auf dem Weg zwischen St. Antonien Platz und Inner Ascharina stossen auf dieses Angebot selbsterzeugter Produkte. Direktvermarktung ist heute ein Muss im Überlebenskampf der Bergbauernfamilien.

die Hausdächer leiten. Von der grossen Lawinengefahr zeugen die Verbauungen am Chüenihorn. Von Osten her mündet bei Rüti das Gafiertal ins Hauptal. Im Innern des Talkessels liegt der Partnunsee, den Abschluss des Panoramas bilden Rätikon, Schijenfluh und Sulzfluh. St. Antönien ist Ausgangspunkt für viele Wanderungen in allen Richtungen.

Anreise
Mit eigenem Fahrzeug: Die Fahrstrasse führt von Küblis über Luzein und Pany hoch über dem Tobel des Schanielabachs nach Ascharina und St. Antönien Platz. Das kleine Walserdorf Pany mit prächtigem Ausblick nach Klosters und zum Silvrettagebirge gehört zu den sonnigsten Siedlungen in den ganzen Ostalpen.
Öffentlicher Verkehr: Küblis ist Station der RhB. Vom Bahnhof Postbuskurse nach St. Antönien.

Übernachten, Essen und Trinken
Die Streusiedlung St. Antönien verfügt über mehrere Hotels, Gast- und Berghäuser. In St. Antönien-Platz liegt das
HOTEL RHÄTIA. Bündner Spezialitäten.
CH 7246 St. Antönien
Tel. ++41(0)81 332 13 61 / Fax ++41(0)81 332 33 10
Internet: www.hotel-rhaetia.ch

Sehenswert
Die Kirche stammt von 1493, die untere Partie des Turmes reicht zurück ins späte 14. Jahrhundert. Elegantes Netzgewölbe über dem Chor des österreichischen Baumeisters Stefan Klain. Schiff mit originalem Tonnengewölbe überdacht. Kanzel aus dem Jahre 1643, die Orgel entstand 1732. Das alte Schulhaus am Platz datiert 1842, ist ein schönes Prättigauerhaus mit Spruchschmuck, das heute als Wohnhaus dient. – Im früher ganzjährig bewohnten Gafjia Dörfji steht das im 16. Jahrhundert erbaute, älteste Haus im Tal.

Museum
Ortsmuseum «Poscht Chäller». Alte Gebrauchsgegenstände aus den Walserorten St. Antönien und Ascharina. Keramik aus der Töpferei Lötscher, Ascharina. Sportgeräte aus dem Frühtourismus. Bärenknochenfunde aus den Sulzfluhhöhlen in St. Antönien. Mitte Juli bis Mitte Sept. Mi, Sa 15–17
Weihnachten bis Mitte März Mi, Sa 15–17
Tel. ++41(0)81 332 28 81

Wandern

St. Antönien Platz – Usser Ascharina – Cavidura – St. Antönien Platz
Rundwanderung durch den äusseren Teil der Streuhoflandschaft von St. Antönien. Die ältesten Höfe stammen aus dem 18. Jahrhundert. Schöne Ausblicke geniessen Sie nur auf dem Weg talauswärts, der Rückweg führt durch den Wald.

Von St. Antönien Platz wandern Sie über Inner Ascharina bis ans Ende der Strasse. Dort steigen Sie zuerst auf einem Fussweg, dann auf einem Fahrweg ins Tal ab. Überqueren Sie die Brücke über den Schanielabach (1273 m); achten Sie auf das Schild «St. Antönien». Durch den Cavidura Wald gelangen Sie zurück nach St. Antönien Platz. – Wanderzeit: 2 Std.

Literatur/Karten
BAMERT FRANZ, ROLF FISCHER UND TONI LAMPERT: Rheintal, Prättigau, Mittelbünden. (Bündner Wanderführer; Bd. 3). Terra Grischuna, Chur 2003.
FLÜTSCH, ERWIN: St. Antönien. Diss. Zürich 1976.
Offizielle Landeskarte der SAW 1 : 50 000. Blatt 248 T. PRÄTTIGAU – SCHANFIGG – LANDSCHAFT DAVOS (nördlicher Teil).
WANDERKARTE PRÄTTIGAU - SCHANFIGG. 1 : 40 000. Hrsg. von der Vereinigung Pro Prättigau und den Verkehrsvereinen Prättigau–Schanfigg.
MONTAFON Landeskarte der Schweiz 1 : 50 000 Blatt 238.

Informationen
FERIENLADEN
CH-7264 St. Antönien
Tel. ++41(0)81 332 32 33 / Fax ++41(0)81 332 30 01
E-Mail: info@st-antoenien.ch / Internet: www.st-antoenien.ch

Furna

Das am Furner Berg hoch über dem Tal gelegene Furna (1354 m) bietet eine grossartige Aussicht auf den Rätikon und das mittlere und hintere Prättigau. Die Höfe liegen nach Walserart über den ganzen Bergrücken verstreut und erstrecken sich in 1000 bis 1400 m ü. M. bis nach Valzeina hinüber. Furna lebt fast ausschliesslich von der Landwirtschaft. Die Güterwege, welche die Streusiedlungen miteinander verbinden und eine rentable Berglandwirtschaft erst ermöglichen, laden zu angenehmen Spaziergängen mit Panoramablick ein.

Anreise
Mit eigenem Fahrzeug: Die Prättigauer Talstrasse bei Jenaz verlassen. Das stark walserisch durchsiedelte Dorf Jenaz besitzt vor allem im Oberdorf, von eiligen Reisenden leicht übersehen, schöne sonnengebräunte Walserhäuser mit gestricktem Wohnteil, gemauertem Keller- und Küchentrakt. Das älteste datiert vom 1566. Auf einem mit Laubenbögen versehenen Mauersockel steht das Platzhus, das wohl stattlichste Holzhaus des ganzen Prättigaus. In Jenaz der Beschilderung Furna folgen.
Öffentlicher Verkehr: Postbuskurse nach Furna ab Furna Station der RhB.

Übernachten, Essen und Trinken
LANDGASTHOF SOMMERFELD. Leichte hervorragende Küche. Guter Ausgangspunkt zum Besuch der Walsersiedlungen Furna, St. Antönien, Schuders, Valzeina und der Alpe Stürfis.
CH-7231 Pragg-Jenaz
Tel. ++(0)81 332 13 12 / Fax ++(0)81 332 26 06
Internet: www.sommerfeld.ch

Sehenswert
Das im Jahr 1509 erstmals erwähnte Kirchlein von Furna hat seine Wurzeln im ausgehenden 15. Jahrhundert. Im Schiff spätgotische hölzerne Polygondecke mit Flachschnitzerei. Im Chor schönes Sterngewölbe. Der Bau ist mit 32 000 Lärchenschindeln eingedeckt. – Schöne Walserhäuser sind über die ganze Streusiedlung verteilt.

Wandern

Furna-Post – Riedji – Danusa – Scära – Hinterberg – Furna-Post
Rundwanderung durch eine liebliche Landschaft mit herrlichen Ausblicken, die vor allem im Frühjahr mit üppigen Blumenwiesen aufwar-

Furna (1345 m). Blick ins mittlere- und innere Prättigau, im Hintergrund das Silvrettamassiv. Im Vordergrund ein Schrägzuun (Zaun mit schrägen Latten auf gekreuzten Pfosten) und ein Schwaartach (mit Steinen beschwertes Schindeldach).

tet. Sie führt über die ausgedehnte Alp Danusa (1650 m), wo die ersten nach Furna vorgestossenen Walser Fuss gefasst haben.

Bei der Kirche biegen Sie auf die Strasse Richtung Boden und Oberberg ein und folgen dieser bis nach Riedji. Dort steigen Sie auf dem links abzweigenden Güterweg bergan und folgen diesem, bis er in die Strasse mündet. Auf dieser gehen Sie bergan, schwenken beim nächsten Richtungsweiser links auf den Bergpfad ab und wandern hinauf ins Alpgebiet von Danusa. Auf der Strasse führt die Wanderung weiter nach Ronen und anschliessend auf einem schmalen Güterweg vorbei am Nüsäss hinüber nach Scära. Hier beginnt der Abstieg nach Hinterberg, wo ein Gasthaus zum Rasten einlädt. Auf der Strasse mit herrlichen Ausblicken ins mittlere und innere Prättigau zurück zum Ausgangspunkt. – Wanderzeit: 4 Std.

Literatur/Karten
Offizielle Landeskarte der SAW 1 : 50 000. Blatt 248 T. PRÄTTIGAU – SCHANFIGG – LANDSCHAFT DAVOS (nördlicher Teil).
WANDERKARTE PRÄTTIGAU – SCHANFIGG. 1 : 40 000. Hrsg. von der Vereinigung Pro Prättigau und den Verkehrsvereinen Prättigau–Schanfigg.

Wer Schuders (1272 m) mit dem Auto erreicht hat, atmet zweimal tief durch: Einmal, weil die abenteuerlichen Anfahrt geschafft ist, und einmal wegen der eindrücklichen Landschaftszenerie mit Drusen- und Sulzfluh.

Schuders

Das kleine Bergdorf (1272 m) hoch über dem Schraubachtobel bietet einen bestechenden Ausblick auf Schweizertor, Drusen- und Sulzfluh. Die einst selbstständige Nachbarschaft ist heute Fraktion der Gemeinde Schiers. Die Höfe und Holzhäuser sind weit über den Hang verstreut. Die Ortsteile Valmära, Cavadura und Cresta sind nicht mehr ganzjährig bewohnt. Rund 55 Personen leben in Schuders, die meisten sind Bauern. Neben zwei Gasthäusern gibt es im Zentrum Post, Schule und eine kleine Kirche, die ursprünglich eine der hl. Anna geweihte Knappenkapelle war. Die Erzgrube «St. Anna uf Schudersch unter der Kirch beym Kalt Prunnen» stellte Ende des 16. Jahrhunderts den Betrieb ein. Mit ihr verschwand das letzte von 14 Prättigauer Bergwerken.

Anreise
Mit eigenem Fahrzeug: Ausgangspunkt der wohl abenteuerlichsten Bergstrasse zu einem Walserort ist Schiers. Die stellenweise nur auf Holzbohlen verlaufende, knapp am Abgrund angelegte, 7 km lange Strasse führt über eine 123 m lange Eisenbeton-Spannbrücke, die das Salginatobel überquert. Die vom Brückenbauer Robert Maillart 1929/30 konstruierte Brücke wurde zu Beginn der 1990er-Jahre als «internationales, historisches Wahrzeichen der Ingenieurbaukunst» ausgezeichnet.
Öffentlicher Verkehr: Schiers ist Station der RhB, Postbus nach Schuders.

Sehenswert
Kennzeichen der 1508 als St. Anna Kapelle erbauten Kirche sind der markante viereckige Dachreiter, der achteckige Turm und das Schindeldach. Der Chor weist ein spätgotisches Netzgewölbe auf. Im Schiff bunt bemalte Polygondecke mit Rosetten und Ranken auf weissem Grund. Am Torbogen Fresken aus der Entstehungszeit: links die Muttergottes, rechts die hl. Katharina. Eine Glocke mit der Aufschrift «Schuders 1513» soll bis zu deren Umguss vor rund 100 Jahren im Kirchturm von Schruns gehängt haben. Die Montafoner sollen sie 1622 bei einem Raubzug nebst 150 Kühen und 500 Schafen von den Schierser Alpen gestohlen haben.

Literatur/Karten
BAMERT FRANZ, ROLF FISCHER UND TONI LAMPERT: Rheintal, Prättigau, Mittelbünden. (Bündner Wanderführer; Bd. 3). Terra Grischuna, Chur. 2003.
THÖNY, MATHIAS: Schuders und seine Bewohner. 2. Aufl. Verlag Buchdruckerei Schiers, Schiers [1962].
Offizielle Landeskarte der SAW 1:50 000. Blatt 248 T. PRÄTTIGAU – SCHANFIGG – LANDSCHAFT DAVOS (nördlicher Teil).
WANDERKARTE PRÄTTIGAU – SCHANFIGG. 1:40 000. Hrsg. von der Vereinigung Pro Prättigau und den Verkehrsvereinen Prättigau–Schanfigg.

Die wohl kurz nach 1300 entstandene Dauersiedlung Stürfis (1577 m) überlebte die Kleine Eiszeit (1560 bis 1850) nicht. Sie wurde bereits in den 1630er Jahren geräumt und in eine Alp umgewandelt.

Stürfis

Das 1351 erstmals im Zusammenhang mit den Walsern genannte Stürfis (1577 m) war nur gerade 300 Jahre ganzjährig bewohnt. Geografisch gehört die heutige Alp Stürfis ins Prättigau, politisch aber zu Maienfeld. Viele Abwanderer verkauften ihr Hab und Gut an Maienfeld, wofür sie ins Bürgerrecht des Städtchens aufgenommen wurden. Der schönste Weg nach Stürfis beginnt hinter Seewis.

Anreise
Mit eigenem Fahrzeug: Beschilderung «Seewis» beachten und von dort auf einem schmalen Strässchen zum Parkplatz Ganda.
Öffentlicher Verkehr: Postbuskurse ab RhB-Stationen Seewis/Valzeina und Grüsch nach Seewis.

Wandern
Parkplatz Ganda – Stürfis – Parkplatz Ganda
Anfänglich auf einem Fussweg, dann auf dem Güterweg hoch über dem Taschinas-Bach wandern Sie ohne grosse Steigung taleinwärts. Wo das gelbe Wanderschild den Weg nach Stürfis weist, beginnt der gelegentlich recht steile Fussweg. Eine vielfältige Blumenwelt ziert den Weg zur Alp Stürfis (1577 m). Die Alp mit einem kleinen See vor einer Tannengruppe bietet einen äusserst reizvollen Anblick. Am einstigen Standort der Kirche erhebt sich ein grasüberwachsener Steinhügel. Auch sonst sind im Gelände Überreste der einstigen Dauersiedlung zu sehen. Auf dem gleichen Weg zurück. – Wanderzeit: 3 Std. 45 Min.

Literatur/Karten

MENG, J.U. und P. RIEDER: Ein verschwundenes Walserdorf. In: JB der WVG 1985.
MONTAFON Landeskarte der Schweiz 1:50 000. Blatt 238.

Valzeina

Von Walsern in Valzeina ist erstmals 1370 die Rede. Neben dem Hauptort Valzeina (1114 m) umfasst die ausgesprochene Bauerngemeinde die Ortsteile Clavadätsch und Sigg. Letzteres liegt auf der andern Talseite des Schranggabachs. Wollen die Kinder aus Sigg ins Schulhaus nach Valzeina, machen sie den Umweg über den Talort Grüsch. Kunstschätze sucht man, von einigen schönen Walserhäusern abgesehen, vergeblich. Die kleine Kirche ist ein Neubau aus der Mitte des 19. Jahrhunderts, einziges Schmuckstück ist die Kanzel aus der Mitte des 18. Jahrhunderts. Dafür hat Valzeina als Wandergebiet mit Wegen in alle Richtungen viel zu bieten.

Anreise
Mit eigenem Fahrzeug: Gleich hinter der Klus weist ein Schild den Weg nach Valzeina. Eine schmale, recht abenteuerliche Strasse führt hinauf in die typische Walserstreusiedlung.
Öffentlicher Verkehr: Postbuskurse ab RhB-Stationen Seewis/Valzeina und Grüsch.

Wandern

Valzeina – Flüeli – Tritt – Bärgi – Valzeina

Die Rundwanderung eröffnet prächtige Tiefblicke ins Rheintal und hinüber ins Sarganserland sowie auf das Valzeiner Siedlungsgebiet auf der andern Seite des Schranggabachs.

Von der Kirche auf der Strasse vorbei am Schulhaus. Das Schild «Flüeli» beachten und auf dem schmalen Strässchen bergan wandern. Unmittelbar vor einem Bauernhof nach rechts abbiegen und auf einem Fusspfad hinüber nach Tritt, wo der Weg nach Igis abzweigt. Hier in nördlicher Richtung weiter und auf dem teilweise nur schlecht erkennbaren und unterhaltenen Fusspfad bis zur Beschilderung, die den Weg nach Bergli – Valzeina – Haupt und Gaschurn weist. Zum Hof Bergli absteigen und auf dem Güterweg zurück nach Valzeina. – Wanderzeit: 1 Std. 20 Min.

In der typischen Walser Streusiedlung Valzeina (1114 m) stehen lediglich «bin dr Chilchä» einige Häuser beisammen. Fast 70 Prozent der Erwerbstätigen leben von der Landwirtschaft.

Literatur/Karten.
SEIDEL, J. JÜRGEN: Valzeina. Ein Walserdorf im Prättigau. AG Buchdruckerei Schiers, Schiers 1990.
Offizielle Landeskarte der SAW 1 : 50 000. Blatt 248 T. PRÄTTIGAU – SCHANFIGG – LANDSCHAFT DAVOS (nördlicher Teil).
WANDERKARTE PRÄTTIGAU – SCHANFIGG. 1 : 40 000. Hrsg. von der Vereinigung Pro Prättigau und den Verkehrsvereinen Prättigau–Schanfigg

Calfeisental

Laut Erblehensbrief von 1346 überliessen der Abt des Klosters Pfäfers und dessen Konvent einer Gruppe freier Walser die Alp Sardona (1950 m). Seine Blüte erlebte die kleine Walsergemeinde wohl zu Beginn des 15. Jahrhunderts, doch schon damals hatte die Entsiedelung des Calfeisentals eingesetzt. Einerseits herrschte bedingt durch den hohen Gebirgskamm im Süden wegen mangelnder Sonneneinstrahlung schon immer ein raues Klima, das mit Anfang der «Kleinen Eiszeit» im 16. Jahrhundert noch rauer wurde. Anderseits übernutzten die Walser den Wald in hohem Masse. Viel Holz verschlangen der Hausbau und der Unterhalt der Gebäude, das Tag und Nacht brennende Herdfeuer und die Zäune. Dazu schädigten sie den schon arg gelichteten Wald dadurch, dass sie das Vieh auf Weidegang in den Wald schickten, was das Aufkommen des Jungwuchses verhinderte. Er wurde gefressen oder zertreten.

Das Dörfchen St. Martin (1350 m) im Calfeisental. Das Holz für das Mesmerhaus wurde laut dendrochronologischer Altersbestimmung in den Jahren 1579 bis 1585 gefällt. Heute ist das gepflegte Dörfchen ein beliebtes Ausflugsziel.

Zentrumssiedlung war das heutige Sommerdörfchen St. Martin mit dem kleinen, dem hl. Martin geweihten Kirchlein. 1652 verliessen die drei letzten Bewohner des Hochtals die «ruche Wiltnuss» und liessen sich in Vättis nieder. Viele deutsche Flurnamen erinnern noch an das missratene Besiedlungsprojekt. Im Jahre 2003 wurde der Verein «Pro Walsersiedlung St. Martin im Calfeisental» gegründet. Er bezweckt den Erhalt und die kulturelle Verankerung der Walsersiedlung St. Martin im Calfeisental und kann Beiträge zur Sicherstellung und Verbesserung der Grundversorgung ausrichten.

Anreise
Mit eigenem Fahrzeug: Ab Autobahn Ausfahrt Bad Ragaz benutzen. Auf der Kantonsstrasse der Beschilderung Bad Ragaz folgen. Anschliessend auf der Bergstrasse über Pfäfers und Vättis nach St. Martin. Ab Staumauer läuft der Verkehr zur vollen Stunde für 20 Min. Richtung St. Martin, zur halben Stunde Richtung Vättis.
Öffentlicher Verkehr: Bad Ragaz ist Station der SBB. Weiter mit dem Postbus nach Vättis. In den Monaten Juni – Juli – August täglich drei Postbusverbindungen Vättis – Gigerwald.

Übernachten, Essen und Trinken
Die heimeligen Gaststuben des RESTAURANTS ST. MARTIN im ehemaligen Walserdörfchen strömen eine ganz besondere Atmosphäre aus. Spezialitäten des Hauses: Holzofenbrot, Alpkäse, Speck und Schinken im Brotteig. Einige Gästezimmer vorhanden.
Tel. ++41(0)81 306 12 34

HOTEL TAMINA. Seit 1875 in Familienbesitz. Viel Tradition und Charme. Spezialitäten: Forellen und Wild (ab Ende August).
CH-7315 Vättis
Tel. ++41(0)81 306 11 73 / Fax ++41(0)81 306 12 08
E-Mail: info@tamina-hotel.ch / Internet: www.tamina-hotel.ch

Sehenswert
Nur zwei Wohnhäuser sind erhalten geblieben. Jenes in der Vorderen Ebni aus dem 17. Jahrhundert und das Mesmerhaus in St. Martin von 1588. Das Haus in der Vorderen Ebni ist ein unterkellerter und schindelbedeckter Blockbau, bestehend aus Küche und Wohntrakt auf Steinfundament. Das Haus im Dörfchen St. Martin weist unter der ersten Pfette links vom Giebel einen «Seelenbalken» auf. – Beachtung verdienen auch das Kirchlein von St. Martin, erstmals erwähnt 1432, dessen Altarbild den hl. Martin mit dem Bettler zeigt, und das Beinhaus mit den sagenhaft grossen Knochen der alten freien Walser.

Museum
ORTSMUSEUM VÄTTIS.
Die gezeigten Objekte sind thematisch breit gefächert. Münzfund aus der Römerzeit, Fundstücke aus dem Drachenloch und die Geschichte seiner Erforschung. Die Gerätschaften eines Küfers dokumentieren ausgestorbenes Handwerk. Auch Ausstattungsobjekte des ehemaligen Walserkirchleins St. Martin sind vorhanden. Darunter: Hl. Martin zu Pferd aus dem 15., schmiedeisernes Turmkreuz aus dem 17. Jahrhundert. Das mit 1637 datierte Kreuz wurde 1986 als Grabkreuz des Walsers Peter Sutter identifiziert.
Öffnungszeiten, Führungen Informationen:
Tel. ++41(0)81 306 12 94

Wandern

Der Walserpfad

Besonders im Herbst, wenn die Sonne schon früh hinter den Bergen verschwindet, empfiehlt es sich, den Walserschaupfad in eine Rundwanderung einzubeziehen. Diese streift den Rothusboden (= Rathausboden) im Talhintergrund, einst eine Dauersiedlung. Übrig geblieben sind davon die Grundmauern der Gebäude.

Am Walserpfad stehen 12 Schautafeln zur Walsergeschichte des Tals. Tafel 1 befindet sich an der Staumauer des Gigerwaldsees und bietet eine allgemeine Orientierung. Der eigentliche Weg beginnt mit Tafel 2 bei St. Martin und endet mit Tafel 11 auf der Alp Sardona. Bei Tafel 6 empfiehlt es sich, den Walserpfad kurz zu verlassen und auf dem links abzweigenden Fahrweg zum alten Walserhaus auf der Vorderen Ebni zu wandern. Nach Besichtigung auf dem gleichen Weg zurück auf den Walserpfad. Von Sardona auf dem gleichen Weg zurück nach St. Martin. – Wanderzeit: 4 Std.

Variante: Von der Sardonaalp über das Plattenalp Obersäss (1900 m) und die Malanseralp zurück nach St. Martin. – Wanderzeit: Sardonaalp – St. Martin: 2 Std. 45 Min.

Literatur/Karten
HUBER, JOHANNES: Die Walsersiedlung St. Martin im Calfeisental. Katholisches Pfarramt, Vättis/SG 2000. Das informative Bändchen ist im Hotel St. Martin/Calfeisental und im Hotel Calanda/Vättis für CHF 12.– erhältlich.
DERS.: Die Walsersiedlung St. Martin im Calfeisental. In: WW, 1/2001.
NIGG, THEOPHIL: St. Martin in Calfeisen und seine ehemalige Walserkolonie. In: Terra Plana Heft 3, Sarganserländer Druck AG, Mels 1999.
RIEDERER, JOSEF: Die freien Walser im Calfeisental. Eine kleine Broschüre zum Walserschaupfad im Calfeisen mit Abbildungen der Schautafeln. Ortsgemeinde Pfäfers 2000. Dieses Heft ist für CHF 3.– im Hotel Tamina, im Restaurant Gigerwald, in St. Martin und im Berghaus auf der Alpe Sardona erhältlich.
WANDERN IM TAMINATAL. Hrsg. von den Verkehrsvereinen Pfäfers, Valens, Vättis, Bad Ragaz.
Offizielle Landeskarte der SAW: SARDONA – SERNFTAL – FLIMS – CALANDA 1:50 000. Blatt 294 T.

Informationen
KUR- und VERKEHRSVEREIN
CH-7315 Vättis
Tel. ++41(0)81 306 11 76
E-Mail: info@vaettis.ch / www.vaettis.ch

Fürstentum Liechtenstein

Triesenberg

Wann und woher die Walser nach Triesenberg kamen, liegt im Dunkeln. Urkundlich fassbar sind sie erstmals im Jahre 1355 auf der Alpe Malbun. Sprachliche Merkmale zeigen, dass die Triesenberger Walser zur Davoser Gruppe gehören und somit aus dem Prättigau zugewandert sein dürften. Wie die Walser in Graubünden, so waren auch die Triesenberger über Jahrhunderte auf Viehwirtschaft ausgerichtet. In den Aufzeichnungen des Landvogtes Josef Schuppeler von 1815 ist zu lesen: *«Der Triesnerberg ist eine auf halber Berghöhe zwischen Vaduz und Triesen, beinahe*

Die Alpe Malbun (1650 m) ist Liechtensteins einziges Wintersportzentrum. Sie ist aber auch im Sommer Ausgangspunkt schöner Wanderungen.

durch eine Stunde Entfernung zerstreute, dermahl aus 165 Häusern, und 753 Einwohnern bestehende Gemeinde, die sich blos von der Viehzucht ernährt, weil in selber etwas wenige Sommergerste, und Erdäpfel abgerechnet, keine Früchte gebaut werden. Selbst Obstbäume kommen nur in wenigen niedrigeren Plätzen fort.» Das hat sich gründlich geändert. Die sonnige Lage Triesenbergs, die prächtige Aussicht ins Rheintal und auf die umliegende Bergwelt, die Nähe zu den Industrie- und Handelszentren in der Talsohle und zum Wintersportplatz Malbun brachten es mit sich, dass viele Liechtensteiner aus den Talgemeinden und in Liechtenstein tätige Auswärtige Wohnsitz in Triesenberg nahmen.

Anreise
Mit eigenem Fahrzeug: Ab Autobahn (aus Richtung Landquart) die Ausfahrt Balzers benutzen, von Norden kommend bei der Ausfahrt Vaduz von der Autobahn. Auf der Landesstrasse die Beschilderung Triesenberg beachten. Aus Richtung Landquart sollte man sich allerdings für die Anreise durch die Bündner Herrschaft und über die Luzisteig entscheiden.
Öffentlicher Verkehr: Von Buchs SBB und Sargans SBB Postbusverbindungen nach Vaduz und weiter nach Triesenberg.

Übernachten, Essen und Trinken
HOTEL RESTAURANT KULM. Prächtiger Blick ins Rheintal und in die Schweizer Alpen.
FL-9497 Triesenberg
Tel. ++423 237 79 79 / Fax ++423 237 79 78
E-Mail: info@hotelkulm.li / Internet: www.hotelkulm.li
CAFÉ RESTAURANT KAINER. Gutbürgerliche, saisonbetonte Küche.
FL-9497 Triesenberg
Tel. ++423 268 39 33 / Fax ++423 268 10 86
E-Mail: kaihe@adon.li
HOTEL GORFION. Freundliche Atmosphäre. Gutes Preis/Leistungs-Verhältnis.
FL-9497 Malbun
Tel. ++423 264 18 83 / Fax ++423 264 18 32
E-Mail: garfion@schwaerzler-hotels.com / Internet: www.schwaerzler-hotels.com

Blick in den Kochtopf
MARTHAS CHÄS CHNÖPFLI (für 4 Personen)
150 g Mehl, Salz, 4 Eier, 4 dl Milch, Appenzeller und Sauerkäse gerieben, Butter und Zwiebelringe.
Aus den Zutaten einen festen Teig herstellen. Teig durch einen Knöpfler in kochendes Salzwasser reiben. Wenn die Knöpfli an die Oberfläche kommen, diese langsam mit einer Schaumkelle herausnehmen und leicht abtropfen lassen. Lagenweise Knöpfli und Reibkäse in einer flachen Schüssel anrichten. Mit den vorher in der Butter dunkelbraun gerösteten Zwiebelringen überstreuen. Serviert wird dazu Apfelmus oder Kartoffelsalat.

Sehenswert
Die Kirche, ein Zentralbau mit Zwiebelturm aus dem Jahre 1938/39, ist ein Werk des Stuttgarter Architekten O. A. Linder. Von Johannes Troyer stammen die geschnitzte überlebensgrosse Kreuzigungsgruppe an der Chorwand und die schönen Kirchenfenster. Das Rathaus, erbaut 1768, umgebaut 1967/68, trägt an der Nordwand ein Mosaik, das auf einem Entwurf des Liechtenstei-

ner Künstlers Josef Seger beruht. Dargestellt ist der Teufel mit Glocke, eine Reminiszenz aus der Theodulsage. Das fast 400 Jahre alte Walserhaus Nr. 19 südlich der Pfarrkirche beherbergt die Sammlung «Triesenberger Wohnkultur des 19. Jahrhunderts», die Bestandteil des Triesenberger Museumsangebots ist. Das Haus steht Gruppen zur Besichtigung offen Tel. ++423 262 19 26. – Walserhäuser, Ställe und Heubargen begegnen noch verschiedentlich. Besonders ansprechend ist das Haus Frommelt von 1801, Müli 48. – Die 1465 erstmals urkundlich erwähnte Theodulskapelle auf Masescha dürfte um 1300 errichtet und später erweitert worden sein. Sie war das erste Gotteshaus der Walser am Triesenberg, geweiht der hl. Maria und dem WalserheiligenTheodul. In der Pestzeit (1628–30) kamen die Pestheiligen Sebastian und Rochus als Schutzpatrone dazu. Die nach Süden gerichtete Chorturmanlage erinnert an kleinere Davoser Gotteshäuser. Im Innern an der Nordwand Temperabild des hl. Theodul mit Teufel und Glocke von Josef Reich, Wien (1904). Im Chor Fresken aus dem 15. Jahrhundert, die im Rahmen der Renovation von 1950 freigelegt und restauriert wurden. Ein Glasfenster von August Wanner, St. Gallen (1950), zeigt den hl. Theodul mit Stab, Schwert, Teufel und Glocke. Der Altar links im Schiff ist eine Kopie des aus dem 17. Jahrhundert stammenden Flügelaltars mit Maria zwischen den Pestheiligen Sebastian und Rochus auf der Mitteltafel, Original (nicht ausgestellt) im Liechtensteinischen Landesmuseum. – Beachtung verdient die Maiensässsiedlung Steg im Saminatal (1300 m). Charakteristisch sind die um eine viereckige Wiese angeordneten Hütten mit talwärts gerichteten Giebeln. – In der Kapelle Malbun ist auf einem riesengrossen Mosaik von Josef Seger der Betruf der Sennen dargestellt. Der am Alpkreuz verrichtete Betruf war das Abendgebet der Alphirten.

Museum
WALSER HEIMATMUSEUM TRIESENBERG
Vorbildlich präsentierte und reiche heimatkundliche Sammlung. Mit der Ausstellung verbunden ist die informative Multivisionsschau «Triesenberg» (Dauer 25 Minuten). Ausser den Exponaten aus der untergegangenen Walserwelt sind in einer permanenten Ausstellung Werke des einheimischen Bauplastikers und Musikers Rudolf Schädler (1903–1990) und die hübschen Originalbilder mit Motiven aus der Sagenwelt von Josef Seger zu besichtigen, mit welchen er die Liechtensteiner Sagensammlung seines Bruders Otto Seger illustrierte.
Di – Fr   13.30 – 17.30
Sa   13.30 – 17.00
Juni, Juli, Aug. auch sonntags, Montag geschlossen
Führungen und Gruppen auf Anfrage
Tel. ++423 262 19 26 / Fax ++423 262 19 22
Internet: www.triesenberg.li/walser_heimatmuseum.asp

Wandern

Triesenberg Dorfplatz – Masescha – Sücka-Kulm (alter Tunnel) – Silum – Masescha-Lavadina – Triesenberg Dorfplatz

Diese vielfältige Rundwanderung erschliesst nicht nur die rheintalseitige Triesenberger Kulturlandschaft, sondern macht die topografische Zweiteilung der Gemeinde Triesenberg sichtbar.

Vom Dorfplatz auf der leicht abfallenden Strasse in nördlicher Richtung zum Schild «Masescha». Diesem folgend hinauf zur Strasse nach

Begegnung mit einem friedfertigen Trio auf der Rundwanderung Malbun - Sass Seelein - Malbun.

Der Bestand an alten Häusern in Triesenberg ist auf wenige Exemplare zusammengeschrumpft. Zu ihnen gehört das stattliche Haus Frommelt, Müli 48, aus dem Jahr 1801.

Rotaboda. Diese überqueren und vorbei an der Häusergruppe Winchel. Bei der Einmündung in die ebenfalls nach Rotaboda führende Strasse halten Sie sich rechts und bleiben auf der Strasse, bis links ein Güterweg abzweigt. Diesem folgend zur Masescha-Strasse und nach Masescha. Weiter auf dem Philosophenweg, der an alten, verstreut im Wiesland liegenden Stallscheunen vorbeiführt. Anschliessend auf der alten Samina-Strasse Richtung Sücka-Kulm und durch den kurzen Tunnel. Am Ostausgang des Tunnels geniessen Sie einen prächtigen Blick ins Saminatal und auf die das Tal begrenzenden Berge und auf das Maiensäss Steg. – Für die Rückkehr stehen zwei Wege zur Verfügung. Entweder wandern Sie am Hang über dem Saminatal in nördlicher Richtung bis zum Silumer-Kulm, um dort nach Silum abzusteigen, oder Sie wählen den Weg durch den alten Tunnel. Kurz hinter dem Ausgang biegt rechts ein herrlicher Höhenweg ab. Vorbei an sonnengebräunten Heubargen führt er nach Silum. Von hier aus geht es weiter über Foppa nach Masescha und auf der Strasse bis zur Einmündung in die Malbuner Strasse. Auf dieser steigen Sie kurz bergan und folgen dann dem Güterweg nach Lavadina. Der Abstieg zum Ausgangspunkt erfolgt über Boda und Steinord. – Wanderzeit 3 Std. 45 Min.

Rund um die Alp Malbun

Diese Wanderung führt in ein Gebiet, welches die Walser zum Teil schon 1355 als Erblehen in Besitz hatten.

Vom Parkplatz Malbun steigen Sie hinauf zur Friedenskapelle und folgen dem Güterweg zur Alp Turna bis zum Schild «Panoramweg». Auf diesem in den Talkessel hinein nach Kurr und über Heita und Pradamé zurück zum Parkplatz. – Wanderzeit: 2 Std.

Malbun – Sass-Seelein – Malbun

Rundwanderung durch eine reizvolle Pflanzenwelt und vorbei an zwei kleinen Seen. Im Aufstieg schöner Blick auf die Alpe Malbun. Beim Abstieg berühren Sie die «Schneeflucht», eine Weide, auf welche das Vieh bei unzeitigem Schneefall aus der Hochalp getrieben wurde. –

Bei der Friedenskapelle biegen Sie links ab und wandern auf einem gut unterhaltenen Weg hinauf zum Saas-Seelein und anschliessend hinüber nach Sass. Dort mündet der Weg in ein Güterstrasschen. Auf diesem abwärts, vorbei an der Schneeflucht. Unmittelbar vor der Einmündung in die Malbuner Strasse verläuft oberhalb derselben ein Wanderpfad zurück nach Malbun. – Wanderzeit: 1 Std. 30 Min.

Literatur/Karten
ALLGÄUER, ROBERT: Rudolf Schädler – Musik und Baumgebilde. Schalun, Vaduz 1989.
BUCHER, ENGELBERT: Walsersiedlungen in Liechtenstein. Werden und Entwicklung. (Gesellschaft Schweiz Liechtenstein; Schriftenreihe Nr. 7.) Gesellschaft Schweiz–Liechtenstein, Vaduz 1992.
EBERLE, JOSEF: Die Walsergemeinde Triesenberg stellt sich vor. In: WhVLT, Heft 59, 1996.
DERS: Walser Heimatmuseum Triesenberg. Museumsführer. Gemeinde Triesenberg 1992.
GABRIEL, EUGEN: Die Mundart von Triesenberg und der Vorarlberger Walser. In: Probleme der Dialektgeographie. Hrsg. von Eugen Gabriel und Hans Stricker. (Veröffentlichungen des Alemannischen Instituts Freiburg i. Br. Nr. 58). Konkordia Verlag, Bühl 1987.
HASLER, NORBERT W.: Kapellen im Fürstentum Liechtenstein. In: Terra plana. Vierteljahresschrift für Kultur, Geschichte, Tourismus und Wirtschaft. Nr. 3, 1998.
HEIMELIGE ZEITEN. Volks- und heimatkundliche Zeitschrift der Walsergemeinde Triesenberg, 1983 ff.
KLENZE, HIPPOLYT LUDWIG von: Die Alpwirtschaft im Fürstentum Liechtenstein. Unveränderter Neudruck. d. Ausg. Stuttgart 1879. Topos Verlag, Vaduz 1985.
SCHUPPLER, JOSEF: Beschreibung des Fürstentums Liechtenstein. JBL Bd. 75, Vaduz 1975,
SCHURTI, PIO und NORBERT JANSEN: Nach Amerika! 2 Bde. Historischer Verein für das Fürstentum Liechtenstein, Vaduz 1998.
SEGER, OTTO: Sagen aus Liechtenstein. Sonderdruck aus JBL Bd. 65, 1966. Selbstverlag des Vereins, o. J.
STRICKER HANS, TONI BANZER, und HERBERT HILBE: Liechtensteiner Namenbuch. Die Orts- und Flurnamen des Fürstentums Liechtenstein, Bd. 2. Die Namen der Gemeinden Triesenberg, Vaduz, Schaan. Historischer Verein für das Fürstentum Liechtenstein, Vaduz 1999.

TSCHAIKNER, MANFRED: «Der Teufel und die Hexen müssen aus dem Land...». Frühneuzeitliche Hexenverfolgungen in Liechtenstein. JBL Bd. 96. Vaduz 1998.
ZWEIFELHOFER, THOMAS: Siedlungs- und Bauformen der Liechtensteiner Walser. JBL Bd. 96, Vaduz 1998.
LIECHTENSTEIN. Wanderungen für Familien und Geniesser. Hrsg. Liechtensteiner Tourismus, Vaduz 2002.
Wanderkarte FÜRSTENTUM LIECHTENSTEIN 1:25000. Hrsg. v. der Regierung des Fürstentums Liechtenstein – Liechtensteinische Fremdenverkehrszentrale.

Informationen
VERKEHRSBÜRO TRIESENBERG
FL-9497 Triesenberg
Tel. ++423 262 19 26 / Fax ++423 262 19 22
E-Mail info@triesenberg.li / Internet: www.triesenberg.li
VERKEHRSBÜRO MALBUN
FL-9497 Malbun - Triesenberg
Tel. ++423 263 65 77 / Fax ++423 263 73 44

Wer auf Wanderungen Pflanzen an ihrem Wuchsort bestimmen möchte, sollte ein handliches und leichtes Bestimmungsbuch im Rucksack haben. Im Bild: Purpurenzian. Verstreut wachsende Westalpenpflanze, eher auf kalkarmem Boden, nicht häufig, bis Silvretta.

Vorarlberg

Grosses Walsertal

Im Jahre 2000 wurde das naturnahe Grosse Walsertal von der UNESCO zum Biosphärenpark erklärt. Landwirtschaft, Tourismus und Gewerbe handeln seither offiziell nach ökologischen Grundsätzen. Die erzeugten typischen Walserprodukte finden guten Absatz. Sonnengebräunte in Blockwerk errichtete Bauernhäuser, schöne Maiensässe, prächtige Alpdörfchen und sorgfältig gepflegte Wiesen prägen das Tal. Das «von Tobeln und Töbelchen durchtobelte Tobel», wie ein scharfsinniger Be-

Das Grosse Walsertal ist reich an schönen Alpdörfern und Maiensässen. Im Bild die Alpe Laguz (1585 m) hinter Marul.

Wie alle katholischen Walsergebiete, so verfügt auch das Grosse Walsertal über eine reiche Sakrallandschaft. Die Kirche von Marul besticht durch ihre schöne Zwiebel, der Friedhof durch schöne Grabkreuze.

Die Rodungsinsel Bickelwald (ca. 1300 m) am Schattenhang. Die im 18. Jahrhundert unter Bevölkerungsdruck aus einem Maiensäss hervorgegange Dauersiedlung wurde kurz nach 1950 wieder verlassen.

obachter das Grosse Walsertal einst nannte, wurde in seinem unteren Teil vor der Ankunft der Walser von Rätoromanen bewirtschaftet. Erwiesen ist für das 14. Jahrhundert eine Zuwanderung von Walsern aus Damüls und aus dem hintersten Bregenzerwald. Andere Walser dürften direkt vom Walgau her eingewandert sein. Damüls und Fontanella bildeten das «Obere Walsergericht», Sonntag war Sitz des «Unteren Walsergerichts», das für die Walser im Grossen Walsertal und im Walgau zuständig war. Das Grosse Walsertal ist das grösste zusammenhängende Siedlungsgebiet der Walser im Vorarlberg. Das rund 25 km lange, vom Lutzbach durchflossene Kerbtal hat keine Talsohle. Deshalb liegen die verstreuten Siedlungen oft hoch oben am Hang. Auf der Sonnenseite befinden sich die Orte St. Gerold (848 m), Blons (903 m), Sonntag (888 m), Fontanella (1145 m) und Faschina (1487 m), auf der Schattenseite Raggal (1015 m) und Marul (979 m).

Anreise
Mit eigenem Fahrzeug: Zwei Strassen erschliessen das Grosse Walsertal. Die eine führt von Ludesch nach Raggal, die andere von Thüringen bis zum Faschinajoch und weiter nach Damüls im Bregenzerwald. Beide treffen bei Garsella aufeinander.
Öffentlicher Verkehr: Busverbindungen ab Bahnhöfen Bludenz und Ludesch nach Thüringen. Weiter via Thüringerberg – St. Gerold – Blons – Sonntag und Fontanella nach Faschina und Damüls, oder von Thüringen über Marul und Raggal nach Sonntag.

Übernachten, Essen und Trinken
HOTEL POST
A-6733 Fontanella. Gutbürgerliche Küche.
Tel. ++43(0)5554 5222-0 / Fax ++43(0)5554 5222-55

ÖSTERREICH

E-Mail: hotel.post@fontanella.at / Internet: www.hotel-postinfo
CAFÉ PENSION ZUM JÄGER. Familiär geführtes Haus. Rustikales Ambiente.
Gute Küche.
Buchboden
A-6731 Sonntag
Tel. ++43(0)5554 55910 / Fax ++43(0)5554 559119
E-Mail: pension@zumjaeger.at / Internet: www.zumjaeger.at

Blick in den Kochtopf
WALSER KÄS'KNÖDEL
500 g Knödelbrot, 300 g Walserstolz, 2 mehlige Kartoffeln, 3 Eier, 3 Esslöffel Mehl, ¼ Milch, 2 Teelöffel gehackte Petersilie. Salz. Muskat, Öl zum Ausbacken.
Kartoffeln in Salzwasser weich kochen. In der Zwischenzeit Knödelbrot mit Milch übergiessen. Etwas ziehen lassen und dann Mehl, Eier, etwas Salz und Muskat untermischen. Danach eine halbe Stunde rasten lassen. Walserstolz in kleine Würfel schneiden. Weiche Kartoffeln zerstampfen und mit dem Käse vermischen. Aus der Masse Knödel formen und in Öl goldgelb backen. Die Käsknödel werden in einer kräftigen Rindssuppe serviert oder einfach mit grünem Salat gegessen.

Biosphärenpark Grosses Walsertal
Informationen:
BIOSPHÄRENPARK GROSSES WALSERTAL
A-6721 Thüringerberg,
Tel. ++43(0)5550 20360
E-Mail:biosphaerenpark@grosseswalsertal.at
Internet: biosphaerenpark.grosseswalsertal.at/index1.htm

Sehenswert
Über das ganze Grosse Walsertal verstreut finden sich noch manche Walser-Paarhöfe in Strickbauweise. Gelegentlich sind diese mit einem bergseitigen Lawinenschutz versehen. – Schöne Alpdörfer wie Sera, Sentum, Laguz, Ischkarnei, Steris und Klesenza schliessen den Wirtschaftsraum nach oben ab.
Blons: Die Kirche stammt von 1784. Die Altäre samt Figuren entstanden wenig später. Im Friedhof erinnert ein Gedenkstein an die Lawinenkatastrophe von 1954. 29 Häuser, 56 Ställe und weitere Gebäude wurden zerstört, 57 Bewohner verloren ihr Leben.
St. Gerold: Die etwas unterhalb der Talstrasse gelegene Probstei ist nach dem Eremiten St. Gerold benannt, der im 10. Jahrhundert hier hauste. Als er noch Adam Sax hiess, soll er an einer Verschwörung gegen Kaiser Otto I. beteiligt gewesen sein. Nach seiner Aburteilung scheint sich der erste Abt des Klosters Einsiedeln für seine Begnadigung verwendet haben. Gerold baute sich in der Wildnis eine Klause. Seine Güter stiftete er dem Kloster Einsiedeln. Die heutige Anlage besticht durch die gelungene Durchmischung von alter und neuer Kunst. Die ursprüngliche Kirche wurde nach Mitte des 16. Jahrhunderts neu erbaut, gegen Ende jenes Jahrhunderts wurden die Mönchstrakte erweitert. Ab 1965 fand eine gründliche Neugestaltung der Kirche statt. Grundmauern und Apsis der früheren romanischen Kirche sowie die Grabstätte des hl. Gerold wurden freigelegt. Die Probstei spielt die tragende Rolle im kulturellen Leben des Grossen Walsertals. Ein Veranstaltungskalender informiert über das reiche Angebot von Ausstellungen, Konzerten, Kursen und Seminarien.
Raggal: Schöne Häuser, die Pfarrkirche St. Nikolaus und Theodul und eine alte Linde bilden das Dorfzentrum. Die Kirche geht auf eine um 1460 gotisch vergrösserte Kapelle aus dem 12. Jahrhundert zurück. Der Hochaltar mit Figuren der hl. Theodul, Nepomuk, Johannes der Evangelist und Johannes der Täufer sowie ein Bild des hl. Nikolaus stammt von 1750.

Sonntag: Die Pfarrkirche St. Oswald und St. Dominikus steht im Ortsteil Flecken. Turm und Chor sind gotisch und stammen aus dem 14. Jahrhundert. Das Kirchenschiff wurde 1806 durch eine Lawine zerstört und in klassizistischem Stil wieder aufgebaut. Die Altarbilder schuf der Montafoner Franz Bertle 1868.

Buchboden: Zweigt man von der Strasse zum Faschinajoch rechts ab, bevor diese in weiten Kehren ansteigt, erreicht man das stille Buchboden. Die Kirche ist ein barocker Zentralbau über dem Grundriss eines griechischen Kreuzes. Altäre und Kanzel stammen ebenfalls aus der Barockzeit.

Fontanella: Beachtung verdienen mehrere alte Walserhäuser im Ortskern Kirchberg. Das Landammannhaus des Oberen Walsergerichts soll aus der Zeit um 1500 stammen. Die barocke Pfarrkirche aus dem 17. Jahrhundert bildet einen schönen Akzent in der Landschaft. Neoromanische Ausstattung.

Museum
Das HEIMATMUSEUM in Sonntag informiert über Kultur und Leben der Bevölkerung. Zu sehen sind Wohnstuben und eine Walserküche, eine Sennerei, ein Käsekeller, eine Mosterei (Obstbäume gab es fast bis hinauf nach Fontanella) und Gerätschaften aus vergangenen Tagen sowie Trachten.
Auskünfte und Öffnungszeiten:
Tel. ++43(0)5554 5219

Wandern

Faschinajoch – Glatthorn – Faschinajoch

Die Überquerung des Glatthorns (zum Teil drahtseilgesicherter Pfad) ist nur geübten und schwindelfreien Bergwanderern zu empfehlen. Auch wer das Glatthorn auslässt, kommt in den Genuss einer vielfältigen Pflanzenwelt. Die Rundwanderung gewährt schöne Einblicke in das heute vom Tourismus geprägte Damüls, ins Grosse Walsertal mit der markanten Roten Wand, in den Rätikon und ins Silvrettagebiet.

Von der Talstation der Hahnenkopf-Sesselbahn steigen Sie auf dem Güterweg an der Sennerei Faschina vorbei zur Bergstation Hahnenkopf auf. Auf dem Kamm führt der Weg weiter Richtung Glatthorn; im Schlussstück ist dieser ziemlich steil. Vom Gipfel (2133 m) führt wiederum ein steiler Pfad abwärts. Bei der Linksverzweigung Richtung Faschina biegen Sie zur Staffelalpe ab und wandern auf dem Fusspfad zurück zum Ausgangspunkt. – Wanderzeit: 4 Std.

Variante: Vorbei an der Sennerei Faschina. Wenig später folgen Sie dem rechts abzweigenden, kaum begangenen Güterweg. Wo dieser endet, auf dem Fusspfad weiter, bis ein Schild auf den Weg zum Glatthorn verweist. Nach kurzem Aufstieg ist dieser erreicht. Weiter über den Kamm zum Glatthorn.

Marul – Laguzalpe – Marul

Laguz gehört zu den schönsten Alpen Vorarlbergs. Die Holzhütten liegen in einer flachen Wiesensenke vor der Roten Wand.

Von Marul, das vor allem durch eine stattliche Bergulme unterhalb der Kirche, schöne schmiedeiserne Grabkreuze und eine mächtige Kugelbuche auffällt, führt ein Strässchen zuerst leicht, dann in Kehren steiler ansteigend und zum Schluss wieder flacher verlaufend zur Laguzalpe (1584 m). Einkehrmöglichkeit. In der Sennerei Verkauf von Käse und Butter. Rückweg: Zuerst wandern Sie auf dem Strässchen Richtung Marul, dann folgen Sie dem rechts abzweigenden Pfad über die Hintertobelalm nach Marul. – Wanderzeit: 5 Std.

Variante: Mit dem Marul-Laguzalpe-Wanderbus zur Laguzalpe und zu Fuss über die Hintertobelalm zurück nach Marul. – Wanderzeit: 2 Std. 30 Min.

Sonntag – Bickelwald – Stein – Sonntag

Die Rundwanderung führt zu der um 1400 entstandenen Walser Rodungsinsel Bickelwald, die bis um die Mitte des 18. Jahrhunderts als Maiensäss diente. Dann wurde unter dem Bevölkerungsdruck der Bickelwald Dauersiedlung, in den 1950er Jahren wurde sie als solche wieder aufgegeben. Schöne Ausblicke auf die Siedlungslandschaft am Sonnenhang.

Von Sonntag auf der mit «Sportplatz» beschilderten Strasse hinunter zur Lutz. Diese überqueren Sie und steigen anschliessend auf der Strasse in weiten Kehren bergan, bis ein Schild auf den Bickelwald verweist. Auf einem Natursträsschen hinauf nach Bickelwald (ca. 1300 m). Zurück auf die asphaltierte Strasse und durch das Steintobel hinüber nach Stein. An einigen schönen Walserhäusern vorbei wandern Sie hinunter zum Kreuzweg mit naiven Darstellungen der Leiden Christi. Dieser endet an der Lutz. Auf der Strasse zurück nach Sonntag. Wanderzeit: 3 Std. 30 Min.

Literatur/Karten
DOBLER, EUGEN: Aus der Siedlungsgeschichte und von der Siedlungsentwicklung des Grosswalsertales. In: WhV LT 2/1968.
Museumsführer HEIMATMUSEUM GROSSES WALSERTAL Sonntag. Hrsg. Heimatpflegeverein Grosses Walsertal, 1991.
NACHBAUR, FRANZ: Fontanella – Faschina. Bei den Walsern auf Faschina und Zafern – Dauerbesiedlung im dritten Anlauf. In: WhVLT 54/1994.
DERS.: Der Bickelwald und seine Siedler. In: Bludenzer Geschichtsblätter; Heft 64/2002.

WE'MA-N AN WEHTIG HED SAÄD MA SÖTT MAA. Hrsg. von Franz Bertel, Elisabeth Burtscher, Erich Fessler und Martin Türtscher. 2. Aufl. Eigenverlag, Fontanella 1996.
WALTER, NIKOLAUS: Steiles Erbe. Das Grosse Walsertal. Photographien aus 25 Jahren. Verlag Christian Brandstätter, Wien 2003.
ZITTLAU, DI NORBERT: Die Walserhäuser des Grossen Walsertales. In: WhVLT 62/1998.
HEINE, JÖRG und HILDA: Vom Bodensee bis zum Brandnertal. 80 ausgewählte Bergwanderungen. Bergverlag Rudolf Rother GmbH, München 1996.
DIES.: Bergwanderungen im Grossen Walsertal. Bergverlag Rudolf Rother GmbH, München 1994.
Kompass Wander-, Radtouren- und Skitourenkarte 1:50000. Blatt 32 BLUDENZ – SCHRUNS – KLOSTERTAL.
Kompass Wander-, Radtouren- und Skitourenkarte 1:50000. Blatt 2 BREGENZERWALD – WESTALLGÄU.

Informationen
TOURISMUSBÜRO
A-6733 Fontanella-Faschina
Tel. ++43(0)5554 5215-20 / Fax ++43(0)5554 5215-21
E-Mail: info@fontanella.at / Internet: www.fontanella-faschina.at www.grosseswalsertal.at

Damüls

Im Mai 1313 belehnten die Grafen Rudolf und Berthold von Montfort fünf Walser samt ihren Angehörigen mit der «Allb ze Ugen», welche diese zur Dauersiedlung ausbauten. Um 1326, also nur wenige Jahre später, überliessen die Montforter den Walsern die Alpe Damüls, deren Name später auf das ganze Siedlungsgebiet übertragen wurde. Zusammen mit Fontanella im Grossen Walsertal bildete Damüls das «Obere Walsergericht». Die Alpe Uga entvölkerte sich im Laufe der Zeit wieder. Heute dient sie im Sommer als Alp mit Käseproduktion, im Winter finden sich die Schneesportler auf den Alpboden ein. Damüls, das erst um 1900 mit einem Güterweg durch das Argental an den Bregenzerwald angeschlossen wurde, hat sich seit Mitte der 1950er-Jahre rasch zu einer beliebten Skistation entwickelt, wie schon ein erster Blick auf die Siedlungslandschaft zeigt: alte Walserhöfe sind rar geworden.

Anreise
Mit eigenem Fahrzeug: Nach Damüls führen Strassen aus dem Laternsertal über das Furkajoch (Wintersperre), aus dem Grossen Walsertal über das Faschinajoch und aus dem Bregenzerwald.
Öffentlicher Verkehr: Postbusverbindungen über das Furka- und Faschinajoch sowie in den Bregenzerwald.

Übernachten, Essen und Trinken
Damüls verfügt über eine grosse Zahl von Hotels, Pensionen und Restaurants. Mitten im Dorf liegt das mit einer schönen Bauernstube aufwartende
HOTEL GASTHOF ADLER
Tel. ++43(0)5510 220-0 / Fax ++43(0)5510 220-10
E-Mail: hotel-adler@lanner.at / Internet: www.hotel-adler.at

Sehenswert
Eine wahre Kostbarkeit ist die mit einem dreijochigen Langhaus und einem einjochigen, dreiseitigen Chor ausgestattete, spätgotische Pfarrkirche zum hl. Nikolaus. Die Baumeisterinschrift und das Meisterzeichen im Netzgewölbe des Chors stammen aus dem Jahre 1484. Die barocke achteckige Glockenstube und die Zwiebelhaube auf dem quadratischen Turm dürften Ende des 17., Anfang des 18. Jahrhunderts entstanden sein. Die Kirche besitzt eine Holzplastik des Walserheiligen Theodul samt Teufel und Glocke aus der Zeit um 1400, die aus der älteren, niedergebrannten Kirche stammt. Die Wandmalereien eines unbekannten Meisters stammen aus der Zeit um 1500. Die flache Holzfelderdecke bemalte 1693 Johann Purtscher aus Thüringen, der auch das Tafelbild «Jüngstes Gericht» in der Vorhalle schuf. – Unweit der Strasse zum Furkajoch steht auf der Alpe Oberdamüls die Kapelle Stofel. Der kurz vor 1700 errichtete Bau besteht aus verputztem Mauerwerk. Auffällig ist das mit grossen Steinplatten bedeckte Satteldach. Ein Türmchen fehlt. In der Altarnische volkstümliches Altarbild Maria mit Kind und den heiligen Nikolaus, Martin und Antonius von Padua.

Wandern

Damüls – Alpe Uga – Damüls

Die Rundwanderung führt zur ältesten Siedelstelle der Walser in Damüls. Heute liegt die ehemalige Walsersiedlung mitten im Damülser Skigebiet.

Von der Talstation des Ugalifts auf der Strasse auf die Vordere Ugaalpe und weiter zur Hinteren Ugaalpe. Dort verlassen Sie das Strässchen in Richtung Ragazer Blanken, schlagen dann den Weg zur Ragazeralpe ein und wandern zurück zum Ausgangspunkt. – Wanderzeit: 2 Std. 15 Min.

Variante für Eilige: Mit dem Sessellift «Uga-Express» zur Bergstation, dann 5 Min. bergab und weiter wie oben.

Literatur/Karten
BISCHOF, BRUNO: Die Kapelle «Stofel» auf Oberdamüls. In: WhVLT 72/2003.
HEINE, JÖRG UND HILDA: Bregenzerwald mit Kleinwalsertal, Arlberggebiet und Klostertal. Bergverlag Rudolf Rother, München 1998.
SIMMA, REINOLD: Damüls im Bregenzerwald. Kunstverlag Josef Fink, D-88161 Lindenberg 1998.
KOMPASS Wander-, Rad- und Skitourenkarte 1:50000. Blatt 2 BREGENZERWALD – WESTALLGÄU.

Informationen
TOURISMUSVEREIN DAMÜLS
A-6884 Damüls
Tel. ++43(0)5510 620-0 / Fax ++43(0)5510 549
E-Mail: info@damuels.at / Internet: www.damuels.at

Blick in die Siedlungslandschaft Damüls. Im Hintergrund die Damülser Mittagsspitze (2095 m), davor das Gelände der Alpe Uga. In der Bildmitte Uga, Hof und Herte. Im Vordergrund die Zentrumssiedlung Damüls (1430 m) mit der Kirche.

Laterns

Das von der Frutz entwässerte Laternsertal beginnt am Furkajoch (1760 m) und mündet hinter der Üblen Schlucht bei Rankweil ins Rheintal. Am 29. Mai 1313 überliessen die Herren von Montfort sechs Walserfamilien als Erblehen das «Gut in Glatterns» im heutigen Gemeindebereich von Laterns. Es umfasste den Nordhang im äusseren Laternsertal von der Enge am Ausgang bis hinter den später urkundlich immer wieder erwähnten Walserhof Bonacker, reichte von Talgrund bis auf den Grat und schloss auch die weiter taleinwärts gelegene Alp Gapfohl (1793 m) ein. Zuerst entstanden am Sonnenhang die Streusiedlungen Thal, Bonacker und Mazona. Die Ansiedlung der Walser lief nicht ohne Auseinandersetzungen ab, denn um diesen das Überleben zu garantieren, wurden Teile des Alpgebietes den bis dahin auftreibenden Höfen einfach entzogen. Allmählich kam auch der innere Abschnitt des Laternsertals in walserischen Besitz, und auch auf der Schattenseite wurden Rodungsinseln angelegt. Die dort entstandenen Dauersiedlungen sind allmählich wieder zu Alpen umgewandelt worden. Das Schicksal der Entsiedelung traf auch die am Sonnenhang gelegene Alp Gapfohl. Im Sommer weidet hier Jungvieh, im Winter tummeln sich Schneesportler auf den Pisten.

Anreise
Mit eigenem Fahrzeug: Die Zufahrt ins Laternsertal erfolgt entweder von Rankweil her oder von Damüls über das Furkajoch (Wintersperre!).
Öffentlicher Verkehr: Busverbindungen von Rankweil und von Damüls über das Furkajoch.

Übernachten, Essen und Trinken
Abseits vom Lärm in einer prächtigen Bergkulisse auf der Sonnenseite des Laternsertals liegt der
GASTHOF BERGFRIEDEN. Freundliche Atmosphäre. Gute Küche.
A-6830 Laterns-Bonacker
Tel. ++43(0)5526 230 / Fax ++43(0)5526 230-4
Internet: www.gasthof-bergfrieden.at

Sehenswert
In der neogotischen Kirche von Thal steht auf dem Hochaltar eine Figur des Walserheiligen Theodul neben dem hl. Niklaus und einer Gruppe der Marienkrönung aus dem 15. Jahrhundert. Die Figur des Theodul aus dem 17. Jahrhundert in der Kirche von Innerlaterns stammt von Erasmus Kern. Statuen von Erasmus Kern sind auch in der Kapelle Maria Schnee in Bonacker. — Mehre typische Walserhöfe, davon einige aus dem 17./18. Jahrhundert, sind im Tal noch verschiedentlich zu sehen.

Das Laternsertal und Damüls sind die einzigen Walsergebiete in Vorarlberg, die über Walser Ansiedlungsurkunden verfügen. Im Bild das Dorf Laterns (921 m), in dessen Name die mittelalterliche Bezeichnung Glatterns nachklingt.

Wandern

Laterns-Bonacker – Alpwegkopfhaus – Laterns-Bonacker
Schöne Rundwanderung am Sonnenhang der Streusiedlung Laterns. Auf der Schattenseite fallen die aus Dauersiedlungen wieder in Alpen umgewandelten Rodungsinseln auf.

Hinter dem Parkplatz steigen Sie beim Gasthaus Krone auf der Strasse bergan. Bei der Tafel «Reute» schlagen Sie den Weg Richtung Mazona ein. Beim Gasthaus Bergfrieden links Richtung Tschuggen und beim Schild «Obermazona» weiter gegen die Tschuggenalpe. Beim letzten Hof zum Alpkreuz, wo Sie auf das Schild «Tschuggenalpe» achten. Von der Alpe führt ein Weg eben hinüber zum Alpwegkopfhaus, das zur Rast einlädt. Für die Rückkehr nach Bonacker folgen Sie dem Schwendeweg nach Schwende; auf dem Tschuggenweg wandern Sie, eine Schlucht überquerend, Richtung Mazona weiter. Bei der Tafel «Oberbonacker» schliesst sich der Kreis. Auf der Strasse zurück zum Parkplatz. – Wanderzeit: 3 Std. 30 Min.

Literatur/Karten
HEINE, JÖRG UND HILDA: Vom Bodensee bis zum Brandnertal. 80 ausgewählte Bergwanderungen. 3. Aufl. Bergverlag Rudolf Rother GmbH, München 1996.
KOMPASS Wander-, Rad- und Skitourenkarte 1:50 000. Blatt 2 BREGENZERWALD – WESTALLGÄU.

Information
LATERNS TOURISMUS
A-6830 Laterns
Tel. ++43(0)5526 203 / Fax ++43(0)5526 214
Internet: www.laternsertal.at

Tannberg

Als die Herren von Rötenberg um 1300 Walser im Quellgebiet des Lechs ansiedelten, wurde das Gebiet bereits von Rätoromanen und Schwaben genutzt. Die Namen Flexen, Zürs, Gampa und Monzabon südlich von Lech sind rätoromanische, Kuhschwabalpe und Rinderschwab nördlich von Lech, schwäbische Hinterlassenschaften. Rinder sollten während 600 Jahren das Leben der Walserbevölkerung des Tannbergs bestimmen. Im Rahmen des Siedlungsausbaus entstand nahe Lech Vorarlbergs höchste Dauersiedlung Bürstegg (1716 m), die allerdings 1898 verlassen und in eine Alpe umgewandelt wurde. Bis über die Hälfte des 19. Jahrhunderts hinaus wurde der Handelsverkehr aus verkehrstechnischen Gründen mit dem Allgäu über den Schrofenpass abgewickelt, denn der Flexenweg war gefährlich; im Sommer war er Steinschlägen, im Winter Lawinen ausgesetzt. Erst als nach dem Bau der Arlbergstrasse und mit der Eröffnung der Arlbergbahn der Gang über den Flexenpass attraktiver wurde, orientierte sich die Bevölkerung nach Süden. Da es aber immer wieder zu schweren Lawinenunglücken kam, wurde im Sommer 1895 mit den Arbeiten an der Flexenstrasse begonnen. Dank dieser wintersicheren Verbindung stiegen Lech und Zürs im 20. Jahrhundert rasch zu beliebten Ferienorten in den Alpen auf. Das gastfreundliche Lech gehört zu den «Best of the Alps».

Vier Tage im September bietet Lech mit dem PHILOSOPHICUM LECH alljährlich eine Plattform für eine hochrangige und konstruktive Diskussion über ein brisantes Thema unserer Zeit. Philosophiert wird auch ausserhalb des Vortragssaals.

Kontakt: Gemeinde Lech Büro Philosophicum.
Tel. ++43(0)5583 2213-45
Internet: www.philosophicum.at

Öffentlicher Verkehr
Mit eigenem Fahrzeug: Ganzjährige Zufahrt bis nach Lech über den Flexenpass. Für die Strasse Lech–Warth besteht Wintersperre. Vom Bregenzerwald über den Hochtannbergpass (1679 m) nach Warth und Lech.
Öffentlicher Verkehr: Bahnstation: Langen am Arlberg (17 km) internationale Schnellzugstation. Regelmässige Busverbindungen nach Lech und Warth. Ortsbus.

Übernachten, Essen und Trinken
Lech wartet mit rund 70 Hotels aller Kategorien und vier Gasthöfen auf. Viele sind jedoch nur während der Wintersaison geöffnet.
ROMANTIK HOTEL KRONE. Traditionsreiches Haus im Zentrum von Lech. Aussergewöhnliche Ambiance und hervorragende Küche.
A-6764 Lech am Arlberg
Tel. ++43(0)5583 2551 / Fax ++43(0)5583 2551-81
E-Mail: RomantikHotel.Krone@lech.at / Internet: www.romantikhotelkrone-lech.at
HOTEL LECHTALER HOF. Gepflegtes Haus an der Tannbergstrasse. Freundliche Bedienung.
A-6767 Warth
Tel. ++43(0)5583 2677 / Fax ++43(0)5583 26778
E-Mail: hotel.lechtalerhof@aon.at / Internet: www.lechtalerhof.at

Blick in den Kochtopf
RIEBL oder BRÜSL (= Brösel).
Einen halben Liter Milch mit etwas Wasser verdünnen. Mit ca. 50 g Butterschmalz langsam in einer schweren Gusseisenpfanne «Riebl-Pfanne» erwärmen. Nach und nach 2 Tassen Gries und 1 Tasse weissen Maisgries mit 2 Kaffeelöffeln Salz in die erwärmende Milch einrühren. Kurz aufkochen und die Flüssigkeit einziehen lassen. Auf kleiner Hitze die Rieblmasse mit dem «Schüfili» zerstechen und stochern, bis die Masse bröselig wird. Nochmals 50 g Butterschmalz beifügen und das Ganze langsam fein bröselig und goldbraun anrösten. Dazu gibt es Kaffee. Der Riebl wird mit dem grossen Löffel aus der Pfanne geholt, in den Kaffe getunkt und gegessen.

Sehenswert
Zürs: Die Christkönigkirche aus dem Jahre 1935 gehört zu den besten modernen Sakralbauten im Alpenraum. Das Schröfli-Haus oberhalb der Talstation des Seekopfliftes ist das einzige noch erhaltene Walserhaus.
Lech: Statt die ins Mittelalter hinaufreichende barockisierte Kirche niederzureissen, entschied man sich in Lech für einen Neubau neben dem alten Gotteshaus. Die Dominanz der alten Kirche solle erhalten bleiben und das moderne Bauwerk sich möglichst harmonisch ins Dorfbild einfügen. Beides ist gelungen, wie das von Roland Ostertag aus Leonberg entworfene, 1976 eingeweihte, Bauwerk zeigt. Das «Weisse Haus» aus dem 15./16. Jahrhundert im Dorfzentrum war Jahrhunderte lang Sitz des Walsergerichts Tannberg. Im Jahre 1940 schuf der Innsbrucker Sepp Ringel am früheren Schul- und Gemeindehaus die Wandmalerei «Erbauung von Lech durch die Walser». Unter den Gastbetrieben fällt besonders das Hotel Post mit altertümlichen Lüftelmalereien auf. Rund 20 Walserhäuser sind über Lech verstreut noch zu sehen. Auch die in verschiedenen Ortsteilen stehenden Kapellen, deren älteste aus dem 15./16. Jahrhundert stammt, verdienen Beachtung. – An der Lechtal-Bundesstrasse in Richtung Warth befindet sich das Gasthaus Bodenalpe, dessen ursprüngliche Bausubstanz erhalten geblieben ist. Wenig weiter steht am Hang zwischen Bürstegg und der Lechtal-Bundesstrasse am Walserweg Lechs ältestes Walserhaus. Das in seinem Kern auf die 1490er-Jahre zurückgehende Wang-Haus ist ein Mehrzweckbau mit Wohntrakt und Stall unter einem Dach. 1838 als Dauerwohnsitz aufgegeben, wurde die im Verfall begrif-

fene Liegenschaft von der Gemeinde Lech erworben und restauriert. Seit 1998 steht das Haus der Öffentlichkeit zur Besichtigung offen. – Von der Bushaltestelle zum Wang-Haus und zurück: 40 Min.
Zug: Wahrzeichen von Zug ist das dem Pestheiligen Sebastian geweihte Barockkirchlein mit hübscher Zwiebel auf dem Turm, erbaut vermutlich 1635/36. Unterhalb der Kirche steht das 1712 erbaute Kaplanhaus. Ansonsten beherrschen Beherbergungsbetriebe das Dorfbild.
Warth: Die neoromanische Kirche mit entsprechender Einrichtung hatte zwei Vorstufen. Durch Vergrösserung einer bereits bestehenden Kapelle entstand 1602 die erste Pfarrkirche. Beachtung verdienen vor allem das 300 Jahre alte Walserhaus oberhalb der Pfarrkirche und einige weitere erhaltenswerte Bauernhöfe. – Die Kapelle Hochkrumbach (1703 m) wurde im 16. Jahrhundert erbaut und im 17. und 18. Jahrhundert erweitert.
Schröcken: Schröcken, das bis 1806 zum Gericht Tannberg gehörte, liegt bereits im Einzugsgebiet der Bregenzer Ach. Das Dorf verlor 1863 durch einen Grossbrand den Ortskern samt Kirche. Letztere wurde im gleichen Jahr wieder aufgebaut. Sehenswert sind in der Streusiedlung einige Bergbauernhöfe aus dem 18. und 19. Jahrhundert.

Museum
HEIMATMUSEUM LECH–TANNBERG
Gezeigt werden u. a. die Entwicklung des Skilaufs, die Walsertracht, Handwerksgegenstände und eine Schnapsbrennerei.
Juni – Sept. Mo, Mi, Fr 15 – 18

Auf dem Walserpfad. In der Bildmitte die einstige Dauersiedlung Bürstegg (1716). Im Jahre 1835 wohnten hier in 13 Häusern noch 13 Familien. 1898 wurden die letzten Häuser abgetragen. Bürstegg wurde zur Rinderalm.

Wandern

Walserpfad

Zu dieser Wanderung, die einem Gang durch ein kleines Freilichtmuseum entspricht, wird im Tourismusbüro der Prospekt «Auf den Spuren der Walser» abgegeben. Unaufdringliche Tafeln am Wegrand vermitteln Wandernden allerlei Wissenswertes über die Walser, wobei auch deren Sagenwelt zum Zug kommt.

Bester Ausgangspunkt ist «Schlössle» in Oberlech, zu erreichen mit dem Ortsbus oder mit der Seilbahn Lech-Oberlech. Über Gaisbühel mit einem kleinen Sennereimuseum, das durch die Fensterscheiben besichtigt werden kann, wandern Sie vorbei an einem Walserkräutergarten zum Auenfeldsattel, einer europäischen Wasserscheide, und weiter zur einstigen Dauersiedlung Bürstegg (1716 m) mit schönem Martinskirchlein von 1695. Die kleine Trockenlaube unter dem Dachgiebel des Stallgebäudes diente dem Trocknen des vor Ort gestochenen Torfs. Weil Bürstegg oberhalb der Baumgrenze liegt, benutzte man diesen als Heizmaterial. Ein einfaches Gasthaus lädt zur Rast ein. Weiter geht es steil hinunter zum Wang-Haus und weiter zur Busstation an der Lechtal-Bundesstrasse – Wanderzeit: 2 Std. 45 Min.

Hochtannbergpass – Unterer Falkenkopf – Körbersee – Batzenalpe – Hochtannbergpass

Prächtige, durch eine äusserst reiche Pflanzenwelt führende 2-Seen-Wanderung mit sagenhaftem Hintergrund: Vor langer Zeit soll dort, wo sich heute der Kalbelesee ausbreitet, ein Bauer gelebt haben, der sein geliebtes Kalb hat taufen lassen. Zur Strafe versank der Mann samt Kalb im Erdboden. Die Senke füllte sich mit Wasser. Der Bauer aber hat bis auf den heutigen Tag keine Ruhe gefunden. Von Zeit zu Zeit peitscht er die Wellen.

Von der Bushaltestelle zum Kalbelesee. Dort auf die Beschilderung Körbersee achten. Auf einem leicht ansteigenden Pfad über dem Kalbelesee zum Unteren Falkenkopf (1750 m), von wo aus Sie die lawinenträchtigen Hänge über der Walsersiedlung Schröcken überblicken können. Vorbei am Hotel Körbersee zum gleichnamigen See. Auf dem gleichen Weg zurück. – Wanderzeit: 1 Std. 30 Min.

Variante. Beim Körbersee bleiben Sie vorerst auf dem Weg nach Auenfeld – Lech, dann folgen Sie dem Alpweg an der jungen Bregenzer

Am Lecher Walserweg. Die diskret an Wegweisern angebrachten Tafeln sind voller interessanter Informationen zur Geschichte der Walser und ihrer Kultur.

Ach talwärts bis zur Batzenalpe. Auf dem Fahrweg über den Weidehang zur Verzweigung Neubodenalp und rechts hinüber zum Körbersee. Zusätzliche Wanderzeit: 1 Std. 15 Min.

Lechleiten – Hintere-Lechleitner-Alpe – Schrofenpass – Lechleiten
Rundwanderung mit schönen Ausblicken. Lechleiten ist neben Galtür die andere grössere Walsersiedlung im Tirol. Sie ist Ausgangspunkt zum Schrofenpass, den die Bewohner des obersten Lechtales bis ins 19. Jahrhundert benutzten, wenn sie Vieh auf den Allgäuer Märkten absetzten und sich dort mit allerlei Waren eindeckten.

Die Wanderung beginnt bei der Bushaltestelle bei der Pension Waldheim an der Hochtannbergstrasse oder beim Parkplatz vor dem Dörfchen Lechleiten. Vorbei an der Kapelle auf dem bergwärts führenden Strässchen, dann auf einem Wiesenpfad über die verfallenen Vorderen-Lechleitner-Alpe zur Hinteren-Lechleitner-Alpe (1777 m). An der Verzweigung bei den Tümpeln folgen Sie der Beschilderung «Rundgang - Schrofenpass – Lechleiten» zum Schänzle über dem Rappenalptal. Ein gut markierter Steig mit leichten felsigen Passagen führt um den Grüner (1909 m) zum Schrofenpass (1683 m). Der anfangs steinige Pfad nach Lechleiten mündet kurz vor dem Dörfchen in einen Ziehweg, auf dem Sie zum Ausgangspunkt zurückkehren. – Wanderzeit: 2 Std. 45 Min.

Lesen/ Karten
HENRICH, JOSEF: Wenn der Wald stirbt. 2., erw. Aufl. der Raiffeisenbank Lech, Lech 1989.
SAUERWEIN, HERBERT: Lech – Zürs im Wandel. Teutsch, Bregenz 2000.
DERS.: Bergheimat Lech. Heimatkunde. 5., erw. Aufl. Verlag Verkehrsamt Lech, Lech a. Arlberg 1995.
DERS.: Das älteste Walserhaus in Lech. In: WhVLT 58/1996.
MAYR, HERBERT: Alberg – Paznaun. Lech – St. Anton – Ischgl – Galtür. Bergverlag Rudolf Rother GmbH. München 2002.
Kompass Wander-, Rad- und Skitourenkarte 1 : 50 000. Blatt 33 ARLBERG - NÖRDLICHE VERWALLGRUPPE.

Informationen
LECH ZÜRS TOURISMUS GmbH
A-6764 Lech am Arlberg
Tel. ++435583 2161-15 / Fax ++435583 3155
E-Mail: info@lech-zuers.at / Internet: www.lech-zuers.at

Kleinwalsertal

Das 14 km lange Kleinwalsertal ist auf drei Seiten von Bergen umringt. Nur gegen das deutsche Oberstdorf hin ist es offen. Deshalb führt auch die einzige Strasse ins vorarlbergische Kleinwalsertal über deutsches Staatsgebiet. Die Grenze zwischen Deutschland und Österreich liegt bei der Walserschanze. Der Name geht zurück auf die im 17. Jahrhundert gegen die plündernden Schweden errichtete Verteidigungsanlage. An der Talstrasse einwärts liegen die Dörfer Riezlern (1088 m), Hirschegg (1124 m), Mittelberg (1218 m) und das kirchlich zu Mittelberg gehörende Baad (1250 m). Die um 1670 geschaffene Figur des Walserheiligen Theodul in der Kapelle St. Martin zu Baad und der Name Theodulhof in Unterwestegg östlich von Riezlern erinnern an die Herkunft der Bevölkerung aus dem Wallis. Die ersten Walser kamen um 1300 aus dem Tannberggebiet. Unter ihrem Sippenführer Wüstner liessen sie sich im Bereich des heutigen Mittelbergs nieder, weshalb im 14. Jahrhundert Mittelberg noch «zu den Wüestnern» hiess. Bis 1563 bildeten die Klein-

Blick auf die Siedlungslandschaft Mittelberg (1218 m) im Kleinwalsertal, wo die ersten aus dem obersten Lechtal eingewanderten Walser eine neue Heimat fanden.

walsertaler zusammen mit ihren Stammesgenossen im obersten Lechtal das Gericht Tannberg. Dann wurden die vier Ortschaften zur Gemeinde Mittelberg zusammengefasst. Als 1739 ein Weg von der Walserschanze nach Riezlern ausgebaut wurde, öffnete sich das Tal zum Allgäu hin. Während Jahrhunderten auf Viehzucht und Säumerei ausgerichtet, entwickelte sich das Kleinwalsertal im 20. Jahrhundert zu einer beliebten Ferienregion. Mit rund 1,7 Millionen Übernachtungen belegt es den Spitzenplatz unter allen Vorarlberger Tourismusorten.

Anreise
Mit eigenem Fahrzeug: Von Dornbirn über Schwarzenberg bzw. Alberschwende nach Hittisau, weiter nach Balderschwang und Fischen, dann Richtung Oberstdorf und Kleinwalsertal.
Öffentlicher Verkehr: Mit der Bahn nach Oberstdorf und weiter mit dem Bus ins Kleinwalsertal. Mit der Gästekarte Kleinwalsertal benutzen Sie kostenlos den das ganze Tal erschliessenden «Walserbus».

Übernachten, Essen und Trinken
Breit gefächertes Hotelangebot in allen Ortsteilen.
HOTEL ALTE KRONE. Gastlichkeit seit 150 Jahren. Familientradition verpflichtet! Gutbürgerliches Restaurant mit regionalen Spezialitäten.
A-6993 Mittelberg
Tel. ++43(0)5517 5728-0 / Fax ++43(0)5517 3157
E-Mail: info@alte-krone.de / Internet: www.alte-krone.de/alte1.htm
HOTEL NEUE KRONE. Gemütliche Ambiance. Gute Küche.
A-6993 Mittelberg
Tel. ++43(0)5517 5507-0 / Fax ++43(0)5517 550753
E-Mail: neue-krone@aon.at / Internet: www.neue-krone.de

Blick in den Kochtopf
WALSER WÜRSCHT – (wie es einmal war)
Zur Herstellung wurde Schweinefleisch, Rindfleisch und manchmal auch Geissenfleisch verwendet. Ein einheitliches Rezept über die Zusammensetzung gibt es nicht. Weil der einzelne Bauer nie alle drei Fleischsorten gleichzeitig zur Verfügung hatte, tauschten die Nachbarn untereinander. Am Tag der Herstellung wurde die Wurst «grün» (leicht gesotten) gegessen; sie wurde aber auch getrocknet und geräuchert. Zur gesottenen Wurst gab es Sauerkraut und gekochte Kartoffeln. Blieb von der Wurst etwas übrig, wurde diese am Abend kalt gegessen mit frisch geriebenem Meerrettich, Schwarzbrot und Butter. Pro Familie kam ein Ring Walserwurst auf den Tisch. Der Bauer teilte sie auf und jeder bekam seine Portion.
CHRUUTCHNÖPFLE – (Krautknöpfle)
300 g Mehl, 3 Eier, ca. 1 dl Wasser. 1 Prise Salz, 300 g Sauerkraut (ausdrücken), 100 g Speckwürfelchen, 2 Zwiebeln (feine Würfel), 100 g Butterschmalz, etwas Kümmel und Salz.
Aus Mehl, Eiern, Wasser und Salz einen Teig herstellen und Knöpfle (mit Spatzenhobel) bereiten. In einer breiten, glatten Pfanne die Speckwürfel und Zwiebeln mit Butterschmalz braun rösten. Sauerkraut beigeben und weiterrösten, danach die Knöpfle dazu geben, mit Kümmel und Salz würzen, alle gut vermengen und nochmals rösten lassen. Die Krautknöpfle in einem tiefen Teller anrichten, mit viel braunen Zwiebeln abschmälzen.

Sehenswert
Das Kleinwalsertal verfügt über eine ansehnliche Zahl interessanter Profan- und Sakralbauten, die bis ins ausgehende Mittelalter hinaufreichen. An die

40 Objekte zwischen Baad und Riezlern sind auf nummerierten Tafeln kurz beschrieben und bilden Stationen des «Walser Kulturweges». Die Gemeinde Mittelberg und der Kleinwalsertal Tourismus haben dazu einen Begleitprospekt unter dem Titel «Walser Kulturweg» publiziert. Die Broschüre ist beim Kleinwalsertal Tourismus gegen eine Schutzgebühr von 1 € erhältlich. Aber auch abseits des «Walser Kulturweges» gibt es für Reisende manches zu entdecken.

Museen
WALSER MUSEUM in Riezlern
Reiche Materialsammlung aus dem Kleinwalsertal. Dokumentiert sind Geschichte, Landwirtschaft, Handwerk, Brauchtum und anderes mehr. Im 2. Stock ist der Themenbereich Walserwohnkultur dargestellt. Zu sehen sind eine Walserstube, nebst Kammer und Küche sowie eine Alphütte.
Mitte/Ende Mai bis Ende Oktober   Mo bis Sa 14–17
Weihnachten bis Ostern   Mo bis Sa 14–17
SKIMUSEUM IM WALSERHAUS in Hirschegg.
Ständige Ausstellung über die Anfänge und die Entwicklung des alpinen Wintersports.
Mo bis Sa   8–17.30
So u. Feiertage   8–16

Wandern

Mittelberg – Baad – Mittelberg

Interessante Rundwanderung. Sie führt zu 17 von 18 Stationen des «Walser Kulturweges» im Abschnitt Mittelberg.

Von der Kirche wandern Sie auf der Moosstrasse zum Baader Höhenweg und auf diesem hinein nach Baad bis zum Haus Paul, ehemals Gasthaus zur Sonne. Auf dem gleichen Weg ein kurzes Stück zurück, um zur Bödmerstrasse abzusteigen. Auf dieser talauswärts und zurück ins Zentrum von Mittelberg zum Haus Drechsel aus dem 15. Jahrhundert – Wanderzeit: 2 Std. 45 Min.

Mittelberg – Rohr – Mittelberg

Rundwanderung, die schöne Ausblicke auf Mittelberg, ins Gemstel- und Wildental bietet.

Vom Ortsteil Moos steigen Sie hinauf zum Gehöft Maisäss. Dort biegen Sie rechts ab und wandern auf dem Unteren Höhenweg entlang des Heuberghanges durch Wiesen und Waldstücke nach Rohr und hinunter nach Mittelberg Tobel (Busstation Walserbus). Weiter zum Breitachweg und diesem flussaufwärts folgend zum gedeckten Höflersteg und hinauf nach Mittelberg. – 1 Std. 30 Min.

Kleinwalsertaler Walserhaus in Bödmen. Es wurde 1552 als Einraumhaus erbaut und mehrmals erweitert. 1694 erhielt das Haus seine heutige Form durch den Anbau von Rossstall, Vorratskammer und Holzschopf. Es ist Station des Walser Kulturweges, Abschnitt Mittelberg - Baad.

Sühnekreuz bei der Mittelberger Kirche. Solche Kreuze mussten vom 14. bis 16. Jahrhundert Mörder und Totschläger eigenhändig aus einer Steinplatte hauen und am Tatort aufrichten. Beidseits des Kreuzes wurde je ein «Züüga», ein steinerner Zeuge des Verbrechens, eingegraben. Der Brauch wurde aus dem benachbarten Allgäu übernommen.

Mittelberg Tobel – Hirschegg – Mittelberg Tobel

Vom Rohrweg sehr schöner Blick auf die Siedlungen Hirschegg und Riezlern und zur Nebelhorngruppe.

Von Mittelberg Tobel benutzen Sie das Strässchen hinauf nach Rohr. Zuerst wandern Sie auf dem Rohrweg talauswärts, bis ein Schild den Weg nach Hirschegg weist. Hier steigen Sie zum Gerbeweg ab, der Sie ins Zentrum von Hirschegg bringt. Auf dem Tobelweg zurück nach Mittelberg Tobel. – Wanderzeit: 1 Std. 15 Min.

Hirschegg – Riezlern – Hirschegg

Zwischen der Einmündung Gerbeweg und der Oberseitestrasse in Hirschegg liegen an der Walserstrasse das Kulturzentrum Walserhaus, das Alte Gemeindehaus und das Walserhaus Kessler. Letztere zwei sind Stationen des Walser Kulturweges. In Riezlern verdienen das Walsermuseum, die Pfarrkirche und das Rathaus mit einem Fresko Beachtung.

Von der Einmündung des Gerbewegs zuerst auf der Walserstrasse abwärts bis zur Einmündung der Oberseitestrasse, auf die Sie einbiegen. Bald zweigt von dieser rechts der Spazierweg ab, der Sie zur Schwarzwassertalstrasse bringt. Auf dieser zur Breitachbrücke und nach Riezlern. Vom Zentrum zurück bis zur Zwerwaldstrasse und auf dieser taleinwärts. Bei der Beschilderung «Zwerwald» auf dem Breitachweg zurück nach Hirschegg. – Wanderzeit: 1 Std. 20 Min.

Variante: Von Riezlern über Zwerwald, Letze und Nebenwasser nach Höfle, hinunter zur Höflerbrücke, die Breitach überqueren und auf dem Höfler Weg nach Mittelberg. Schöne Aussicht auf das Dorf Mittelberg und das Heuberggebiet. – Wanderzeit: 1 Std. 30 Min.

Literatur/Karten
ADAM, ORTWIN: Walser Kost für Leib und Seel'. AVA Agrar-Verlag, Kempten [1992].
FINK, J. und H. v. KLENZE: Der Mittelberg. Geschichte, Landes- und Volkskunde des ehemaligen gleichnamigen Gerichtes. Reprint der Ausg. 1891. Neu hrsg. v. der Gemeinde Mittelberg/Kleinwalsertal, Verlag des Ortsvereins Mittelberg o. J.
FRITZ, WILHELM: Kleinwalsertal einst und jetzt. Verlag Walserdruck Erich Stöckler, Riezlern 1988.
KLEINWALSERTALER MUNDARTWÖRTERBUCH. Gesammelt und bearb. von Tiburt Fritz, Werner Drechsel und Karl Kessler. Verlag Tiburt Fritz, Mittelberg [ca. 1994–1996].
SELTSAMES UND UNHEIMLICHES. Die Sagen des Kleinen Walsertales. Hrsg. und mit Holzschnitten versehen von Detlef Willand. Verlag Im Unteren Tor, Bietigheim 1994.
WILLAND, DETLEF: Wönsch Glück em Schtall. Die Ställe der Walser. W presse, Kleinwalsertal 2000.
Mayr Wanderkarte 1:25 000. Blatt 8 KLEINWALSERTAL RIEZLERN – HIRSCHEGG – MITTELBERG BAAD.
Kompass Wander-, Rad- und Skitourenkarte 1:50 000. Blatt 3 ALLGÄUER ALPEN – KLEINWALSERTAL.

Informationen
KLEINWALSERTAL TOURISMUS
A-6992 Hirschegg
Tel. ++43(0)5517 51140 / Fax ++43(0)5517 511421
E-Mail: info@kleinwalsertal.com / Internet: www.kleinwalsertal.com

Montafon

Wann Walser in das südlichste Tal Vorarlbergs vorstiessen, ist nirgends festgehalten. Die Einwanderung dürfte aber um 1300 begonnen haben. Eine wichtige Rolle spielte das nahe Schlappiner Joch, eine alte Verbindung zwischen Klosters im Prättigau und dem Montafon, an dessen südlicher Abdachung schon früh Walser aus Davos sesshaft wurden. Aber auch aus Vorarlberger Walserkolonien liessen sich nachweislich Leute im Montafon nieder: Die Überlutzer etwa stammten aus dem Grossen Walsertal, die Ganitzer von der Laternser Alp Ganitza. Urkundlich sind die Walser

Von der einst in Walserbesitz befindlichen Neu Alpe (1831) geniesst man eine herrliche Rundsicht. Im Bild: In der Talsohle Gaschurn (979 m), am rechten Hang etwas talauswärts lag die einstige Walsersiedlung Netza.

erstmals 1355 neben den Silberern (= Bergknappen) als bludenzische Sonderleute genannt. Sie sassen zwischen Stallehr und den Wasserscheiden gegen das Prättigau und Dalaas, waren also über das ganze Montafon verstreut anzutreffen. 1453 verzichteten die Walser nach Steuerstreitigkeiten um in tieferen Lagen erworbene Güter freiwillig auf «*ir fryheit und herkommen als Walser*». Zwar kam es zwischen Walsern und Rätoromanen gelegentlich noch zu «Irrungen, Spen und Stöss» im Zusammenhang mit Nutzungsrechten, doch an der Vermischung beider Bevölkerungsgruppen vermochten solche Zwischenfälle nichts zu ändern. Den Walsern der ersten Generationen war die Herkunft aus dem Wallis noch bewusst. Im Jahre 1462 holten sie in Sitten Reliquien des Walliser Bischofs und Walserheiligen Theodul und brachten sie ins Silbertal. Seit dem 17. Jahrhundert tat sich das Montafon immer stärker durch seine viehzüchterische Leistungen hervor. Das Montafoner Braunvieh erfreute sich in der gesamten österreichisch-ungarischen Monarchie und in Italien grösster Beliebtheit. Heute bildet, wie den meisten Walsesrsiedlungen, der Tourismus die wichtigste Einnahmequelle.

Anreise
Mit eigenem Fahrzeug: Aus dem Walgau kommend der Beschilderung Montafon folgen. Von Galtür führt die Silvretta Hochalpenstrasse (Maut!) ins Montafon.
Öffentlicher Verkehr: Von Bludenz mit der Montafonerbahn nach Schruns. Ab Schruns Busverbindungen in alle Richtungen.

Übernachten, Essen und Trinken
Das Montafon verfügt über ein ausserordentlich reiches Hotelangebot.
HOTEL KRONE. Stilvolles Ambiente. Hervorragende Küche.
A-6780 Schruns
Tel. ++5556 72255 / Fax ++5556 7225522
E-Mail: hotelkrone@austria-urlaub.com
Internet: www.hotelkrone-schruns.com
GASTHOF TRAUBE. Gemütliche Atmosphäre. Gute Küche. Freundliche Bedienung.
A-6791 Gortipohl
Tel. ++43(0)5557 6613 / Fax ++43(0)5557/2247
E-Mail: info@traube.org / gasthof.traube@montafon.com
Internet: www.montafon.com/Gasthof-Traube/Titelseite.html

Blick in den Kochtopf
MONTAFONER GERSTENSUPPE (4–6 Personen)
Zutaten: 1 Tasse weisse Bohnen, 1 Tasse Rollgerste, 200 g Wurzelwerk (Karotten, Sellerie, Lauch), 1 Gemüsewürfel, Salz, Muskat, Petersilie, 250 g Selchfleisch
Zubereitung: Bohnen über Nacht einweichen, mit Gerste und Selchfleisch weich kochen, würzen, fein geschnittenes Gemüse nach 5 Minuten mitkochen, die Suppe wird meist als Hauptspeise gegessen.

Sehenswert
Über das ganze Tal verstreut begegnen schöne Montafonerhäuser. Der eine Typus ist giebelseitig, der andere traufseitig erschlossen. Letzteren bezeichnet man gerne als «Montafoner Walserhaus».
Schruns – Tschagguns: Die Pfarrkirche zum hl. Jodok in Schruns stammt von 1865. Von der früheren Barockkirche ist der Turm stehen geblieben. Die Ausstattung nahmen die Künstler der einheimischen Familie Bertle vor. Unterhalb der Kirche liegt rechts der Gasthof Taube, wo Ernest Hemingway im Winter 1925/26 wohnte. Er schrieb an der «Fiesta», pokerte an einem schönen Montafoner Tisch und fuhr Schi. Im nur wenige Schritte entfernten ehemaligen Ständehaus ist heute das Montafoner Heimatmuseum untergebracht. – Die im Ursprung spätgotische Pfarr- und Wallfahrtskirche Mariä Geburt wurde mehrmals vergrössert. Mit der Ausstattung waren massgeblich Angehörige der Familie Bertle beschäftigt. Auf der heutigen Walser Alp (1726 m) im Gampadelstal über Tschagguns sind im Jahre 1539 Walser nachgewiesen (ab Bushaltestelle Lochmühle im oberen Ortsteil zur Walser Alpe 3 Std.).
Kristberg: St. Agatha, ursprünglich eine Knappenkapelle, ist die älteste Kirche im Montafon. Im Gewölbe des Chors sind die Jahreszahl 1405, die Inschrift «maister kasper schop» und das Meisterzeichen des Baumeisters festgehalten. Schöne Altäre aus der Zeit zwischen dem späten 15. und dem frühen 18. Jahrhundert. Beide Altäre sind mit Figuren des Walserheiligen Theodul versehen. Auf zwei hölzernen Vierkantsäulen in der Vorhalle des Kirchleins sind die Hauszeichen der Kristberger Bauern eingeritzt. Einer von ihnen dürfte den an der Aussenwand der Kirche angebrachten Kreuzweg mit 14 farbenfrohen Bildern gemalt haben. Zu Fuss ist St. Agatha auf verschiedenen Wegen erreichbar. Anfahrt: Mit der Kristbergbahn ab Silbertal.
Bartholomäberg: Die Pfarrkirche St. Bartholomäus aus dem 18. Jahrhundert in Bartholomäberg ist die dritte Kirche an dieser Stelle. Die Pfarrei Bartho-

lomäberg als älteste Pfarrei des Montafons bestand schon um 1100. Wertvollstes Stück im Besitz des Gotteshauses ist das Vortragskreuz aus dem 12. Jahrhundert. Das in Limoges (Südfrankreich) angefertigte Kreuz ist das kostbarste Kunstwerk der Romanik in Vorarlberg. Kopie in der Kirche.
Gargellen: Sehenswert ist im ehemaligen Sommer- und Säumerdorf lediglich die kleine spätbarocke Kirche St. Maria Magdalena mit markantem Zwiebelturm.
St. Gallenkirch: Die Pfarrkirche zum hl. Gallus ist die zweitälteste Kirche im Montafon. Der ursprünglich gotische Bau wurde 1725 barockisiert. Reiche Spätrokoko-Ausstattung.
Gortipohl: Gepflegte Paarhöfen aus dem 17. und 18. Jahrhundert. Reizendes Kirchlein am Hang.
Gaschurn: Im Dorfzentrum steht die Tanzlaube. Hier besprachen die Bauern nach der Messe ihre Probleme, der Dorfvorsteher verlas die Weisungen des Vogteiamtes in Bludenz oder des Richters in Schruns, und an sonntäglichen Festen kamen Burschen und Mädchen zum Tanz zusammen. Ein prächtiges Montafonerhaus beherbergt das Tourismusmuseum. Auf einer Kuppe über der Ill steht die kunsthistorische bedeutende Kapelle Maria im Schnee, die 1637 von Lukas Tschofen gestiftet wurde. Tschofen soll als Landsknechtführer eine gut dotierte Kriegskassse erbeutet haben. Der gebürtige Tiroler genoss als Wohltäter grosses Ansehen. Fresken und Reliefs im Chor und im Betraum. Bebilderte Holzfelderdecke im Schiff, frühbarocker Altar.
Partenen: In Partenen gabeln sich zwei Saumpfade. Den über das Zeinisjoch dürften die Walser kurz nach 1300 auf der Reise nach Galtür benutzt haben, den andern über den Vermuntpass begingen die Engadiner, wenn sie Vieh auf die Alpen diesseits der Berge und zu den Montafoner Märkten trieben. Nach dem Dorfbrand vor 1880 wurde die Kirche zum hl. Martin wieder aufgebaut. Besondere Beachtung verdient der linke Seitenaltar mit einer Skulptur des Patrons St. Martin.

Museen
HEIMATMUSEUM SCHRUNS
Das Heimatmuseum befindet sich am Kirchplatz in einem über 500 Jahre alten rätoromanischen Haus, dem ehemaligen Sitz der Bergrichter. Es beherbergt altes Kulturgut aus dem ganzen Tal und gibt Auskunft über die Lebensweise der alten Montafoner. Wer sich für die Geschichte des Tales interessiert, wird auf Wunsch in das historische Archiv geführt, in welchem Tausende von Urkunden – teils Originale, teils Kopien – aufbewahrt werden.
W: Di, Fr, Sa   15 – 18
S: Di bis Sa   10 – 12; 15 – 18
Tel. ++43(0)5556 74723
TOURISMUSMUSEUM GASCHURN
Es liegt im Dorfzentrum in einem alten, einst vom Frühmesmer bewohnten Montafonerhaus an der Hauptstrasse. Themen sind u. a. die Geschichte des Schitourismus im Montafon, die Entwicklung der Hotellerie und die Anfänge des Tourismusmarketings. Aber auch dem bekanntesten Gast des Montafons, Ernest Hemingway, wird Aufmerksamkeit geschenkt.
W: Mo, Mi, Fr   16 – 18
S: Di, Fr   16 – 18
Tel. ++43(0)5558 82010
BERGBAUMUSEUM SILBERTAL
Das Museum befindet sich im Zentrum von Silbertal. Ein Schaustollen mit Grubenhund und Bergmann, Erzen aus dem Abbaugebiet, historischen Fotos, Urkunden und Ortsbeschreibungen von Bartholomäberg und Silbertal dokumentieren eindrücklich die Geschichte des Montafoner Bergbaus. Daneben präsentieren die Illwerke ihre Geschichte sowie den Stollenbau.
Öffnungszeiten:
Mi, Fr   16 – 18

Tel. ++43(0)5556 74112
HISTORISCHES BERGWERK BARTHOLOMÄBERG
Juni – Oktober   Mi, Fr, So   13 – 17
Information und Anmeldung:
Bartholomäberg Tourismus
Tel. ++43(0)5556 731001/++43(0)66433 51493

Wandern

Innerberg – St.-Agatha-Kirche – Innerberg
Schöner Blick ins Silbertal und zur ehemaligen Walsersiedlung Brif am Gegenhang, die bei den Walsern einst Winterhalden hiess. -
   Vom Parkplatz bei der Kirche von Innerberg wandern Sie auf der Strasse zum Gasthaus Mühle und auf dem Glänweg vorbei an einigen interessanten Häusern nach Christberg zur St.-Agatha-Kirche. Auf dem gleichen Weg zurück nach Innerberg. – Wanderzeit 1 Std. 45 Min.

Bartholomäberg – Fritzasee – Knappagruaba – Barholomäberg
Die grasüberwachsenen Hügel im Umfeld des Bergwerks bestehen aus dem Gestein, welches die Bergknappen aus den Stollen zu Tage gefördert haben.
   Von Bartholomäberg auf dem Lindenweg bis Linda. Rechts auf den Fussweg einbiegen und durch Wiesen vorbei an Maiensässen zum Roferweg. Weiter nach Goritscheng, dann auf einer Naturstrasse zum Fritzasee. Auf dem Fussweg hinunter nach Knappagruaba und zum Historischen Bergwerk, das im Rahmen von Führungen zu besichtigen ist. Weiter auf einem Fussweg, dann auf der Strasse zurück nach Bartholomäberg. – Wanderzeit 1 Std. 45 Min.

Gortipohl – Montiel-Maisäss – Netza-Maisäss – Balbier-Wasserfall – Gortipohl
Wanderung durch ein Gebiet, in welchem Rätoromanen neben Walsern siedelten. Laut einer Gerichtsakte von 1487 beschwerten sich zwei Rätoromanen, weil die Walser den von der Landstrasse herführenden Weg verbreiterten und daraus mehr Nutzen zogen, als ihnen zugestanden hätte. Walser sind auf Netza, das einst Dauersiedlung war, im Jahre 1518 erwähnt. Wer den steilen Abstieg vom Netza-Maisäss nach Gortipohl unter die Füsse nimmt, kann sich vorstellen, wie schwierig es für die Walser war, sich im Tal jene Güter zu beschaffen, die sie selber nicht produzierten.

Netza Maisäss (1634 m). Nach dem Abzug der Walser wurde Netza Sagenschauplatz: Ein St. Gallenkircher Bursche fütterte auf Netza im Frühling und Herbst das Vieh seines Vaters. Ein Butz (= Büssender) tauchte bei ihm auf und schloss Freundschaft mit ihm. Spät im Herbst - der Bursche hatte bereits geplant mit seiner kleinen Herde ins Tal zu ziehen – erschien der Butz und empfahl ihm, vorsichtig mit seinem Mundvorrat umzugehen. Am folgenden Tag schlug das Wetter um, Schneefall setzte ein. Als es wieder aufklarte, entschloss sich der Bursche zum Abzug, doch der Butz riet ihm, noch zwei Tage bei ihm zu bleiben. Als der Bursche am dritten Tag mit seiner Habe zu Tal fuhr, sah er, dass mehrere Lawinen den Weg verschüttet hatten.

Montafoner Walserhaus in Partenen (1051 m), traufseitig erschlossen. Im Gegensatz dazu liegt der Eingang beim rätoromanisch geprägten Montafonerhaus an der zum Teil gemauerten Giebelseite.

Vom Kirchlein Gortipohl auf dem Strässchen nach Innergant. An der Kreuzung bergwärts, vorbei an einem alten Paarhof auf den Güterweg, der in weiten Kehren in die Maiensässzone führt. Bei der Einmündung des Schoderweges können Sie auf einem steilen Pfad zum Parkplatz des Montiel-Maisäss aufsteigen. Auf der Fahrstrasse erreichen Sie, dem Schild «Montiel» folgend, den Parkplatz von der andern Seite her. Auf dem Pfad zu den Maiensässhütten von Montiel, von denen eine aus dem 16. Jahrhundert stammen soll. Oberhalb der Häuser prächtiger Blick in die Bergwelt und nach Gaschurn. Nun folgt ein kurzer steiler Aufstieg, der ins Hüttnertobel führt. Nach einem weiteren Aufstieg und kurzer Wanderung durch den Wald stehen Sie unverhofft vor den Hütten des Netza-Maisäss (1634 m). Zurück nach Gortipohl geht es auf einem Zickzackpfad zuerst zum Unteren Netza-Maisäss, dann auf einen Güterweg leicht ansteigend zur Transportseilbahn. Gleich dahinter verweist ein Schild vor dem Monigg-Maisäss auf den steilen Abstieg nach Gortipohl, das man auf dem Kreuzweg, oder nach kleinem Umweg zum Balbier-Wasserfall erreicht. – Wanderzeit: 3 Std. 45 Min.

Gaschurn – Ganeumaisäss – Neu Alpe – Gaschurn

Vorsicht ist im Fenggatobel geboten; bei schlechtem Wetter ist von der Begehung abzuraten. Das Tobel verdankt seinen Namen den sagenhaften Fenggen, die dort in den grossen Höhlen gehaust haben sollen. Die Neu-Alm gehörte im 16. Jahrhundert den Walsern, weshalb sie auch Walser Alpe hiess (nicht zu verwechseln mit der Walser Alpe im Gampadelstal oberhalb Tschagguns!). Prächtiger Ausblick ins Silvretta-Gebiet und talauswärts bis in die Berge auf der anderen Seite des Walgaus.

Vom Parkplatz an der Hauptstrasse auf das nach Ganeu führende Strässchen, bis ein Schild den Weg ins Fenggatobel weist. Der zum Teil steile Weg durch die vom Gafnerabach durchströmte imposante Schlucht endet bei den Wiesen des Ganeumaisäss. Nur wenige Meter sind es bis auf den Fahrweg, an welchem das Schild «Schafboden» zu beachten ist. Ein kaum ausmachbarer Pfad führt hinauf zum Waldrand, wo ein guter Weg zur Neu-Alpe (1831 m) führt, die nur mehr aus zwei Hütten und einigen Mauerresten besteht. Der Rückweg führt zurück zum Ganeumaisäss und auf dem Strässchen hinunter zum Parkplatz – Wanderzeit: 4 Std. 15 Min.

Literatur/Karten
DÖNZ, MANFRED: Muntafuner Wärter. Spröch und Spröchli. (Montafoner Schriftenreihe, Bd. 4). Heimatschutzverein im Tale Montafon, Schruns 2001.
HAAS, FIEDL: Das Montafonerhaus und sein Stall. (Montafoner Schriftenreihe, Bd. 3). Heimatschutzverein im Tale Montafon, Schruns 2001.
KEILER, BARBARA, KLAUS PFEIFER und ANDREAS RUDIGER (Hrsg.): Gweil – Maisäss und Alpen. (Montafoner Schriftenreihe, Bd. 6). Heimatschutzverein im Tale Montafon, Schruns 2002.
MONTAFONER HEIMATBUCH. Hrsg. Vom Stand Montafon, Schruns 1980.
SCHEIBENSTOCK, EMIL: Buchen. Eine Walsersiedlung im Montafon. In: WhVLT, 58/ 1996.

VOGT, WERNER: Über die Einsiedlung der Walser im Montafon. In: Montafon. Beiträge zur Geschichte und Gegenwart. Bludenzer Geschichtsblätter Heft 24–26, 1995.
MAYR, HERBERT: Montafon. Die schönsten Tal- und Höhenwanderungen. Rother Wanderführer. Bergverlag Rother GmbH, München 2002.
Kompass Wander-, Rad- und Skitourenkarte 1:35000 Blatt 032 ALPENPARK MONTAFON.

Informationen
MONTAFON TOURISMUS
A-6780 Schruns
Tel. ++43(0)5556 722530 / Fax ++43(0)5556 74856
E-Mail: info@montafon.at / Internet: www.montafon.at

Tirol

Galtür

Galtür (1583 m) im Paznauntal ist die östlichste Walsersiedlung und zugleich die westlichste Gemeinde Tirols. Im obersten Einzugsgebiet der Trisanna sind Walser erstmals im Jahre 1320 erwähnt. Im Rechnungsbuch Heinrichs von Tirol von damals heisst es dazu: *«Beachte: Nachdem im Jahre 1320 die Leute, welche Walser genannt werden, nach Galtür gekommen sind, und nun ständig im Kompetenzbereich des Gerichtes Nauders bleiben, werden sie als neuen Bodenzins 12 Pfund jährlich abführen, worüber der Richter in Nauders Rechnung legen wird.»* Diese Walsersiedlergruppe dürfte aus 40–50 Walserfamilien bestanden haben und über das Zeinisjoch

Der Hof Gampele oberhalb Galtür. Beim Galtürer Bauernhof sind Wohntrakt, Stall und Scheune unter einem Dach vereint. Der Wirtschaftstrakt ist ausnahmslos nach Norden ausgerichtet, was den Wohnbereich vor den rauhen Gebirgswinden schützt.

(1842 m) vom Montafon ins hinterste Paznauntal gelangt sein. Sie dürften aus Davos oder direkt aus dem Wallis gekommen sein. Bei ihrem Eintreffen wurde das innere Paznauntal bereits von Engadiner Romanen voll genutzt, und 10 bis 12 Höfe in der Gegend von Galtür dürften bereits von Engadinern ganzjährig bewohnt gewesen sein. Bis um die Mitte des 16. Jahrhunderts scheint Galtür zweisprachig gewesen zu sein, dann schlossen sich die alteingesessenen Rätoromanen entweder sprachlich und kulturell der deutschen Mehrheit an, oder sie zogen sich zu ihren Stammesgenossen ins Engadin zurück. Die deutsche Mehrheit ist nicht gleichzusetzen mit den Walsern, denn im Laufe der Zeit hatten sich auch Tiroler Bauern und Händler im hinteren Patznauntal niedergelassen. *«Der grösste Reichtum von Galtür sind die Steine»*, sagt ein altes Sprichwort. Das begann sich gründlich zu ändern, als Ende des 19. Jahrhunderts der Tourismus Einzug hielt. Heute nennt sich Galtür *«das eigensinnigste Feriendorf Österreichs»*.

Anreise
Mit eigenem Fahrzeug: Im Sommer verbindet die Silvretta Hochalpenstrasse das Montafon mit Galtür (Maut!). Das ganze Jahr offen ist die bei Pians abzweigende Strasse durch das Paznauntal.
Öffentlicher Verkehr: Mit der Bahn nach Landeck (Schnellzugstation), weiter mit dem Postbus nach Galtür.
Variante: Von Bludenz mit der Montafonerbahn nach Schruns und mit dem Postbus über die Silvretta-Hochalpenstrasse nach Galtür.

Übernachten, Essen und Trinken
HOTEL/GASTHOF RÖSSLE. Der traditionsreiche Gasthof. Kulinarisches Erlebnis in aussergewöhnlichem Ambiente.
A-6563 Galtür
Tel. ++43(0)5443 82320 / Fax ++43(0)5443 84605
E-Mail: info@roessle.com / Internet: www.roessle.com
HOTEL ZONTAJA. Modernes Hotel am Dorfrand. Freundliche Atmosphäre und gute Küche.
A-6563 Galtür
Tel. ++43(0)5443 8538 / Fax 8538-8
E-Mail: zontaja@galtuer.at / Internet: www.zontaja.at

Blick in den Kochtopf
KASSUPPE
Zutaten: 40 g Butter, 40 g Mehl, 1 Liter Rindssuppe, $1/8$ Liter Süssrahm, 1 Dotter, 120 g geriebener Alpkäse (vollfett), Kümmel, Petersilie oder Bärlauch.
Zubereitung: Butter und Mehl hell anrösten, mit der Rindssuppe aufgiessen ca. 15 Min. kochen lassen, mit Salz, Kümmel, Petersilie oder Bärlauch würzen. Rahm und Dotter mit Käse vermischen. Suppe vom Feuer nehmen und 2–3 Min. auskühlen lassen. Käsegemisch zügig einrühren und mit gerösteten Weissbrotwürfeln und gehacktem Bärlauch (Petersilie) sofort servieren.

Sehenswert
Die Pfarrkirche zur Mariä Geburt hat ihre Wurzeln in der 1383 geweihten Kirche. Nach deren Zerstörung im Jahre 1622 durch die Engadiner wurde das

Gotteshaus wieder hergerichtet, 1777–83 barockisiert, 1965–68 erneut umgestaltet und um ein Joch und das Emporenjoch erweitert. Reiche Ausstattung. In der Mitte des sechssäuligen Hochaltars befindet sich das Gnadenbild der Maria mit Kind, umgeben von Putten, darunter Drehtabernakel. Zahlreiche Deckenfresken. Im Chor schönes Geburtsfresko von Johann Wörle, signiert 1777. Ein Fresko im Kirchenschiff hält den Kirchenbrand von 1622 fest: Aus Dach und Fenstern schlagen die Flammen. Die Brandstiftung ist durch einen Mann mit zwei brennenden Stangen symbolisiert. Darüber ist die Gnadenmutter mit Szepter und Kind zu sehen. Ob allerdings die Kirche von den Engadinern «völlig verbrendt worden» ist, wie dies die dazugehörige Schriftkartusche verkündet, ist nicht gesichert. Zu den schönsten erhaltenen Walserbauten in Galtür gehört das Mentahaus. Es trägt eine Gedenktafel für den hier geborenen Dichter Johann Pfeifer (1820 – 1888). Beeindruckend ist das lang gestreckte Alpinarium am westlichen Dorfende, das Teil eines 1999 errichteten Lawinenschutzdammes ist. – In Tschafein, nordöstlich von Galtür, verdient die kunstgeschichtlich wertvolle Martinskapelle Beachtung. Sie stammt von 1678 und weist einen Rechteckraum mit spitzbogig eingezogenem Chorbogen, schönes Netzgewölbe und eine Holzdecke im Betraum auf. Sie ist mit drei Altären ausgestattet, darunter ein Flügelaltar, datiert 1624. Am Hauptaltar Gemälde, das St. Martin mit dem Bettler zeigt.

Museen
Das 2003 eingeweihte ALPINARIUM ist ein Themenmuseum zur Kultur und Naturgeschichte der Region und zugleich ein Forschungszentrum, das sich mit dem alpinen Raum beschäftigt. Als Akademie führt es in Zusammenarbeit mit Universitäten des In- und Auslands internationale Fachtagungen durch.
Di bis So 10–18
Tel. ++43(0)5443 840020 / Fax ++43(0)5443 840022
E-Mail: info@alpinarium.at / Internet: www.alpinarium.at
Wie das Leben bis vor wenigen Jahrzehnten im Paznauntal aussah, ist im PAZNAUNER BAUERNMUSEUM in Mathon zu erfahren. Es ist im 1. Stock eines 400-jährigen Gebäudes untergebracht. Im Erdgeschoss befindet sich das originelle «Wirtshaus Walserstube».
Tel. ++43(0)5444 5931 / Fax ++43(0)20013
E-Mail: ischgl@restaurant-walserstube.at
Internet: www.kurz.jet2web.at/rest.htm

Wandern

Galtür – Wirl – Galtür

Die Rundwanderung bietet schöne Ausblicke auf die markante Ballunspitze und die Siedlungslandschaft Galtür. Auf dem Rückweg blicken Sie hinunter auf die beeindruckenden neuen Lawinenverbauungen über dem westlichen Dorfteil, deren eine die Rückwand des Alpinariums bildet.

Auf der linken Talseite wandern Sie der Trisanna entlang nach Wirl. Dort folgen Sie der am Hotel Almhof vorbeiführenden Strasse, bis rechts ein Güterweg abzweigt. Auf diesem gelangen Sie zurück nach Galtür. – Wanderzeit: 1 Std.

Galtür (1583 m). Weil der linke Hang praktisch unbewaldet ist, müssen mächtige Lawinenschutzwälle die Funktion des Bannwaldes übernehmen. Der hintere Wall dient gleichzeitig als Rückwand des 2003 eröffneten Alpinariums.

Galtür – Egg-Alpe – Galtür

Alte Architektur ist in Galtür selten geworden. Diese kurze Rundwanderung führt an zwei beachtenswerten Bauten am Rande des Dorfes Galtür vorbei. –

Vom Dorfzentrum begeben Sie sich auf den Güterweg, der am linken Talhang ins Jamtal führt. Gleich hinter dem Dorf steht am rechten Ufer des Jambachs ein Haus aus der Mitte des 18. Jahrhunderts, an dessen bergseitiger Wand ein Mühlstein eingemauert ist, der vermutlich aus dem Vorarlberg und der Schweiz importiertes Korn gemahlen hat. Der nun leicht ansteigende Weg, mündet unterhalb der Egg-Alpe in die Fahrstrasse. Auf dieser wandern Sie zurück nach Galtür. Am Dorfeingang steht links der Strasse der schöne Hof Gampele. Das «gut gaempily» wurde bereits 1509 erwähnt. – Wanderzeit: 1 Std.

Galtür – Egg-Alpe – Stafeliweiher – Tschafein – Galtür

Rundwanderung, die schöne Einblicke in die umliegende Bergwelt und das besiedelte Tal bietet. Der Stafeliweiher verleiht der Wanderung einen romantischen Akzent.

Auf der Fahrstrasse oder auf dem oben erwähnten Güterweg zur Egg-Alpe. Bei den Hütten steigen Sie auf einem Pfad hinauf zum Panoramaweg, der teilweise als Forstweg ausgebaut ist. Beim Wegweiser «Stafeliweiher» beginnt ein leicht ansteigender Pfad, der in einen Forstweg mündet. Diesem folgen Sie ein kurzes Stück, bis links ein Schild den Weg zum Stafeliweiher weist. In wenigen Minuten ist die romantische Lichtung erreicht. Über den Güterweg (einige Abkürzungen sind möglich) gelangen Sie nach Tschafein. Nach Besichtigung der St. Martinskapelle wandern Sie am Ufer der Trisanna zurück nach Galtür. – Wanderzeit: 2 Std. 20 Min.

Literatur/Karten
GALTÜR. Zwischen Romanen, Walsern und Tirolern. 2. Aufl. Hrsg. Gemeinde Galtür 1999.
GALTÜR BÜCHLEIN aus dem Jahre 1774. Faksimiledruck. Hrsg. von Erwin Cimarolli. Eigenverlag, Ischgl 1992.
HUHN, NIKOLAUS: Galtür und Ardez. Geschichte einer spannungsreichen Partnerschaft. In: Tiroler Heimat, Bd. 36. Wagner, Innsbruck 1999.
MAYR, HERBERT: Alberg – Paznaun. Lech – St. Anton – Ischgl – Galtür. Bergverlag Rudolf Rother GmbH. München 2002.
Kompass Wander-, Rad- und Skitourenkarte 1 : 50 000. Blatt 41 SILVRETTA UND VERWALLGRUPPE.

Informationen
TOURISMUSVERBAND GALTÜR
A-6563 Galtür
Tel. ++43(0)5443 8521 / Fax ++43(0)5443 852176
E-Mail: info@galtuer.com / Internet: www.galtuer.com

Wegweiser auf der Bocchetta di Rimella, die bei den Rimellern Bocchetta di Campello heisst. Wer dem Hinweis GTA folgt, wandert auf der «Grande Traversata delle Alpi».

ITALIEN

Aostatal

Ayas

Das Val d'Ayas im Einzugsgebiet des Evançon liegt zu Füssen des mächtigen Monte-Rosa-Massivs, dessen Felswände und Gletscher einen prächtigen Kontrast zu den grünen Wiesen und Wäldern im Tal bilden. 35 pittoreske Weiler, zu denen Kapellen und Backhäuschen gehören, zieren die Berghänge. Die Häuser sind auf Viehzucht und Ackerbau aus-

Blick von Antagnod (1700 m) ins innere Ayastal. Im Hintergrund das Monte Rosa-Massiv, im Tal das Sportzentrum Champoluc (1570 m), rechts darüber die einst walserische Rodungsinsel mit den Weilern Crest (1935 m) und Franzte (1900 m).

gerichtet. Der untere Teil besteht aus Mauerwerk und bietet Menschen und Tieren Unterkunft. Darüber erhebt sich die in Blockwerk errichtete Scheune. Sie steht auf mit Steinplatten versehenen Pfosten, die wie grosse Pilze aussehen. Das schwach geneigte Dach ist mit Steinplatten bedeckt. Man sieht in diesem «rascard» genannten Haustypus ein walserisches Erbe. Die Walser dürften im 13. Jahrhundert ins obere Val d'Ayas eingewandert sein. In der Zeit zwischen dem 14. und 15. Jahrhundert sind im Einkünfterodel der Pfarrei Ayas Güter deutschsprachiger Leute in Resy, Vaser und Cunea genannt. Manche Männer verdienten ihr Geld als Krämer (= Wanderhändler, die ihre Waren in einem auf dem Rücken getragenen Holzkasten mitführten), weswegen das Val d'Ayas auf Schweizer Karten des 16. und 17. Jahrhunderts Krämertal hiess. Ihre Waren setzten die Krämer, deren Reise über den Theodulpass (3302 m) führte, in der deutschsprachigen Schweiz und in Süddeutschland ab. Verschiedene Krämer liessen sich im Laufe der Zeit als Handelsleute dauernd nördlich der Alpen nieder. Die kleine Eiszeit (ca. 1600 – 1850) brachte den Verkehr über den Theodulpass zum Erliegen. An die Blütezeit des Handels erinnert die «Via Kraemerthal». Diese besteht aus mit schwarzen Schildern markierten Maultierpfaden, die durch das Tal und hinüber zum Theodulpass führen. Die Walsersprache ist im Val d'Ayas längst erloschen, lebt aber im Flurnamenschatz noch nach. Bodo (= Boden) heisst etwa eine ebene Wiese bei St-Jacques, Legga (= Eck) eine andere. Das Val d'Ayas bildet heute den westlichsten Pfeiler im Verbund Monterosa Ski. Herrliche Wandermöglichkeiten machen das Tal auch im Sommer zu einem beliebten Ferienort.

Anreise
Mit eigenem Fahrzeug: Von St-Vincent über den Colle de Joux oder von Verrès.
Öffentlicher Verkehr: Busverbindungen von Aosta bis Verrès, Bus nach Champoluc oder St-Jacques. Lokales Busnetz.

Übernachten, Essen und Trinken
Das Val d'Ayas wartet mit einem breiten Hotelangebot aller Kategorien und vielen Restaurants auf. Breite kulinarische Palette. Sie umfasst valdostanische und italienische Spezialitäten.
HOTEL AYAS. Komfortable Zimmer, hervorragende Küche, schöner Garten.
11020 Champoluc (AO)
Tel. ++390125 30 81 28 / Fax ++390125 30 81 33

Blick in den Kochtopf
«Gran Picht» heisst die «tipica zuppa walser» aus dem obersten Val d'Ayas. Zubereitung: Perlgraupen in einer Schüssel mit kaltem Wasser einige Stunden einweichen. Ausreichend Wasser aufkochen, salzen, die Perlgraupen da-

zugeben und rund eine Stunde köcheln lassen. Dann der Suppe in Würfel geschnittenen Fontina beigeben und diesen vollständig schmelzen lassen. Unterdessen Brotscheiben in der Pfanne in Butter braten, dann die Scheiben in eine geeignete Platte legen und mit der kochenden Suppe übergiessen.

Sehenswert
Antagnod ist der Hauptort der Gemeinde Ayas. Prächtiger Blick auf das westliche Monte-Rosa-Massiv und auf die ehemaligen Walsersiedlungen Cresta und Resy am Gegenhang. Die San Martino geweihte Pfarrkirche von 1839 fällt durch den in dieser Region unüblichen Zwiebelturm auf. Im Innern birgt die Kirche einen aus dem gotischen Vorgängerbau übernommenen, völlig vergoldeten und geschnitzten Hochaltar aus dem beginnenden 18. Jahrhundert, den auch einige gotische Figuren zieren. Es handelt sich um das sehenswerteste Barockretabel des ganzen Aostatals. Im gepflegten Dorfkern säumen alte Bauernhäuser die schmalen Dorfgassen. In Kontrast zur ländlichen Architektur steht das stattliche Maison Fournier. Im 15. Jahrhundert diente es den Herren von Challant als Administrativgebäude, heute beherbergt es die Bibliothek und die permanente Ausstellung des valdostanischen Kunsthandwerks. Champoluc ist das grösste Tourismuszentrum im Tal. Dennoch wartet es mit einigen Häusern aus dem 16. bis 18. Jahrhundert auf, deren Fassaden zum Teil mit Fresken verziert sind. Auffallend am Maison Duc ist das Emblem der alten Krämer, das die Ziffer 4 zeigt. Es erscheint auf einem Fresko von 1750 und auf einem steinernen Architrav von 1569. Gut restauriert ist die der lokalen Architektur angehörende Casa delle Guide. – St-Jacques war die Mittelpunktsiedlung der im Canton des Allemands wohnenden Walser. Die malerische Kapelle weist Freskenschmuck aus dem 15. Jahrhundert auf. Laut mündlicher Überlieferung soll es in der alten Kapelle, auf deren Fundament die heutige steht, deutschsprachige Inschriften gegeben haben. – Nur wenige Gehminuten von St-Jacques entfernt, liegt auf der andern Seite des Verraz-Baches das kleine Blanchard, wo ein in Blockbau errichteter Stadel auf hohen gemauerten Säulen die Aufmerksamkeit auf sich zieht. – Unterhalb Brusson, also bereits ausserhalb des einst walserischen Siedlungsraumes, steht auf einem mächtigen Felskegel mit geschlossener Umfassungsmauer die Burgruine Graines. Die um das Jahr 1000 gegründete Burg diente dem Kastellan des Walliser Klosters St-Maurice als Wohnsitz. 1263 fiel die Burg an die Herren von Challant, die dem Kloster S. Maurice bis 1782 zinspflichtig blieben. Die Burg war einst Mittelpunkt des «Mandement de Graines» der Herren von Challant, das neben den Gütern im Ayastal solche im östlich angrenzenden Lystal umfasste, wo ebenfalls Walser angesiedelt wurden. Oberhalb der Festung liegt inmitten grüner Wiesen der malerische Weiler Graines (2,5 km von der Talstrasse entfernt).

Wandern

St-Jacques – Resy – St-Jacques

Das ehemalige Walserdörfchen Resy (2072 m) war eine der höchsten Dauersiedlungen Italiens. Um 1920 wurde es als solches aufgegeben. Dank der sonnigen Lage konnte Getreidebau betrieben werden. Sehenswert sind das ins 18. Jahrhundert hinaufreichende, im Verfall begriffene mehrstöckige Bauernhaus und der steinerne Architrav von 1560 im Rifugio Ferraro, mit der Ziffer 4 der Krämer. Resy bietet einen schönen Ausblick auf das Tal und die gegenüberliegenden Berge.

Am Grossen Walserweg liegt zwischen Crest und Pinterpass (2777 m), eine Verbindung nach Gressoney, das ehemalige Walserdorf Cunéaz (2032 m) mit einer hübschen Kapelle und schönem Hausbestand.

Vom Parkplatz St-Jacques in östlicher Richtung vorbei an einem mehrstöckigen, mit Fresken verzierten «Rascard» zum meist im Wald verlaufenden, gelegentlich steilen Weg, der hinauf in das ehemalige Walserdörfchen Resy führt. Auf dem gleichen Weg zurück. – Wanderzeit: 1 Std. 30 Min.

Variante: Von Resy zum Weiler Soussun (1950 m), das um 1930 als Dauersiedlung aufgegeben wurde. Der Name dürfte auf deutsches Salzen zurückgehen, also jene Örtlichkeit bezeichnet, an welcher dem Vieh das Salz gereicht wurde. Weiter nach Crest. – Wanderzeit: 1 Std. 30 Min. Mit der Kabinenbahn nach Champoluc oder zurück Richtung Resy, bis Ihnen ein Schild den Weg nach St-Jacques weist. Auf diesem steigen Sie ins Tal ab. Wanderzeit: 1 Std. 15 Min.

Champoluc – Cunéaz – Crest – Frantze – Champoluc
Auf dieser Wanderung machen Sie Bekanntschaft mit weiteren einstigen Walsersiedlungen. Cuneaz (2047 m) wurde kurz nach 1960 als Dauersiedlung aufgegeben.

Mit der Gondelbahn von Champoluc zur Bergstation Crest (1979 m). Von hier aus wandern Sie zuerst auf dem Fahrweg, dann auf dem alten Saumweg ins Sommerdörfchen Cunéaz (2047 m). Nach Besichtigung der bis ins 17. Jahrhundert hinaufreichenden Bauten begeben Sie sich zurück zur Bergstation und steigen ins ebenfalls einst walserische Crest (1935 m) ab und weiter zum Weiler Frantze (1890 m). Anschliessend auf abschüssigem Weg hinunter nach Champoluc. – Wanderzeit: 1 Std. 35 Min.

Variante: Beim Backhäuschen von Frantze dem Weg 13/13A folgen. Nach ca. 5 Min. über die Brücke und auf einem gutem Pfad zuerst durch den Wald, dann durch Weideland zum nur mehr temporär bewohnten Mascognaz (1827 m) mit schöner alpiner Architektur in Mischbauweise aus dem 18. Jahrhundert und hübscher Kapelle. Von Mascognaz steigen Sie nach Champoluc ab. – Wanderzeit: 1 Std. 40 Min.

Barmasc – Ru Cortot – Barmasc

Von Antagnod nach Barmasc. Parkplatz (4 km ab Antagnod). In wenigen Minuten erreichen Sie den 25 km langen Ru Cortot, der schon im 15. Jahrhundert Wasser aus der Hochgebirgsregion zum Col de Joux führte, wo dieses in kleineren Kanälen auf die Wiesen und Äcker von Emarèses und über St-Vincent geleitet wurde. Solch offene Leitungen haben früher das Landschaftsbild im Aostatal, im Wallis und im Südtirol wesendlich mitgestaltet. Sie sind meist durch moderne und Leistungsfähige Bergungsauflagen ersetzt worden.

Folgen Sie der Wasserleitung taleinwärts bald durch Wälder, bald über Alpweiden, auf denen Rinderherden den Sommer verbringen. Im offenen Gelände rücken immer wieder das Monte-Rosa-Massiv und die ehemaligen Walsersiedlungen am linken Talhang ins Blickfeld. Oberhalb der Alpe La Varda (1964 m) ist die offene Wasserleitung zu Ende, denn von der Fassung unterhalb der Cime Bianche bis hierhin besteht eine Rohrleitung. Auf dem gleichen Weg zurückkehren. – Wanderzeit: 3 Std. 30 Min.

Variante: Bei der Wasserzufuhr führt ein kurzer Steig zu einem Strässchen. Diesem folgen Sie taleinwärts. Nach wenigen Minuten geniessen sie einen prächtigen Ausblick auf den Monte Rosa und das tief im Tal liegende Dörfchen St-Jacques. Zusätzlicher Zeitaufwand 20 Min.

Variante: Von diesem Aussichtspunkt wandern Sie auf dem Güterweg weiter, der in weiten Kehren hinunter nach St-Jacques führt. – Wanderzeit: 3 Std. 40 Min. Bus zurück nach Antagnod.

Literatur/Karten
AYAS: Histoire, usages, coutumes et traditions de la vallée. Photographies de Gianfranco Bini. Milano 1968.
AYAS: Storia, usi, costumi e tradizioni della valle. Fotografie di Gianfranco Bini. Milano 1968.
CARITÀ, ENRICO: Alla scoperta della Val d'Ayas. Priuli & Verlucca. Ivrea 1994.
CLOS, J.A.: Mémoire de la Paroisse d'Ayas (1889), hrsg. v. S. Favre. Aoste 1997.
FÜHRER, JOHANNES: Aostatal. 50 ausgewählte Bergwanderungen. Bergverlag Rudolf Rother GmbH, München 1999.
MORCHIO, GABRIELLA und GIAN PIERO: Teutsch Aiatzer-Thal. La presenza Walser ad Ayas. Genova 1999.
SCHECK, FRANK RAINER: Wandern im Aostatal. DuMont, Köln 2001.
THUMIGER, GIANNI: Zu den Walsersiedlungen im Aostatal. In WW 1/1998.
ZINSLI, PAUL: Cunéaz und andere entschwundene Walserkolonien. In Sprachspuren. Calven Verlag, Chur 1998. (Erstmals erschienen in Philologia Deutsch, Franke Verlag, Bern 1965.)
IL GRANDE SENTIERO WALSER: un viaggio nella cultura alpina intorno al Monte Rosa. Tipografia Valdostana Aosta 2000. Die Dokumentation ist beim lokalen Fremdenverkehrsbüro erhältlich.
Carta dei sentieri comuni di AYAS – BRUSSON 1 : 30 000. Comunità Montana/Communauté de Montagne, Evançon.
Carta dei sentieri e dei rifugi: 1:50 000. Blatt 5 CERVINIO-MATTERHORN e MONTE ROSA, (IGC) Torino.

Informationen
A.I.A.T – AZIENDA DI INFORMAZIONE E ACCOGLIENZA TURISTICA MONTE ROSA
I-11020 Champoluc/Ayas (AO)
Tel. ++390125 30 71 13 / Fax ++390125 30 77 85
E-Mail: monterosa.info@libero.it / Internet: www.aostafiere.it/ayas_page.htm

Gressoney

Wäre Gressoney nicht von der Natur mit Schönheit reich beschenkt worden, hätte sich Königin Margherita von Savoyen im ausgehenden 19. Jahrhundert wohl kaum ein Schloss vor der Kulisse des Monte Rosa bauen lassen. Aus ganz anderen Gründen kamen die Walser nach Gressoney. Einer der Ersten unter ihnen war jener «Alamanus de Gressonaio», der 1242 Güter der edlen Frau Donet, Witwe des Emeric de Valesia auf Gressoneyer Boden zu Lehen hatte. 1259 ist dann die Rede von drei «Alamanni de Valeys», die in Tschaval zuhinterst im Tal Fuss gefasst hatten, und 1267 ist erstmals der spätere Weiler Loomatte im unteren Talabschnitt in Zusammenhang mit den Walsern genannt. Laut einer Urkunde von 1377 hatten bereits 44 Gressoneyer Bauern die Alpe Orsio zu Lehen. Da die Bevölkerung rasch zunahm, suchten die Männer eine Beschäftigung ausserhalb der Heimat, und sie fanden diese im Krämerwesen. Die ersten Krämergenerationen zogen im Herbst als Hau-

Gressoneyer Architektur «en der Teifi» (1730 m) hinter der Kapelle von Orsia in der Gemeinde Gressoney La-Trinité. Wie das Haus von Ayas, so ist auch das Gressoneyer Haus ein in Mauerwerk und Blockbau ausgeführter Mehrzweckbau.

sierer über den Theodulpass in die Schweiz und nach Deutschland und kehrten im Frühjahr nach Gressoney zurück. Schon bald hiess die Heimat dieser fahrenden Händler, die von Markt zu Markt und von Haus zu Haus zogen, nördlich der Alpen «Krämertal». Ihre Nachkommen gründeten angesehene Handelsfirmen, blieben aber mit der Heimat verbunden und kehrten alljährlich zurück. Sie statteten diese nicht nur mit ansehnlichen Häusern aus, sondern sorgten auch für die Verbreitung der im deutschsprachigen Ausland erworbenen geistigen Kultur, wodurch Gressoney eine Sonderstellung unter den italienischen Walsersiedlungen einnahm. Die Zeiten, da die Männer im Ausland arbeiteten und die Frauen zusammen mit den Kindern den bäuerlichen Betrieb führten, sind vorbei. Seit den 1960er-Jahren sind Gastbetriebe, Ferienhäuser und Appartementhäuser wie Pilze aus dem Boden geschossen. An Sonntagen strömen Schneesportler und Wanderer aus Mailand, Alessandria und Turin nach Gressoney; dank der Autobahnen ist Gressoney, das Herzstück des Verbundes Monterosa Ski, rasch erreicht. Eine Reminiszenz der alten Kultur findet ihren Ausdruck darin, dass um die Wende vom 20. zum 21. Jahrhundert von rund 1050 Einwohnern immerhin noch deren 400 das Gressoneyer-Titsch sprachen.

Anreise
Mit eigenem Fahrzeug: Bei Pont-St-Martin biegt die Strasse vom Haupttal ins Lystal ab.
Öffentlicher Verkehr: Autobusverbindungen ab Aosta und Pont-St-Martin.

Übernachten, Essen und Trinken
Breites Angebot an guten Hotels verschiedener Kategorien.
HOTEL JOLANDA SPORT. Angenehme Atmosphäre. Heimische Gerichte und italienische Spezialitäten.
I-11020 Gressoney-la-Trinité (AO)
Tel. ++390125 36 61 40 / Fax ++390125 36 62 02
E-Mail: info@hoteljolandasport.com / Internet: www.hoteljolandasport.com

Blick in den Kochtopf
Em herbscht wenn tuemò d'héerfia grabe, tuemò d'héerfia zanter schellétò siede (liebör gälbe, wéll mälbrögòr alz d'ròtò). Ässe tuemösche woarme en stéckelténé oder brockene kachöte, en der naffòtò mélch gleite (blécke oder ou choalte). Mét déschem käs geit guet éndor oalte chésch ou én bétz schoarfe.
Im Herbst, zur Zeit der Kartoffelernte, pflegt man die kleinen Kartoffeln in der Schale zu kochen. Dafür sind gelbe Kartoffeln besonders geeignet, weil sie mehliger sind als die roten, Man isst sie warm in Stücke oder Brocken gehackt, eingelegt in frisch gemolkene oder kalte Milch. Zu diessem Gericht passt eher alter und ein wenig scharfer Käse.

Sehenswert
Gressoney-Trinité
Die Kirche von Gressoney-Trinité geht auf eine Kapelle zurück, die 1671 eingeweiht wurde. Schutzpatron ist S. Francesco Saverio. 1970 wurde das Innere der Kirche restauriert. Der Barockaltar ist teilweise beschnitzt, teilweise bemalt. Im Zentrum zwischen Engeln und allegorischen Figuren steht die Geburt Christi. An der rechten Wand ist ein Kreuzigungsgemälde des einheimischen Malers Franz Curta (1828–1881) zu sehen. Einige weitere Kapellen, die teilweise bis ins 17. Jahrhundert hinaufreichen, bereichern die Sakrallandschaft der Gemeinde. In den einzelnen Fraktionen sind schöne Gressoneyer-Häuser und Stadel anzutreffen. Der Weiler Biel wartet mit einer Kapelle von 1636 und einem Haus von 1587 auf.
Gressoney-St-Jean:
Die Kirche geht zurück auf das Jahr 1515. Sie ist ein Werk des aus Issime stammenden Antonio Goyet, der auch die Kirche von Fontainmore erbaute. Die Kirche wurde 1731 um zwei Seitenschiffe erweitert, 1818 kamen der Chor und das Mittelschiff hinzu. Der Hauptaltar aus dem 18. Jahrhundert besteht aus farbigem Marmor, die Seitenaltäre sind aus geschnitztem und vergoldetem Holz geschaffen. Die Orgel aus dem Jahre 1895 ist ein Geschenk der Königin Margherita von Savoyen. Vor der Kirche schöner Kreuzgang, welcher das Leiden Christ darstellt. Er stammt von 1626. Gressoney-St-Jean-verfügt über einen schönen Dorfplatz, der von eindrücklichen Bauten umrahmt wird. An der Südseite steht ein altes Haus mit dem Wappen der Familie Liscoz. Es war das erste Wirtshaus des Lystals. Bekannt wurde es, weil der Genfer Naturforscher Bénédict H. de Saussure hier wohnte. In der repräsentativen Villa Margaritha, benannt nach der mütterlicherseits aus Sachsen stammenden Königin Margherita von Savoyen, die hier während der Sommermonate 1889–1904 wohnte, hat die Gemeindeverwaltung ihren Sitz. Zu den Sehenswürdigkeiten gehört auch das Schloss Savoia, das sich Königin Margaritha in den Jahren 1905–1909 hat bauen lassen. Heute ist es Sitz der autonomen Regionsverwaltung des Aostatals. In der Villa Deslex in St-Jean befindet sich das Walser-Kulturzentrum, das über eine umfangreiche Walser-Bibliothek verfügt. Tel. ++390125 35 62 48 Fax ++390125 35 62 48.

In den Weilern rund um St-Jean Kapellen aus der Zeit zwischen dem 17. und 19. Jahrhundert sowie schöne Häuser und Stadel, die zum Teil aus dem 16. Jahrhundert stammen. Besondere Aufmerksamkeit verdient das mit Fresken geschmückte Haus von 1587 in Valdobbia.

Museum
Ein Heimatmuseum mit Standort in Gressoney-la-Trinité soll im Sommer 2004 eröffnet werden.
In Gressoney-St-Jean befindet sich unterhalb der markanten Villa Margherita das reich ausgestattete ALPENFAUNAMUSEUM. Tel. ++390125 35 54 06

Wandern

Gressoney-la-Trinité – Punta Jolanda – Gabietsee – Tschaval
Allen, die einen Blick über das ganze Tal werfen möchten, bietet sich die Punta Jolanda (2240 m) als idealer Aussichtspunkt an. Ein eindrückliches Bild ganz anderer Art bietet der Gabietsee mit dem nahen Monte Rosa im Hintergrund. Kurz vor Schluss der Wanderung führt der Weg am Hof Tschaval vorbei, mit 1825 Metern die höchste Dauersiedlung im Lystal.

Von Gressoney-la-Trinité begeben Sie sich zum Lysbach und überqueren diesen, um im Edelboden zum Weg Nr. 5 zu gelangen. Am unteren Ende der Schienen einer ehemaligen Werkseilbahn zum Gabietsee führt er in vielen Kehren steil zu Punta Jolanda hinauf. Über die südlichen Ausläufer des Seehorns führt der Weg nun zur westlichen Staumauer des Gabietsees (2367 m) und am Westufer weiter, vorbei am Rifugio del Gabiet zum Rifugio del Lys. Der Abstieg erfolgt durch das im oberen Teil steile Moostal und vorbei an den Hütten der Alpe Moos nach Tschaval. – Wanderzeit: 4 Std.

Gressoney-la-Trinité – Klein Albenzu – Gross Albenzu – Rongg – Noversch – Gressoney-la-Trinité
Die Wanderung verläuft auf dem oberen Abschnitt des Walserweges von Gressoney-la-Trinité nach Bielciuken. Er berührt die architektonisch interessanten Weiler Klein- und Gross Albenzu, die beide kurz nach 1950 als Dauersiedlungen aufgegeben wurden. Von Albenzu geniesst man einen prächtigen Ausblick auf Gressoney-St-Jean und den untern Talabschnitt.

Bei Zem Chritz direkt unterhalb des Dorfes Gressoney-la-Trinité (1625 m) biegen Sie in den rechts abzweigenden Weg ein. Zuerst über eine Wiese, dann ansteigend durch den Wald und anschliessend auf ei-

Gressoney-St-Jean, heisst die andere Gressoneyer Gemeinde. Der gleichnamige Zentrumsort wartet mit einer ganzen Reihe von Sehenswürdigkeiten, Ladengeschäften, Restaurants und Cafés auf.

Wer ihn nicht kennt, wird in schnell übersehen, den kleinen See nur wenige Schritte unterhalb des Dorfes Gressoney-St-Jean (1385 m). Im Bildhintergrund das Monte Rosa-Massiv.

nem fast eben verlaufenden Pfad gelangen Sie nach Klein Albenzu (1801 m) und weiter am Hang hinüber nach Gross Albenzu (1779 m). Die Häuser aus dem 17. und 18. Jahrhundert und die Kappele von 1663 in Gross Albenzu sind in den letzten Jahren renoviert worden. Dank des Walserweges und des Rifugio Alpenzu ist der hoch über der Talsohle gelegene Weiler zu einem beliebten Ausflugsziel geworden. – Wanderzeit bei Rückkehr auf dem gleichen Weg: 2 Std. 30 Min.

Variante: Von Gross Albenzu können Sie auf einem ziemlich steilen Weg in die Talsohle absteigen. Dort wandern Sie ein kurzes Stück auf der Strasse taleinwärts, bis ein Steg den Lys überspannt. Überqueren Sie diesen und steigen Sie auf der Strasse nach Rong (1490 m) auf. Von hier aus bringt Sie ein Wanderweg vorbei an malerischen Häusern zum Weiler Biela und weiter nach Gressoney-la Trinité. – Wanderzeit Rundwanderung: 3 Std. 20 Min.

Villa Margherita – Castello Savoia – Gressoney Dorfplatz

Auf den Spuren der Königin. Von 1889 bis 1925 verbrachte Königin Margherita von Savoyen regelmässig zwei Monate im Sommer in Gressoney. Zuerst wohnte sie in der Villa des Barons Luigi Beck-Peccoz in Gressoney-St-Jean, 1904 bezog sie das von ihr erbaute Castello Savoia.

Von der Villa Margherita zur Brücke über den Lys und ins Zentrum von Gressoney-Saint-Jean. Anschliessend auf den Weg, der am Hang oberhalb des Sees zum Schloss Savoia führt. Das Schloss steht zur Besichtigung offen. Nehmen Sie sich im Schlossgarten etwas Zeit für den Besuch des Alpengartens. – Wanderzeit: 1 Std. 15 Min.

Informationen:
CASTEL SAVOIA
I-11025 Gressoney-St-Jean (AO)
Tel. ++390125 35 53 96

Literatur/Karten
CHRISTILLIN, J. J.: Légendes et récits recueillis sur les Bords du Lys. 3. Aufl., Editions Musumeci, Aoste 1976.
CURTA, VALENTIN: Gressoney einst und jetzt. Walser Kulturzentrum, Gressoney-Saint-Jean 1994.
CUGNETTO, CARLO: Alla scoperta della Valle del Lys. Gaby, Issime, Gressoney-a-Trinité, Gressoney-Saint-Jean. Priuli & Verlucca, Ivrea 1998.
CULTURA DELL'ALIMENTAZIONE A GRESSONEY – ESSGEWOHNHEITEN IN GRESSONEY. Hrsg. v. Centro di studi e cultura Walser della Valle d'Aosta/Walser Kulturzentrum. Tipografia Valdostana, Aosta 1998.
FÜHRER, JOHANNES: AOSTATAL. 50 ausgewählte Bergwanderungen. Bergverlag Rother, München 1999.
GUINDANI, LINO und LAURA: Gressoney – Walserdorf. Edizioni Guindani, Valle d'Aosta 1998.
SALVADORI, BRUNO und BRUNO FAVRE: Walser. Témoignages d'une civilisation. Photos Gianni Masi. Musumaci Editeur, Aosta 1979.
ZÜRRER, PETER: Sprachinseldialekte. Walserdeutsch im Aostatal. (Sprachlandschaft, Bd. 23). Verlag Sauerländer, Aarau etc. 1999.
SCHECK, FRANK RAINER: Wandern im Aostatal. DuMont, Köln 2001.
GRESSONEY MONTE ROSA 1 : 35 000. Azienda di promozione turistica Monte Rosa Walser.
Carta dei sentieri e dei rifugi CERVINIO-MATTERHORN e MONTE ROSA 1 : 50 000. Blatt 5, (IGC) Torino.

Informationen
A.I.A.T. MONTE ROSA WALSER
Villa Deslex
I-11025 Gressoney St-Jean (AO)
Tel. ++390125 35 51 85 / ++390125 35 58 95
E-Mail: info@aiatmonterosawalser.it / www.aiatmonterosawalser.it

Issime

Keine 15 Kilometer trennen Gressoney und Issime. Dennoch bestanden zwischen beiden Siedlungen über Jahrhunderte keine Kontakte. Deshalb spricht man in Gressoney Titsch, in Issime aber Töitschu. Von Walsern in Issime ist erstmals in einem Dokument aus dem Jahre 1239 die Rede. Die Witwe des Herrn Emeric de Valesia belehnte darin den Wirten «Valterun, teutonicus» mit einem Stück Land. Da der Talboden von Issime damals bereits von einer frankoprovenzalischen Bevölkerung bewohnt war, mussten sich die Walser oben an den Hängen einrichten. Im Laufe der Zeit aber gaben sie ihre Berghöfe auf und siedelten sich im Tal an, wo sie bis ins beginnende 19. Jahrhundert neben der alteingesessenen Bevölkerung lebten, ohne sich mit dieser zu mischen. Dann erst wurde Issime walserisch, Sprache der Schule und der Kirche aber blieb das Französische. «Offen bleibt die Frage, wie denn das gemischtsprachig frankoprovenzalisch-deutsche Issime seinen frankoprovenzalischen Bevölkerungsanteil verlor», schreibt der beste Kenner der Sprachverhältnisse im Lystal. Auch als sich das Italienische neben dem Piemontesischen als Umgangssprache etablierte, blieben die Walser unter sich, und zwar nicht nur die Alten, beim Walserdeutschen: Von den rund 370 Einwohnern sprechen noch immer deren 200 das Eischemtöitschu. Die Bevölkerung erzielt ihr Einkommen in der Landwirtschaft, im Handwerk und in der Industrie. Der Tourismus spielt eine untergeordnete Rolle. Dennoch verfügt Issime mit seinen drei Seitentälern über ein beachtliches Angebot an Spazier- und Wanderwegen.

Anreise
Mit eigenem Fahrzeug: Bei Pont-St-Martin biegt die Strasse ins Lystal ab.
Öffentlicher Verkehr: Autobusverbindungen ab Aosta und Pont-St-Martin.

Übernachten, Essen und Trinken
ALBERGO POSTA. Gemütliche Atmosphäre. Gute Küche.
I-11020 Issime (AO)
Tel. ++390125 34 42 04 / Fax ++390125 34 42 04
Internet: www.prolocoissime.it/Alberghi/ENTRY.HTM

Blick in den Kochtopf
EIER MIT SAUERKLEE
Zutaten: 8 Eier, 80 g Butter, 1 grosse Handvoll Sauerklee mit runden Blättern, ½ Zwiebel, Salz.
Zubereitung: Der Sauerklee wird in kochendheissem Wasser gewaschen, bis er eine andere Farbe bekommt. Nachdem man die Eier gequirlt und gesalzen hat, schneidet man die Zwiebel in Scheiben und röstet sie in der Butter. Der

Sauerklee, von dem man das Wasser sorgfältig abgegossen hat, und die Eier werden dann beigegeben und beidseits gebraten.

Sehenswert
Im Dorfzentrum liegt die Chiesa di San Giacomo Maggiore, die ihre Wurzeln im 13. Jahrhundert hat. Der heutige Bau stammt weitgehend aus dem 17. Jahrhundert. Francesco Biondi aus dem Sesiatal schuf 1689 das farbenprächtige Riesenfresko des Jüngsten Gerichts an der Frontseite. Das später vom Valsesianer Antonio Jacquemin di Riva teilweise abgeänderte Gemälde gehört zu den Nationaldenkmälern Italiens. Im Innern der Kirche barocker geschnitzter und vergoldeter Hochaltar mit vielen Skulpturen. In der Kirche ist auch das gut ausgestattete Kirchenmuseum untergebracht. Von vier Statuen ist jene der hl. Barbara aus dem frühen 15. Jahrhundert besonders reizvoll. Sie wird dem «Meister von Ottobeuren» oder seiner Schule zugeschrieben. Dem Eingangsportal gegenüber befinden sich 15 Kapellchen aus dem Jahr 1752, die den Mysterien des Rosenkranzes gewidmet sind. Neben dem Pfarrhaus steht die Kopie des dreisitzigen Richterstuhls der Herren von Vallaise mit dem Wappen des Geschlechts. Das Original befindet sich in der Pfarrkirche. Nahe der Kirche ist im letz Duarf ein schönes Walserhaus zu sehen. – In manchen Weilern stehen neben schönen, zum Teil bis ins 17. Jahrhundert hinaufreichenden Kapellen alte sehenswerte Häuser, Ställe und Stadel in Blockbauweise. Das älteste, Benecoadi (= Benedikts Gaden) aus dem 15. Jahrhundert, steht am Weg nach S. Margherita und Buart im S. Grato-Tal. – Der Weiler Rollie wartet mit einem gotischen Fenster aus dem Jahre 1564 auf.

Wandern

Issime – Rollie/Rollji – Hubal – Saint Grat – Buart – Rollie/Rollji – Issime

Die Rundwanderung führt durch Wald und über Weiden ins Vallone di San Grato und zurück ins Tal. Das einst von Walsern bewohnte San-Grato-Tal bildete in der alten Gemeinde Issime ein eigenes Verwaltungsgebiet. Wie Schwalbennester hängen die aus Mauerwerk und Holz errichteten Gebäude gelegentlich am steilen Hang. Doch schon bevor das Tal von San Grato erreicht ist, gibt es in Rollie eine Besonderheit zu sehen: ein gotisches Fenster aus dem Jahre 1564.

Bei der Apotheke steigen Sie hinauf zum alten Maultierpfad und auf diesem, mehrmals die Strasse querend, bergan. Bei Gründji, wo die Strasse zu einer breiten Rechtskurve ansetzt, halten Sie sich links und überqueren den Bach. Auf dem Saumpfad erreichen Sie Hubal (1341 m), das durch einige Blockbauten auffällt. Auf dem ziemlich steil bleibenden Weg wandern Sie weiter, bis dieser auf einen Güterweg stösst. Diesem folgen Sie ein kurzes Stück aufwärts, dann biegen Sie auf den Pfad ein, der über Ecku nach Chröiz und damit zur Kapelle St-Grat (1667 m) führt. Die 1701 vom einheimischen Maurermeister Pierre Christillin erbaute Kapelle hatte bereits eine Vorgängerin und war das religiöse

Wenige Schritte sind es von Boart zur Kapelle Santa Margherita, die im 1601 geführten Prozess gegen den Teufel Astaroth und seine Komplizen, die Erdbeben verursachen, Berge niederreissen und Felder vernichten wollten, eine wichtige Rolle spielte.

Wie Schwalbennester hängen im Weiler Boart diese Häuser auf Steinsockeln am steilen Hang über Issime. Als Dauerwohnsitze wurden sie längst aufgegeben, doch die Nachkommen der Besitzer richteten sie als Freizeit- und Ferienhäuser wieder ein.

Zentrum der im Vallone di St-Grato ansässigen Walser. Westlich der Kirche steht ein Bau, der valdostanische und walserische Bautraditionen in sich vereinigt. Runde Steinsäulen tragen das Dach einer in Holz erbauten Stallscheune. Von Chröiz wandern Sie jetzt hinüber zum Weiler Bühl, von wo aus der Maultierpfad nach Buart hinunterführt. Hier befindet sich eine der Santa Margherita geweihte Kapelle aus dem Jahr 1740, und unweit der Kapelle ein Brunnen, dessen Steinschale die Jahrzahl 1593 aufweist. Nach der Legende hielten sich hier im Jahr 1600 der Teufel Astaroth mit 6666 weitern Teufeln auf. Sie planten, das Land zu verwüsten, doch 1601 verhinderte dies ein Exorzist. Vorbei am Hof Benecoadi gelangen Sie auf die Strasse, die von Issime herkommt. Über zwei Abkürzungen erreichen Sie Gründji, von wo aus Sie nach Issime zurückkehren. – Wanderzeit: 4 Std.

Variante: Am nördlichen Dorfausgang fahren Sie über Rollie zur erwähnten Rechtskurve, wo sich ein kleiner Parkplatz befindet. – Wanderzeit: 2 Std. 45 Min.

Doarf – Bourines – Alpe Stuale – Doarf

Die Wanderung ins Val de Bourines führt vorbei an den Pré des Allemands (= Wiesen der Alemannen), die laut einer Überlieferung so heissen, weil sich die frankoprovenzalisch sprechenden Einheimischen und die Walser hier erstmals begegnet sind. Im Tal selbst liegt am Wegrand der Weiler Bourines, die einzige einst ganzjährig bewohnte Siedlung in diesem Tal.

Bei Cugna verlassen Sie die Strasse und steigen oberhalb der Pré des Allemands in Richtung Val di Bourines auf. Der alte Saumpfad quert felsiges Gelände und biegt dann in das vom Stolunbach entwässerte Bourines-Tal ab. Nach kurzem Aufstieg durch den Wald erreichen Sie die Alpe Rong. Dann führt der Weg eben zur Brücke über den Stolunbach. Kurz hinter der Brücke zweigt ein schmaler Pfad links ab zum bis ins 19. Jahrhundert ganzjährig bewohnten Bourines mit sehenswertem Hausbestand. Nach der Besichtigung kehren Sie zurück auf den Weg, auf dem Sie gekommen sind, und folgen diesem bergwärts. Bald geht es fast flach vorbei an der Alpe Muntuschütz und an einem Wasserfall zur Alpe Stuale (1750 m), die von einem prächtigen Bergkranz umgeben ist. Auf der gleichen Route zurück nach Issime. – Wanderzeit: 3 Std. 50 Min.

Literatur/Karten
AUGUSTA: Revue éditée una tantum par l'Association Augusta d'Issime. Aoste, 1969 ff.
CHRISTILLIN, J. J.: Légendes et récits recueillis sur les Bords du Lys. 3. Aufl., Editions Musumeci, Aoste 1976.
CULTURA DELL'ALIMENTAZIONE A ISSIME/CULURE DE L'ALIMENTATION À ISSIME. Hrsg. v. Centro di studi e cultura Walser della Valle d'Aosta/Walser Kulturzentrum. Tipografia Valdostana, Aosta 1998.
EISCHEME / ISSIME: La sua chiesa, la sua gente – dschëin chilhu dschëini Ijööit. 2. Aufl. Tipografia Valdostana, Aosta 1992.
ZÜRRER, PETER: Sprachinseldialekte. Walserdeutsch im Aostatal. (Sprachlandschaft, Bd. 23). Verlag Sauerländer, Aarau etc. 1999.
EISCHEME / ISSIME: Itinerari. Realizzato con il Patrocinio del Comune di Issime. Die Karte wird von der Gemeindeverwaltung Issime abgegeben.

Informationen
PRO LOCO
I-11020 Issime (AO)
E-Mail: info@prolocoissime.it / www.prolocoissime.it

Piemont

Alagna

Die Werbung nennt Alagna (1191 m) «Perla della Valsesia». Bergwanderer, Kletterer und Schneesportler kommen in Alagna ebenso auf die Rechnung wie Ausflügler, die einfach in einer schönen Bergwelt und in sauberer Luft spazieren oder wandern wollen. Alagna besteht aus nahezu 30 Fraktionen, die durch einen einzigartigen Hausbestand auffallen. Die Walser tauchten im 13. Jahrhundert in Alagna auf. Sie kamen aus Macugnaga und Gressoney. Die ältesten Walsersiedlungen entstanden in den heutigen Fraktionen Pedemonte und Pedelegno. Die Walser nannten ihre neue Heimat im Lann (= im Land) oder Lannju. Die Männer machten sich schon seit dem frühen 15. Jahrhundert auf die Suche nach einem auswärtigen Erwerb. Die Berühmtesten unter ihnen machten sich nördlich der Alpen einen Namen als Baumeister. In der Schweiz, in Süddeutschland, im Elsass und in Lothringen hinterliessen sie zwischen 1500 und 1700 Meisterwerke der Baukunst. Zu ihnen zählen etwa das Luzerner Rathaus von Anton Isenmann, das Rathaus von Sursee/Kanton Luzern, der Spiesshof in Basel von Daniel Heintz I., der Stockalperpalast in Brig, ein Werk der Brüder Balthasar, Christian und Peter Bodmer und die Kirche von Raron, erbaut von Ulrich Ruffiner. Ihre Nachfolger, die sich mehr nach Savoyen und Frankreich orientierten, arbeiteten als Steinhauer, Gipser und Maurer. Die saisonale Auswanderung ging in der ersten Hälfte des 20. Jahrhunderts zu Ende. Neben der Auswanderung gab es in Alagna auch eine Einwanderung. Nach 1750 erfolgte ein massiver Zuzug von piemontesischen Bergleuten, die sich als geschlossene Gemeinschaft in den zentralen Fraktionen niederliessen. Dadurch veränderte sich dort die ethnische Zusammensetzung grundlegend. Nach Schliessung der Bergwerke integrierten sich die zurückgebliebenen Bergleute nur langsam, sprachlich überhaupt nicht. Während die Italianisierung, nicht zuletzt wegen Ehen zwischen den

Im autofreien Olter-Tal kann man 5 Weiler erwandern. Besonders reizvoll ist In Follu mit schönem Hausbestand und einer der Madonna della Neve geweihten Kapelle. Einkehrmöglichkeit im hübschen Ristorante Zar Senni.

Nachkommen der Bergleute und Einheimischen im Zentrum Alagnas rasch fortschritt, vermochte sich das walserische Element in den äusseren Fraktionen bis in 20. Jahrhundert zu halten. Von rund 450 ständigen Einwohnern sprechen heute noch rund deren 10 das Walserdeutsche.

Anreise
Mit eigenem Fahrzeug: Von Varallo der Beschilderung Alagna folgen.
Öffentlicher Verkehr: Zugverbindungen bis Varallo. Ab Varallo Busverbindungen nach Alagna.

Übernachten, Essen und Trinken
Alagna verfügt über vier empfehlenswerte Hotels verschiedener Kategorien. Alle liegen im Zentrum.
HOTEL MONTEROSA. Zentrale Lage. Erbaut 1865. Historischer Speisesaal.
I-13021 Alagna Valsesia (VC)
Tel. ++390163 92 32 09 / Fax ++390163 92 39 35.
E-Mail: hotelmonterosa@libero.it / www.alagna.it/hotel/monterosa.htm
In Sachen Essen und Trinken sind Sie gut bedient in den Ristoranti STOLEM-

BERG und UNIONE, beide ebenfalls im Dorf. In rund 1 Std. 10 Min. ist von Alagna aus zu Fuss das hübsche Ristorante/Rifugio ZAR SENNI im Val d'Otro/Oltertal zu erreichen. Gastlichkeit und Erlesenes aus Küche und Keller fernab vom Verkehr sind eine Selbstverständlichkeit.

Blick in den Kochtopf
UBERLEGGE
Das Uberlegge ist eine durch und durch walserische Variante des «Bollito misto». Heute wird es aus in Salz eingelegtem Rind- und Kalbfleisch, einem rohen Schweinsfuss, einer Speckschwarte, Kohlrabi, Kartoffeln und Möhren zubereitet. Früher war diese Mahlzeit wesentlich reicher. Es gehörte dazu auch Hammel-, Schweine- und Murmeltierfleisch. Bereichert wurde das Ganze mit Schlackwurst, Kalbskopf, Speckschwarten, Blutwürsten und Zunge.

Sehenswert
Das Alagna-Haus. Auf einem Steingeschoss steht ein quadratischer Blockbau, der von einem herbeigeschafften Plattendach bedeckt ist. Sein Hauptmerkmal sind die mit Lattenwerk versehenen Lauben. Den Häusern liegt ein immer wiederkehrendes, geometrischen Muster zu Grunde. – Die Johannes dem Täufer gewidmete Pfarrkiche wartet mit einem schönen Altar des Giovanni Maria Gruala Molino aus Campertogno auf (1690). – Über zehn, teilweise auf das 16. Jahrhundert zurückgehende Kapellen bereichern die Sakrallandschaft. Die der Maria Maddalena bei Merletti wartet im Chor mit schöner Freskenmalerei aus dem 15. Jahrhundert auf. – Etwas weiter taleinwärts steht ein Bergwerksgebäude, das letzte von drei Bauten, die im 19. Jahrhundert zum Bergwerk «Kreas» gehörten. Im Innern birgt es vier Mühlsteine, die der Verkleinerung des goldhaltigen, aus den Minen Mud, Jazza und aus dem Vallone della Pisse herbeigeschafften Gesteins dienten. Die Tagesproduktion lag zu Beginn des 20. Jahrhunderts bei gut einem Kilogramm Gold. Wegen magerer Ausbeute wurde die Anlage 1911 geschlossen.

Museum
WALSERMUSEUM – Museo Walser in Pedemonte. Es dokumentiert Brauchtum und Kleidung der Walser. Die Ausstellungsräume sind in einem Walserhaus aus dem 17. Jahrhundert untergebracht. – Auf dem Platz vor dem Walsermuseum steht ein schöner Brunnen mit zwei aus je einem Steinblock gehauenen Becken. Sie tragen die Daten 1540 und 1557.
Juli und August täglich von 10–12 und 14–18. Übrige Jahreszeiten: Wochenenden und Feiertage 14–18. Tel. ++390163 92 2.9 35
Internet: www.alagna.it/Culture/museo.htm

Wandern

Unna-Hin

Die Wanderung führt durch die Fraktionen in der Talsohle, die von einer Ausnahme abgesehen, alle auf der linken Talseite liegen. In Ronco superiore/im oubre Rong, dem höchsten Punkt der Tour, stehen einige der ältesten Häuser von Alagna.

Beim nördlichen Dorfausgang von Alagna überqueren Sie die Sesia, um zum Weiler Al Ponte/Zam Steg zu gelangen. Von hier aus gehen Sie taleinwärts nach Pedemonte/Ts Kantmud, wo das Heimatmuseum Sitz hat. Nach kurzem Aufstieg erreichen Sie die Weiler Ronco/Rong und

Ronco superiore/im oubre Rong. Anschliessend folgen Sie dem Fahrweg einige Dutzend Schritte abwärts, überqueren auf einem Steg den Mudbach, worauf Sie nach Uterio/Uterschhus und San Nicolao/San Miklosch gelangen. Linkerhand steht ein kleines Gebäude mit zwei Getreidemühlen, deren horizontal angebrachte Wasserräder an moderne Turbinen erinnern. Sie sind datiert 1552 und 1694. Oberhalb Uterschhus steht ein Backhäuschen von 1676, wo die Familien des Ortes ein- bis zweimal jährlich ihr Brot buken. Die Mühlen und das Backhäuschen sind Komponenten des Ecomuseums. Der Weg führt weiter nach Ai Merletti/ In d Merlette. – Wanderzeit: 1 Std. Rückkehr: Auf der Strasse zurück nach Alagna: 15 Min.; via Pedemonte und Al Ponte – Wanderzeit: 20 Min.

Oubna-Um

Die Rundwanderung erschliesst die am rechten Hang gelegenen Fraktionen. Ausser den Häusern gibt es verschiedentlich noch schöne Brunnen, Backhäuser und Kapellen zu sehen. Aus dem Weiler Piane/Fum Boudma stammt das Geschlecht der Bodmer, das sich in Zürich grosses Ansehen erwarb. Insbesondere von Montella/im Adelstodal aus geniesst man einen schönen Blick auf die Mittelpunktssiedlung Alagna.

Von der Kirche führt der alte Maultierpfad hinauf nach Alla Bonda/In d Bundu und vorbei an den Häusern Sulla Morena/ In d Eggu. Rechts davon liegt der Weiler Alle Pendici/ In d Stits. Der Weg führt weiter durch den Wald hinauf zu den Fraktionen Al Dosso/Fum Diss (links) und Alle Piane/Fum Boudma (rechts). Bei der Kapelle biegen Sie rechts auf den Weg, der den Olenbach überquert und eben hinüber nach Sulla Rusa/Fun d Rufinu führt. In wenigen Minuten stossen Sie auf den Weiler Al Goreto/Im Garrai. Nun folgen Sie der Fahrstrasse bis in die erste Kehre. Hier biegt rechts der alte Saumweg nach Montella/Im Adelstodal ab. Auf einem Feldweg gehen Sie Richtung Casa Prato/ Joschisch Hus und Casa Porrazzo/Purrats Hus und zurück zur Kirche. – Wanderzeit 1 Std. 15 Min.

Variante: ca. 5 Min. von Adelstodal entfernt führt ein schmaler Pfad hinüber nach Alle Pendici/In d Stits. Schöner Ausblick auf das Dorf Alagna.

Alagna – Olter Tal – Alagna

Das Olter Tal besticht durch seine Architektur. Mit seinen sechs Weilern ist es ein veritables Freilichtmuseum, ohne sich selbst so zu nennen. Das

Walsermuseum in Kantmud/Alagna. Das in einem typischen Walserhaus untergebrachte Museum öffnete seine Pforten bereits Mitte der 1970er Jahre. Der Brunnen im Vordergrund stammt aus dem 16. Jahrhundert.

Hochtal ist nur im Sommerhalbjahr bewohnt. Bei Scarpia/Skorpiu lohnt es sich, einige Schritte bergan zu steigen, um einen Blick auf die Lawinenkeile zu werfen.

Von der Kirche wandern Sie auf der Hauptstrasse abwärts, bis ein Schild rechts der Strasse den Weg ins Olter-Tal weist. Beim Restaurant Unione beginnt der gelegentlich steile, durch Wald führende Pfad. Bei einem Brunnen gabelt sich der Weg. Hier biegen Sie rechts in Richtung «Zar Senni» ab, um in die Sommersiedlung Follu zu gelangen. Gepflegte Häuser und eine mit Fresken verzierte Kapelle zeichnen den Weiler aus. Das hübsche Restaurant «Zar Senni» lädt zum Rasten ein. Von Follu/in dFollu führt der Weg taleinwärts zu den Weilern Dorf, Scarpia/Skorpiu und Weng. Wenige Schritte vor Weng zweigt ein Weg talwärts ab, der hinunter zum Bach führt und diesen überquert. Vorbei an den Alpen Farinetti/In d Sender und d Sender führt ein Weg zum Otro-Bach. Diesem folgend, gelangen Sie zum Brunnen, bei dem Sie im Aufstieg rechts abgebogen sind, und weiter nach Alagna. – Wanderzeit 2 Std. 45 Min.

Literatur/Karten
ALAGNA VALSESIA una comunità walser. Hrsg. v. Comitato organizzatore 8° Walsertreffen, Alagna 1983. Borgosesia, 2. Aufl. 1989.
BALMER, EMIL: Die Walser im Piemont. Francke Verlag, Bern 1949.
CATALOGO DEL MUSEO WALSER. Società Valsesiana di Cultura, 1979.
GIORDANI, GIOVANNI: La colonia tedesca di Alagna-Valsesia e il suo dialetto. Nachdruck der Ausgabe Varallo 1927. 2. Aufl. Bologna 1982.
RONCO, ELENA: Die Pressmeller Baumeister und die Spätgotik in der Schweiz 1997.
VIAZZO, PIER PAOLO: Upland comunities. Cambridge University Press, Cambridge 1989.
WEGE FÜR DEN BESUCH IM ECOMUSEO des Areals und der Kultur der Walserdeutschen. Das Sesiatal. Tipografia Castelli, Varallo Sesia 2001.
PARCO NATURALe ALTA VALSESIA Carta escursionistica 1 : 25 000. De Agostini, Novara.
Carta di sentieri e di Rifugi MONTE ROSA ALAGNA e MACUGNAGA. 1 : 50 000. Blatt 10, (IGC) Torino.

Informationen
INFORMAZIONI TURISTICHE
I-13021 Alagna Valsesia (VC)
Tel. ++390163 92 2 9 88 / Fax ++390163 912 02
E-Mail: iatalagnavalsesia@libro.it / Internet: www.alagna.it

Rima

Reisenden präsentiert sich Rima (1417 m), das die Walser Arimmu oder In d Rimmu nannten, als kompaktes Dorf, das links von einem mehrstöckigen Steinbau, rechts von der Kirche begrenzt wird. Nur mehr vier auf Steinsockeln errichtete Blockbauten aus dem 17. Jahrhundert verraten walserische Bautradition. Die übrigen Häuser sind reine Steinbauten, errichtet nach den Plänen erfolgreicher, ins Bergdorf zurückgekehrter Emigranten. Von Walsern in Rima ist erstmals in einer Urkunde von 1387 die Rede. Sie stammten aus Alagna und waren über den Colle Mud (2324 m) nach Rima gekommen. Ihre Nachkommen trieben Landwirtschaft, die Männer erzielten ein Einkommen auswärts. Als Spezialität pflegten sie die Herstellung und Verarbeitung künstlichen Marmors. Ihre Auftraggeber waren Könige, Fürsten, Kaufleute und der Klerus in ganz Europa, selbst in Marokko erfreute sich dieses Produkt grosser Beliebtheit. Andere taten sich als Stuckateure und Bildhauer hervor. Sie alle trugen zum Wohlstand des Dorfes bei. Gemessen an der Einwohnerzahl war Rima im Jahre 1908 der reichste Ort Italiens. Gegenwärtig ist Rima, dessen Bausubstanz vorbildlich unterhalten wird, nur noch temporär bewohnt. Das Arimmerditsch, die althergebrachte deutsche Sprache, verschwand im Laufe des 20. Jahrhunderts. Um 1965

ITALIEN

Blick von der Alpe Brusiccia (1943 m) auf das ehemals walserische Rima (1417) und das sich nach Süden öffnende Sermenzatal. Rima war die höchste Dauersiedlung im Sesiatal.

sprachen von rund 20 ständig Anwesenden noch fünf Personen deutsch, im Sommer kamen vier Frauen dazu, die sonst im Tal draussen wohnten. Davon lebt heute noch eine. Im Sommer ist sie gelegentlich auf dem Dorfplatz zu sehen.

Anreise
Mit eigenem Fahrzeug: Von Varallo Richtung Alagna. In Balmuccia zweigt die Strasse ins Val Sermenza und damit nach Rima ab.
Öffentlicher Verkehr: Busverbindungen ab Varallo.

Übernachten, Essen und Trinken
In Rima gibt es zwei Gastbetriebe. Eine Bar am Dorfplatz bei der Kirche und ein Gasthaus am Westrand des Dorfes mit grosser Terrasse, schöner Rundsicht und guter Küche
RISTORANTE BAR TAGLIAFERRO. Gemütliche Atmosphäre. Gute regionale Küche.
I-13020 Rima
Tel. ++390163 95 04 0

Sehenswert
Die Johannes dem Täufer gewidmete Pfarrkirche aus dem Jahre 1636 trägt im Innern Freskenschmuck von Bartolomeo Carlo Borsetti und Antonio

Orgiazzi. Im Friedhof Grabkreuz des Piaru Axerio aus schwarzem Marmor. Orgiazzi schuf auch das Fresko an der Fassade der Kapelle Madonna delle Grazie am unteren Dorfrand. Die auf das Jahr 1480 zurückgehende Kapelle wurde später stark verändert. Sorgfältig renovierte Gebäude im Dorf, darunter Walserhäuser aus dem 17. Jahrhundert.

Museum
Auf dem Dorfplatz ist die GIPSOTECA PIETRO DELLA VEDOVA zu besichtigen. Gezeigt werden 180 Abgüsse des einheimischen Bildhauers Pietro Della Vedova (1831–1898). Tel. ++390163 95 12 5

Wandern

Rima – Vallarakku – Rima

Kurze Wanderung zu einem schönen Aussichtspunkt, der den Blick auf das Dorf Rima und die umliegenden Berge freigibt.

Nördlich der Kirche begeben Sie sich auf den gepflasterten Weg, der bis vor das Tor eines Ferienhauses führt. Hier biegt rechts ein Fusspfad ab. Er verläuft ein kurzes Stück zwischen den Resten einer gemauerten Viehgasse, überquert den Bach und führt ans Ende des Talkessels, wo der Aufstieg nach Vallarakku (1600 m) beginnt. Rückweg wie Hinweg. – Wanderzeit: 50 Min.

Rima – Alpe Brusiccia – Lavazei – Lanciole di sopra – Lanciole di sotto – Rima

Wanderung über vier Alpen oberhalb des Talkessels von Rima.

Aufstieg wie oben. Kurz nach Vallarakku weist im Wald eine Tafel den Weg zur Alpe Brusiccia/Bresitsch. Von der Alpe Brusiccia (1943 m) hinüber nach Lavazei/Valhovazei und weiter nach Lanciole di sopra. Hier fällt besonders eine Zeile von sechs aneinander gebauten Alphütten auf, die durch eine Lawinenverbauung geschützt sind. Über Lanciole si sotto und Jatzine am rechten Ufer des Lavazei-Bachs zurück nach Rima. – Wanderzeit: 3 Std. 10 Min.

Literatur/Karten
AXERIO, MARIA CECILIA: Rima e il suo territorio. La «perla della Valsesia» tra natura e storia. Novara 2000.
BALMER, EMIL: Die Walser im Piemont. Francke Verlag, Bern 1949.
GYSLING, FRITZ: Rima 1964. In: WW 2/1964.
MAZZONE, PIERA: Una poesia in Rima. Il Santuario della B.V. Delle Grazie. S.E.Tip. Offset, Vercelli 2000.
Carta dei Sentieri e dei Rifugi 1:50 000. Blatt 10. MONTE ROSA – ALAGNA e MACUGNAGA. (IGC), Torino.

Rimella

In Rimella zählte man im Jahre 1831 exakt 1381 Einwohner. Im Sommer 2001 lebten noch knapp 70 Personen das ganze Jahr in der ausgedehnten Streusiedlung. Das veranlasste die freundliche Wirtin im «Monte Capio» zu den Worten *«Wie lange wird das noch gut gehen – siebzig Einwohner in vierzehn Fraktionen?»* Die Zahl der Dauerbewohner wird in den kommenden Jahren noch zurückgehen, denn weit mehr als ein Viertel der Gesamtbevölkerung gehört zu den über Siebzigjährigen. Bei diesen ist die althergebrachte Walsermundart noch am besten aufgehoben. Schon 1255 wurden drei Walliser Bauern aus Visperterminen und dem Saastal mit den Alpen Rimella und Rondo belehnt und erhielten das Recht, eine Mühle zu bauen. Rondo, die erste Walsersiedlung auf Rimeller Gebiet, lag beim heutigen Dörfchen S. Gottardo (1329 m), das bei den Deutschsprachigen in Anlehnung an den alten Namen ä Runt

«It was a spectacle never to be forgotten» frohlockte der englische Reisende Samuel W. King, als ihm im Jahre 1855 an der Bocchetta di Campello (1924 m) das Monte Rosa-Massiv (4633m) ins Blickfeld geriet.

heisst. Über den Siedlungsraum verstreut sind mehrere alte Walserhäuser erhalten geblieben. Die ältesten dieser Mischbauten aus Stein und Holz gehen zurück auf das 16. Jahrhundert. Doch das Ortsbild wird von Steinbauten dominiert. Deren Bauherren waren auch hier erfolgreich aus der Emigration zurückgekehrte Einheimische. Einer von ihnen, der weit gereiste Giovanni Battista Filippa, eröffnete 1836 das erste Museum im gesamten Walsersiedlungsraum. Die Sammlung umfasste Gegenstände, welche er und andere aus Europa und Nordamerika heimgekehrte Rimeller mitgebracht hatten. Filippa wollte es den Einheimischen ermöglichen, Einblick in die Welt und das Leben ausserhalb der Gemeindegrenzen zu nehmen. Obwohl nur noch wenige Personen dauernd in Rimella leben, wird die Siedlung nicht ganz sterben, denn im Laufe der letzten Jahre haben die Nachkommen der Abgewanderten Rimella neu entdeckt. Sie restaurieren alte Häuser und nutzen diese als Freizeit- und Feriendomizile. Vom Massentourismus ist Rimella verschont geblieben.

Anreise
Mit eigenem Fahrzeug: Im westlichen Teil Varallos weist ein Schild den Weg nach Rimella.
Öffentlicher Verkehr: Busverbindungen zwischen Varallo und Rimella.

Übernachten, Essen und Trinken
ALBERGO RISTORANTE FONTANA. Traditionelle Küche und valsesianische Spezialitäten. Aufmerksame Bedienung.
I-13020 Rimella (VC)
Tel. ++390163 55 20 1

Blick in den Kochtopf
Rimellas Spezialität kommt nicht aus dem Kochtopf, sondern aus dem Käsekessel: Caprino di Rimella heisst ein ganz hervorragender Ziegenkäse.

Sehenswert
Reiche Sakrallandschaft. Die grössten Kirchen sind die dem Erzengel Michael gewidmete Pfarrkirche (eingeweiht 1788) und die mit Fresken verzierte Kirche von S. Gottardo, die wegen des charakteristischen Turms besonders auffällt. Hübsche, grösstenteils renovierte und freskenverzierte Kapellen sowie interessante, zum Teil renovierte Häuser in allen Fraktionen. Schöne, steile Gassen zwischen den Häusern unterhalb der Pfarrkirche.

Museum
MUSEO GABINETTO DI CURIOSITÀ E COSE RARE G.B. FILIPPA
Das Museum befindet sich in einem Haus aus dem Jahr 1415, wenige Schritte unterhalb der Pfarrkirche. Den Grundstock bilden eine Münzsammmlung, Mineralien und verschiedene andere Objekte aus dem Besitz des Einheimischen G.B. Filippa. In den letzten Jahren wurde besonders der alten Walserkultur Aufmerksamkeit geschenkt.
Besichtigung auf telefonische Anfrage. Tel. ++390163 55 20 3

Diesem symphathischen Gesellen können Sie auf dem Weg von Rimella zur Bocchetta di Campello begegnen. Es kann eine Weile dauern, bis er Ihnen den Weg freigibt.

Wandern

Parkplatz S. Gottardo – Bocchetta di Campello – Parkplatz S. Gottardo

Die Wanderung verläuft auf dem Pfad, der Rimella mit der Tochtersiedlung Campello Monti im Val Strona verbindet. Ein eindrückliches Zeugnis am Wegrand ist die Totenrast. Eingemeisselt in den Steinsockel eines Kreuzes stehen die Worte «Posa dei morti Campellesi trasportati a Rimella fino al anno 1551, 21. Aprile». Bis hierhin also hatten die Leute von Campello Monti ihre Toten zu tragen, bis Campello selbst einen Friedhof hatte. Bei der Totenrast übernahmen der Pfarrer von Rimella und seine Leute die Toten.

Kurz vor dem Parkplatz bei S. Gottardo zeigt ein gelbes Schild auf den Weg zur Bocchetta di Campello. Diesem folgen Sie durch den lichten Wald vorbei an der Totenrast. Nach wenigen hundert Metern führt der Weg hinaus auf Weiden und vorbei an mehreren Alpen hinauf zur Bochetta di Campello. Von den obersten Alphütten geniesst man einen einmaligen Ausblick auf das Monte-Rosa-Massiv. 1855 hielt der englische Reisende Samuel King diese Ansicht mit dem Zeichenstift fest und schrieb dazu: «It was a spectacle never to be forgotten.» Nun sind es nur wenige Minuten zum Pass (1924 m). Auf dem gleichen Weg zurück nach Rimella. – Wanderzeit: 3 Std. 15 Min.

Variante: Von der Passhöhe ist der Abstieg nach Campello Monti (1305 m) möglich. Der Aufwand für den wenig attraktiven Auf- und Abstieg lohnt sich aber kaum (Zeitaufwand 2 Std. 30 Min.). Wer einen Blick auf das Dorf werfen möchte, schlägt vorteilhaft beim Wegweiser auf der Passhöhe die Richtung Punta del Pizza ein. Schon nach wenigen Minuten ist der Blick frei auf das an eine steile Berglehne gebaute Campello Monti.

Rundwanderung S. Gottardo

Anfänglich auf dem gleichen Weg wie oben. Wenige hundert Meter nach der Totenrast zweigt ein schmaler Pfad vom Hauptweg rechts ab, der zur Alpe Selle, dann zur Alpe Wan und hinüber nach S. Giorgio/Wärch (1401 m) führt. Schöner Blick talauswärts auf S. Gottardo/ä Runt und die Berge auf der andern Talseite. Von hier aus hinunter nach S. Gottardo, wo es noch letzte Holzbauten gibt. Auf dem Fussweg zurück zum Parkplatz. – Wanderzeit: 1 Std. 15 Min.

Auf dem Maultierpfad von Grondo hinauf nach Chiesa und zurück.
Die treppenartige Stiigu führt von Grondo hinauf nach Chiesa. Der Ausgangspunkt liegt unterhalb der Kapelle von Grondo. – Hin- und Rückweg: 50 Min.

Literatur/Karten
BAUEN, MARCO: Sprachgemischter Mundartausdruck in Rimella (Valsesia, Piemont). Bern 1978.
REMMALJU. Jährlich erscheinende Zeitschrift, 1990ff. Hrsg. v. Centro studi Walser di Rimella. Borgosesia (VC).
TS REMMALJERTITTSCHU. Vocabolario Italiano – Tittschu, hrsg. vom Centro studi Walser, Rimella. Borgosesia 1995.
RIZZI, ENRICO: Walser in Rimella. In WW 1/1982.
SIBILLA, PAOLO: Una comunità Walser delle alpi. Strutture tradizionali e progressi culturali. Firenze 1980.
Carta escursionistica: 1:25 000. PARCO NATURALE ALTA VALSESIA. De Agostini, Novara.

Informationen
Frau Piera Rinoldi
BAR & FERIENWOHNUNGEN MONTE CAPIO
I-13020 Rimella (VC)
Tel. 390163 55 22 9
Nebst Lebensmitteln und Touristenproviant sind im Monte Capio die Zeitschrift «Remmalju» und weitere Walsermedien über Rimella erhältlich.
Internet: www.rimella.de

Macugnaga

Macugnaga ist eine ausgesprochene Weilersiedlung. An der Strasse durch das Hochtal liegen die Fraktionen Pestarena/In der Mattu (1035 m), Borca/Zer Burfuggu (1195 m), die Zentrumssiedlung Staffa/In d Stapfu (1307 m) und Pecetto/Zer Tannu (1378 m). Weitere kleine Weiler liegen verstreut in der Ebene. Durchflossen wird das Tal durch den Fluss Anza, dem die Einwanderer in Erinnerung an die alte Heimat den Namen Vischpu gaben. Urkundlich erfasst sind die Einwohner von Macugnaga erstmals 1291. Mehrere Berichte aus dem 16. und 17. Jahrhundert geben Einblick in das Dasein jener Zeit: Drei Monate verbringt man in Macugnaga ohne Sonnenlicht. Die wirtschaftlichen Erträgnisse sind so gering, dass sie nicht ausreichen, um die Bevölkerung auch nur drei Monate im Jahr zu ernähren. Die Männer ziehen deshalb in die Welt hinaus, um die Daheimgebliebenen zu unterstützen. In Macugnaga trifft man nur alte Männer und Frauen; an Feiertagen besuchen über

Zu den Sehenswürdigkeiten von Macungnaga (1035-1378 m) gehören die alte Kirche und die in die Jahre gekommene Linde oberhalb der Zentrumssiedlung Staffa (1307 m), von den Walsern In d Stapfu genannt.

200 Frauen, aber nur 15 bis 20 alte Männer die Messe. Die Einheimischen sprechen Deutsch, bauen Häuser nach deutscher Sitte aus Holz und kleiden sich nach Art der Deutschen. Mit den benachbarten Wallisern, deren Territorium man in drei Stunden erreicht, steht man in Verkehr, und viele Leute diesseits des Monte Moro sind mit Wallisern verschwägert und verwandt. Ein Wandel der Verhältnisse setzte ein, als zu Beginn des 19. Jahrhunderts die spektakuläre Monte-Rosa-Ostwand zum Markenzeichen Macugnagas wurde. Es waren zuerst englische Reisende, die sich den Blick auf die majestätischen Fels- und Eisabstürze nicht entgehen lassen wollten. Den Reisenden folgten bald die Alpinisten, die den direkten Kontakt mit dem Berg suchten. Im Juli 1872 brachte der Bergführer Ferdinand Imseng mit einem weiteren Führer und einem Träger drei Engländer von Macugnaga durch die Ostwand direkt auf die Dufourspitze (4634 m). Der grosse Umbruch setzte mit den in den 1960er-Jahren erbauten Bergbahnen und Skiliften

ein. Macugnaga entwickelte sich zum wichtigsten Fremdenverkehrsort des gesamten Ossolatals. Der Tourismus blieb natürlich nicht ohne Auswirkungen auf das althergebrachte Makanaatitsch, das die Sprache der Landwirtschaft war. Noch sieht man da und dort deutsche Anschriften, die alte Mundart aber ist aus dem Alltagsleben verschwunden.

Anreise
Mit eigenem Fahrzeug: Auf der Schnellstrasse bei der Ausfahrt Macugnaga abfahren und der entsprechenden Beschilderung folgen.
Öffentlicher Verkehr: Busverbindung ab Bahnhof Domodossola. Mehrere Kurse pro Tag. Zugverbindung ab Varallo Sesia via Romagnano Sesia und Omegna nach Piedimulera. Von hier aus Bus nach Macugnaga.

Übernachten, Essen und Trinken
Macugnaga wartet mit rund 15 Hotels, dazu 10 Restaurants und mehreren Cafés auf.
HOTEL ZUMSTEIN. Bestes Hotel am Ort. Zentrale Lage.
Staffa
I-28876 Macugnaga (VB)
Tel. ++390324 65 11 8 / Fax ++390324 65 49 0
RISTORANTE SEGGIOVIA. Freundlich geführter Familienbetrieb. Regionale Spezialitäten. Ausgezeichnetes Preis/Leistungs-Verhältnis.
Pecetto
I-28876 Macugnaga (VB)
Tel. ++390324 65 07 1

Blick in den Kochtopf
WALSER-PASTA
400 g kurze Teigwaren, 100 g Pancetta oder Speck, 5 Kartoffeln, 1 Zwiebel, 50 g Butter, 300 Gramm Käse vom Typ Nostrano geschnitten, Salz und Pfeffer. Zubereitung: Die in Stücke geschnittenen Kartoffeln zusammen mit den Teigwaren kochen. Zwiebel, Pancetta bzw. Speck und Butter anbraten. Teigwaren und Kartoffeln nach dem Kochen abtropfen lassen und in die Bratpfanne geben. Das Ganze nochmals kurz auf das Feuer geben und anschliessend heiss servieren.

Sehenswert
Macugnaga zeichnet sich durch eine vielfältige Hauslandschaft aus. Interessante Häuser sind teilweise direkt von der Strasse aus zu sehen, so etwa die Casa Pala in Pecetto, ein grosses Holzhaus mit schönem Fries, das zu den Denkmälern von nationaler Bedeutung gehört. Gleich daneben steht die S. Giovanni Battista geweihte Kapelle, die ihre Wurzeln im 17. Jahrhundert hat. – Die alte, 1317 erstmals erwähnte Kirche im kleinen Weiler Villa/Duorf ist der S. Maria geweiht. Auf dem Friedhof fanden neben Einheimischen manche Bergführer und Alpinisten die letzte Ruhe. Die mächtige Linde an der Friedhofsmauer, so will es die Sage, wuchs aus einem Reisig, welches eine alte Frau zur Zeit der Einwandeung aus den nördlichen Bergen gebracht haben soll. Wenn Sie von der alten Kirche nach Staffa spazieren, kommen Sie an einer kleinen Kapelle vorbei. Sie trägt die Inschrift *«Prima Capella di Religione in Macugnaga dove celebrò la messa San Giulio Tradizione»*. Das war, so will es die Überlieferung, am 22. September 344. – Die 1717 eingeweihte «neue» Pfarrkirche in Staffa steht unter dem Patronat der Beata Vergine Assunta und des S Giuseppe. Beeindruckend ist der geschnitze Raubvogel unter der Kanzel mit Kindskopf und Arm im Schnabel. Er versinnbildlicht die alte alpenlän-

dische Auffassung, dass Adler nicht nur kleine Schafe und Geissen in ihre Nester entführten, sondern auch Kinder. – Die Kirche Madonna delle Neve in Borca geht zurück auf das Jahr 1653 und ist im Innern mit ansprechenden Fresken ausgestattet. In einem Haus aus dem 17. Jahrhundert ist heute das Walsermuseum untergebracht. – Am Südrand der Fraktion Pestarena stehen die verfallenden, eine seltsame Atmosphäre ausstrahlenden Gebäude der einstigen Goldminen.

Museen
WALSERMUSEUM in Borca
Sommer: Juni Sa + So 15.30 – 17.30; 1. Juli bis 1. So im September tägl. 15.30 – 18.30. Winter: 26. Dezember – 6. Januar tägl. 15.30 – 17.30
GOLDGRUBE «GUIA»
Dieses Bergwerk nahe Borca wurde im Jahr 1710 eröffnet. Das Schachtsystem umfasst 11 km auf vier Ebenen. 1,5 km stehen zur geführten Besichtigung frei. Da die Temperatur durchgehend 9° beträgt, ist auf entsprechende Kleidung zu achten.
1. Juni bis 30. September 9.00 – 12.00 und 14.00 – 17.30

Wandern

Pecetto – Staffa – Isella – Motta – Lago di Quarazza – Borca – Isella – Dorfplatz Staffa – Alte Kirche – Pecetto

Die Rundwanderung erschliesst die Walser-Siedlungslandschaft und vermittelt dabei prächtige Landschaftsbilder. Vor Beginn der eigentlichen Wanderung lohnt sich ein kurzer Streifzug durch Pecetto. Neben schönen Holzhäusern und Stallscheunen gibt es hier noch einen der letzten auf Stelzen stehenden Speicher zu sehen.

Als Ausgangspunkt empfiehlt sich der Parkplatz bei der Talstation der Sesselbahn «Belvedere». Dort überqueren Sie die Anza und folgen dem Weg, der am kleinen Weiler Opaco/In d Äabi vorbei nach Staffa führt. Halten Sie sich an die Beschilderung «Iselle/Lago delle Fate». Kurz vor Iselle weist ein Schild den Weg zum Lago delle Fate und ins Val Quarazze. Beachten Sie diesen nicht, sondern steigen Sie nach Iselle/In d Eju ab, das mit interessanten Wohnhäusern (teilweise aus dem 18. Jahrhundert), einem schönen Brunnen, einem Backhäuschen, einer kleinen Schmiede und der Kapelle S. Maria Addolorata (18. Jahrhundert) aufwartet. Weiter geht es jetzt über Wiesen hinüber zum Wald, wo Sie auf einem schattigen Maultierpfad bald Motta/Uf em Bil, erreichen. Der Pfad führt nun in Richtung Quarazzatal und mündet kurz vor dem Lago delle Fate in den von Iselle kommenden Fahrweg nach Quarazza/En Kratz (1309 m) ein. Prächtiger Blick auf den See und die das Quarazzatal im Süden abschliessende Bergkette mit dem Turlopass/Z

Ebenfalls beeindruckend ist die mächtige Casa Pala, ein Monument von nationaler Bedeutung, in Pecetto inferiore (1368 m), walserdeutsch Zer under Tannu. Die nebenstehende Kapelle geht zurück auf das Jahr 1633.

Tirli (2738 m), der den Walsern bereits Ende des 13. Jahrhunderts als Übergang nach Alagna diente. Der Rückweg beginnt auf dem Fahrweg, der Ihnen in seinem letzten Stück als Aufstieg diente. Schon nach einigen Metern geht rechts ein Pfad ab. Während Sie zum Weiler Fornalei/Furnurei absteigen, sehen Sie unter sich den Eingang zur ehemaligen Goldgrube «Guia». Von Fornalei über die Brücke nach Borca, wo vor allem das Walserhaus aus dem 16. Jahrhundert (heute Museum), aber auch die ins 17. Jahrhundert hinaufreichende Kirche auffallen. Wandern Sie jetzt zurück ans Ufer der Anza und dem Weg entlang nach Iselle und weiter nach Staffa. Ein Halt bei der Pfarrkirche S. Maria Assunta (18. Jahrhundert) lohnt sich schon alleine wegen des mächtigen Kinder stehlenden Raubvogels unter der Kanzel. Anschliessend überqueren Sie den Dorfplatz. Versteckt hinter den neuen Fassaden gibt es noch einige ältere Bauten zu sehen. Weiter wandern Sie, vorbei an der dem S. Giulio geweihten Kapelle, hinauf zur uralten Linde, deren Löcher in der Rinde den Zwergen als Aufenthalsort gedient haben sollen, und zur alten Kirche. Eine Besichtigung des nur wenige Schritte neben der Kirche gelegenen Weilers Villa/Dorf, ist ein Muss, denn hier wohnten die ersten Walser. Bleiben Sie auf dem Weg nach Pecetto. Nachdem Sie ein mit Fresken geschmücktes Haus und die Kapelle hinter sich gelassen haben, stehen Sie vor der Casa Pala. Auf der anderen Strassenseite ist eine schöne Stallscheune zu sehen und etwas oberhalb derselben ein einfaches, im Zerfall begriffenes Holzhaus, das auf einem nicht unterkellerten Steinsockel steht. Bevor Sie den Ausgangspunkt der Wanderung erreichen, sehen Sie beim Hotel Nuovo Pecetto noch eine Getreidemühle, die ihre besten Zeiten längst hinter sich hat. – Wanderzeit: 3 Std. 30 Min.

Pecetto – A. Burki – Belvedere – Rifugio Zamboni-Zappa – Belvedere – Pecetto

Die Wanderung führt zu drei Alpen und zu mehreren Sagenschauplätzen. Da der Weg über den Gletscher führt, ist entsprechendes Schuhwerk unerlässlich! –

Von der Talstation der Sesselbahn auf dem für den öffentlichen Verkehr gesperrten, nur leicht ansteigenden Fahrweg zur Alpe Burki. Kurz vor der Alpe überqueren Sie einen Bach. Dieser wird vom nur wenige Schritte oberhalb des Weges gelegenen Fontanone di Macugnaga/Gruosse Brunne gespeist. Das Wasser stammt, so erzählt die Sage, aus einem Tal hinter dem Filarhorn, das reich an Wäldern, Wiesen und wilden Tieren war. Auch Menschen haben dort gelebt, wie Mauerreste verlassener Hofstätten verraten. Doch sie mussten abwandern, weil der Gletscher allmählich jeden Ausgang verschloss. Auch dem Wasser wurde der Weg versperrt. Es floss jetzt unterirdisch ins Tal von Macugnaga ab und tritt dort als Fontanone zu Tage. Hinter Burki steigt der Weg im Zickzack an, wird aber im letzten Stück vor der Bergstation des Sessellifts ziemlich flach. Weiter auf einem guten Pfad zur Moräne, auf welcher Sie mit einem unvergesslichen Blick auf das Monte-Rosa-Massiv belohnt werden. Nach kurzem Abstieg erreichen Sie den mit Geröll bedeckten Gletscher, aus dem in regelmässigen Abständen ein Bersten zu hören ist. Es rührt, so weiss die Sage, von den büssenden Toten her, die im ewigen Eis der Erlösung harren. Nach Querung des Gletschers kurzer Aufstieg auf die Moräne und alsdann auf gutem Weg zum Rifugio Zamboni-Zappa (2070 m). Beim Rifugio liegt die Alpe Pedriolo, wo es von bösen Geistern gewimmelt hat. Um Unglück zu vermeiden, musste das Vieh am 8. September abgetrieben werden. Nun quert der Weg die Flanke der Punta Battisti und führt über die Alpe Rosarecchio hinunter zur Alpe Burki. Auf der Aufstiegsroute kehren Sie zurück nach Pecetto. – Wanderzeit: 4 Std. 15 Min.

Literatur/Karten
CRESTA, RENATO: Macugnaga tra storia e leggenda. S.A.C.A.T., Torino 1984.
LENZ CROSA, PAOLO, und GIULIO FRANGIONI: Monte Rosa Valle Anzasca. (Escursionismo in Valdossola), Grossi, Domodossola. 1996. [Wanderkarte beigelegt]
WAIBEL, MAX: Die volkstümliche Überlieferung in der Walserkolonie Macugnaga (SSGV, Bd. 70). SGV, Basel 1985.
Offizielle Landeskarte der SAW: 1:50 000 Blatt 284 T. MISCHABEL – ZERMATT – SAAS FEE.

Informationen
I.A.T. Informazioni Accoglienza Turistica
I-28876 - Macugnaga (VB)
Tel. ++390324 65 11 9 / Fax ++390324 65 11 9
E-Mail: info@macugnaga.it / Internet: www.macugnaga.it

Formazza/Pomatt

Formazza/Pomatt ist die älteste Walsersiedlung am Südfuss der Alpen. Sie wurde um die Wende vom 12. zum 13. Jahrhundert von Wallisern aus dem nahen Goms gegründet. Diese kamen über den Griespass (2479 m), der zusammen mit dem Grimselpass (2165 m) ein für den Transitverkehr zwischen Mailand und Bern wichtiges Doppelgespann bildete. Es seien, so berichtet eine Chronik, bis zu 200 Maultiere täglich, beladen mit Wein, Reis, Mais u. a. m. Richtung Schweiz gezogen, während von dort Käse, Vieh und Agrarprodukte nach Italien transportiert wurden. Mit der Eröffnung der Fahrstrassen über den Simplon 1805 und den Gotthard 1830 ging der Transitverkehr einschneidend zurück. Der 1882 eröffnete Gotthard-Eisenbahntunnel brachte ihn ganz zum Erliegen, die letzten Pomatter Säumer wurden brotlos. Pomatts Wahrzeichen ist die Cascata del Toce, ein 143 m hoher Wasserfall. Dieser markiert die Grenze zwischen der auf Weidewirtschaft und Heugewinnung ausgerichteten oberen Talstufe und der Dauersiedlungszone mit neun ganzjährig bewohnten Dörfern, deren unterstes allerdings bereits ins Antigoriotal vorgeschoben ist. Urkunden zur Walseransiedlung im Rheinwald aus dem 13. Jahrhundert beweisen, dass das während Jahrhunderten nur temporär bewohnte obere Tal im Mittelalter dauernd besiedelt war. Die erwähnten Männer kamen aus Riale/Cherbäch (1730 m) und aus Morasco/Moraschg (1800 m), das 1940 in einem Stausee unterging. Mit der Einrichtung eines Langlaufzentrums in Cherbäch und der Eröffnung zweier Hotels ist die oberste Talstufe wieder zur Dauersiedlung geworden. Fremdenverkehr, Stromerzeugung,

Wahrzeichen von Formazza/Pomatt ist die 143 m hohe Cascata del Toce. Im 19. Jahrhundert reisten Schriftsteller, Maler, Zeichner und Musiker an, um das Naturwunder zu bestaunen. Aber auch König Vittorio Emanuele III. und Königin Margherita von Savoyen liessen sich das Schauspiel nicht entgehen.

Landwirtschaft und Gneisbau sind die Einkommensquellen der Pomatter. Zur Ernährung aller aber reicht die Wirtschaft nicht aus. So müssen viele Jungen einer Arbeit ausserhalb der Heimat nachgehen. 1994 sprachen von 434 Personen noch 193 den Walserdialekt, im Jahre 2001 waren es dann nur mehr 140.

Anreise
Mit eigenem Fahrzeug: Von Bosco Gurin durch das Centovalli, von Macugnaga durch das Ossola-Tal Richtung Domodossola. Der Beschilderung Val Formazza folgen.
Öffentlicher Verkehr: Vom Bahnhof Domodossola Busverbindung bis Ponte. Im Sommer zusätzliche Kurse bis zum Toce-Wasserfall.

Übernachten, Essen und Trinken
Mehrere Hotels verschiedener Kategorien (die meisten mit Restaurant) stehen Gästen in Formazza/Pomatt zur Verfügung. In höheren Lagen stellen verschiedene gut geführte Rifugi (Berghütten) gepflegte Gastlichkeit sicher.
ALBERGO PERNICE BIANCA/SCHNEEHËNDLI. Behagliche Atmosphäre. Hervorragende Küche.
Piano Cascata del Toce
28863 Formazza (VB)
Tel. ++390324 63 20 0
WALSER SCHTUBA. Gemütliche Gaststube. Regionale Spezialitäten. Heisse Schokolade in 30 Variationen.
Riale

28863 Formazza (VB)
Tel. ++390324 63 0 69 / Fax ++390324 63 0 69   Mobil ++ 339/3663330
W.S. Lêbi un Frêdä in dêschum Wêrtschhüs D.S. (= Liebe und Friede in diesem Wirtshaus) steht auf dem Deckenbalken im Restaurant. Das 2003 eröffnete Kleinhotel verfügt über sechs schöne Doppelzimmer. Reservation empfehlenswert.

Blick in den Kochtopf
COSTOLETTA ALLA BETTELMATT (für 4 Personen)
4 Kalbskoteletten, 100 g Bettelmatt-Käse, 100 g Butter, geriebenes Brot, Weissmehl, Butter, 1 Ei, Salz und Pfeffer.
Die Koteletten der Länge nach bis zum Knochen aufschneiden. Den Käse in kleine Scheiben schneiden und in die aufgeschnittenen Koteletten geben. Die Ränder mit dem Fleischklopfer leicht anklopfen. Die gefüllten Koteletten auf beiden Seiten salzen und pfeffern, dann im Weissmehl und anschliessend im geriebenen Brot wenden. Auf kleiner Flamme in Butter braten, bis sie goldbraun sind. – Die Heimat des Bettelmatt-Käses ist die Alpe Bettelmatt (2112 m) am Weg zum Griespass. Der gesuchte Käse erfreute sich schon im 19. Jahrhundert grosser Beliebtheit. Jahrhunderte haben Oberwalliser Sennen diesen wohlschmeckenden Käse auf der Bettelmatt zubereitet.

Sehenswert
In Chiesa steht die Pfarrkirche aus dem 17. Jahrhundert, geweiht S. Bernardo di Mentone und Carlo Borromeo. Sie ist Nachfolgerin einer 1398 konsakrierten Kapelle.
Die Casa Forte von 1569 in Ponte ist ein massiver Steinbau mit zwei Stockwerken. Das Gebäude war Sitz des Ammanns, dereinst Vorsteher und Richter in der alten Gemeinde Pomatt. Im Zeitalter des Transitverkehrs diente das Haus auch als Magazin und Warenlager. – Prächtige Häuser, viele mit schönem Fries, stehen in fast allen Fraktionen. Das Scilligo-Haus (1603) in Valdo/Wald gehört zu den ältesten und schönsten Wohnbauten im Tal. – Der Toce-Wasserfall zählt mit einer Höhe von 143 m und einer Breite von 60 m zu den spektakulärsten im Alpenraum, wenn er mit voller Kraft daherkommt. Das ist allerdings nur an Sonntagen von Juni bis September und während einiger Tage im August der Fall.

Museum
Im Museum mit Standort in der CASA FORTE werden Gegenstände aus dem früheren bäuerlichen Alltag und dem Brauchtum gezeigt. Das Spektrum reicht von der Heugewinnung über die Käsezubereitung bis hin zum religiösen Brauchtum und zur Kleidung. Dazu sind Objekte aus der Geschichte des Griespasses zu sehen. Eine Gedenktafel an der Wand erinnert an den Besuch Richard Wagners im Jahre 1852.
Öffnungszeiten:
Mitte Juni bis Mitte September: Dienstag und Samstag jeweils 15.30 – 17.30
Für Gruppen auf Anfrage das ganze Jahr.
Auskünfte: Ufficio Pro-Loco Formazza. Tel. ++390324 63 25 1

Wandern

Cascata – Riale/Cherbäch – Cascata

Kurze Rundwanderung, die eine Annäherung an ein Stück einfache traditionelle Architektur und die Begehung eines Abschnitts des alten Gries-Saumpfades ermöglicht.

Vom Wasserfall wandern Sie auf der Strasse taleinwärts nach Cherbäch Oberdorf, wo einige ansprechende Bauten den Blick auf sich ziehen. Dann begeben Sie sich auf der Strasse einige Meter zurück, um auf den links abzweigenden Fahrweg einzubiegen. Auf diesem steigen Sie ein kurzes Stück an. Nach wenigen Minuten dem Wegweiser «Cascata del Toce/Canza/Ponte» folgen und durch Alpweiden teilweise auf dem alten Saumpfad zurück zum Wasserfall. – Wanderzeit: 1 Std. 30 Min.

Cascata – Canza – Grovella – Ponte – Cascata

Die Wanderung ist landschaftlich reizvoll und lädt zum Studium des Pomatterhauses ein, ein traufseitig erschlossener, auf einem Steinsockel stehender Blockbau mit Steinplattendach.

Bei der Brücke oberhalb des Wasserfalls biegt ein Fusspfad von der Strasse ab, der in mehreren Kehren in die Talstufe führt. Überqueren Sie dort die Brücke und folgen Sie dem Weg am rechten Ufer der Toce, der Sie auf einen kleinen Hügel mit schönem Blick auf den Wasserfall führt. Nach kurzem Abstieg erreichen Sie eine weitere Brücke, die Sie zur Strasse bringt. Teils auf der Strasse, teils auf dem alten Maultierpfad geht es vorbei am «Gassu Chappulti», einer reizenden kleinen Kapelle, nach Canza/Früduwald, das über einen Bestand schöner Häuser verfügt, die bis ins 18. Jahrhundert hinaufreichen. Weiter über Grovella/Gurfelen, das ebenfalls über sehenswerte Häuser verfügt, hinunter zur Brücke, die hinüber nach Brendo/Brenn führt. Auf der andern Seite ist ein altes Wohnhaus aus dem frühen 17. Jahrhundert zu sehen. Zurück auf der Talstrasse, erreichen Sie bald Ponte/Zum Stäg, das ebenfalls durch schöne traditionelle Architektur und die Casa Forte auffällt, ein 1569 errichteter Steinbau, der nicht nur Sitz des Ammanns war, sondern auch als Warenlager im Transitverkehr über den Gries- und den ins Tessin führenden S. Giacomopass diente. Rückkehr auf dem gleichen Weg. – Wanderzeit: 3 Std. 15 Min.

Variante: Rückfahrt mit Bus zur Cascate del Toce.

Fondovalle – Saley/Salecchio – Fondovalle

Die kleine Walsersiedlung Saley/Salecchio auf einer Terrasse hoch über dem Antigoriotal wurde 1966 als Dauersiedlung aufgegeben. Wenige Jahre später gründeten die Freunde zur Erhaltung von Saley die Vereinigung «Pro Salecchio». Wohnhäuser wurden saniert und zu Feriendomizilen ausgebaut, womit wieder Leben in Saley eingekehrt ist. Das

Salecchio superiore (1510 m) – die Walser nannten es Am obru Bärg – ist nach einer Phase der Ruhe zu neuem Leben erwacht. Allerdings nur als Feriendorf.

hübsche RIFUGIO ZUM GORA in einem Walserhaus in prächtiger Aussichtslage lädt zum Verweilen ein.

Der Weg vom Pomatt hinüber zur ehemaligen Walsersiedlung Saley/Salecchio verläuft auf rund 1400 – 1500 m Höhe am Talhang entlang. Von Fondovalle/Stafulwald zuerst ein Stück auf der Talstrasse abwärts, dann auf dem rechts leicht ansteigenden Weg zum nur mehr im Sommer bewohnten Altillone/Poneiga mit malerischem Wallfahrtskapellchen. Auf dem alten, durch teilweise abschüssiges Gelände angelegten Pfad wandern Sie nun zur Kapelle S. Antonio. Nach Überquerung der Vova führt der Weg hinauf nach Casa Francoli /Frankohüs. Schon bald erreichen Sie Salecchio superiore/Am obru Bärg und wenig später Salecchio inferiore/Ufum undru Bärg. – Wanderzeit Fondovalle/Stafulwald - Saley/Salecchio inferiore und zurück: 6 Std. 30 Min.

Variante: Abstieg nach Passo in der Talsohle (Bushaltestelle): 4 Std.

Literatur/Karten
BACHER, ANGELA: Pomatt. Una valle, una comunità, una lingua. Intra, 1983; Neuausg. unter dem Titel Bärulussä 1995.

BACHER, ANNA MARIA: Zur aktuellen Lage der Walser in Italien. In: WM 1/1999.
CROSA LENZ, PAOLO und GIULIO FRANGIONI: Antigorio Formazza. (Escursionismo in Valdossola). Grossi, Domodossola 1996. [Wanderkarte beigelegt]
DAL NEGRO SILVIA: Spracherhaltung in der Beiz – Das Überleben der Walsersprache im Pomatt/Formazza. In: WW 2/1998.
DAUWALDER, HANS: Grimsel-Griespass, eine 600-jährige Übereinkunft. In: WW 2/1997.
FREI, GERTRUD: Walserdeutsch in Saley. Wortinhaltliche Untersuchungen zu Mundart und Weltsicht der altertümlichen Siedlung Saley/Salecchio (Antigoriotal). Bern und Stuttgart 1970.
KÄMPFEN, OTHMAR UND PETER IMSAND: GRIESPASS. Vom Saumpfad zum Erlebnisweg. Nbv Druck AG, Visp 2003.
KÜCHLER, REMIGIUS: Obwaldens Weg nach Süden. Durch Oberhasli, Goms und Eschental. Verlag des Historischen Vereins Obwalden, Sarnen 2003.
RIZZI, ENRICO: Griespass. Eine vergessene Verbindung zwischen Mailand und Bern. Anzola d'Ossola 1997.
REICHEN, QUIRINUS: Auf den Spuren des Käses nach dem Süden. Vom frühen Sbrinz-Export über die Alpenpässe Grimsel und Gries. Hallwag, Bern 1988. [Wanderplan beigelegt]
SCHMID, HANS: Ossola-Täler. Zwischen Lago Maggiore und Monte Rosa. Rother Wanderführer München 1995.
Offizielle Landeskarte der SAW 1:50 000 Blatt 265 T. NUFENENPASS – GOMS – VAL BEDRETTO – VALLE MAGGIA – VAL FORMAZZA (I).
Kompass Wanderkarte 1 : 50 000 Blatt Nr. 89. DOMODOSSOLA.

Informationen
UFFICIO TURISTICO – PROLOCO FORMAZZA
I-28863 FORMAZZA (Vb)
Tel. ++390324 63 05 9 / Fax 0324 63 25 1
E-Mail: prolocoformazza@libero.it / Internet: www.valformazza.net/public/index.php

Hochsavoyen

Die Kleinsiedlungen Les Allamands im Tal der Dranse de la Manche im Chablais und Les Allamands über Samoëns im Faucigny sind die am weitesten nach Westen vorgeschobenen Walsersiedlungspunkte. Urkundliche Hinweise auf deutschsprachige Siedler in Les Allamands an der Dranse de la Manche fehlen. Auch Flurnamen, die auf eine deutsche Besiedlung hindeuten könnten, sucht man – mit Ausnahme von Les Allamands – in der Gegend vergeblich. Les Allamands über Samoëns aber ist geschichtlich fassbar. Erstmals im Jahr 1206 wird dort ein Weiler mit dem deutschen Namen Hans genannt. Daraus darf man schliessen, dass sich eine deutschsprachige Siedlergruppe unter Führung eines Hans im oberen Clévieux-Tal niedergelassen hatte. In einem Dokument von 1233 wird zwischen der Zisterzienserabtei Notre-Dame d'Aulps als Grundbesitzerin und den Genossen des Hans die Nutzung der als Erblehen ausgegebenen Alpen Fréterolle und Chardonnière im Einzugsgebiet der Dranse de la Manche geregelt, und im Jahr 1284 überlässt Béatrice de Faucigny, die Tochter des Grafen Peter von Savoyen, den Bewohnern des Weilers Hans, weiteren bis an die Dranse de la Manche grenzenden Boden als ewiges Erblehen. Möglicherweise haben in dieser Zeit Leute aus dem Weiler Hans das in greifbare Nähe gerückte Gebiet des späteren Les Allamands an der Dranse de la Manche vom Col de la Golèse (1660) her besiedelt, falls nicht eine direkte Einwanderung aus dem Wallis durch das Val d'Illiez und über den Col de Coux (1920 m) stattfand.

Les Allamands bei Morzine

Das verträumte Les Allamands (1114 m) im Tal der Dranse de la Manche liegt eingebettet in Weiden und Wälder am Rande der Portes du Soleil, Europas grösstem Skizirkus. Lediglich einige Masten auf den na-

Les Allamands im Tal der Dranse de la Manche (1114), eingebettet in Wiesen und Wälder, gehört zu den beschaulichen Orten.

hen Gebirgskämmen künden von der Ski-Arena. Rund 15 Gebäude, teils Wohnhäuser, teils Mehrzweck- und Kleinbauten hat Les Allamands heute aufzuweisen. Die meisten grösseren Gebäude sind Feriendomizile. Nach einem Restaurant, einem Einkaufsladen oder einem Gästebett sucht man in Les Allamands vergeblich. Dass Les Allamands einst ein auf Viehwirtschaft ausgerichtetes Dorf war, lassen noch die Kühe, Rinder und Kälber erahnen, die im Sommer in der Umgebung des Weilers weiden.

Anreise
Mit eigenem Fahrzeug: Auf der Grande Rue des Alpes vom Genfersee nach Morzine und weiter nach Les Allamands an der Dranse de la Manche. – Wenige Kilometer vor Morzine liegt an der Strasse St-Jean-d'Aulps die eindrückliche Ruine der Zisterzienserabtei Notre Dame d'Aulps, die bei der Ansiedlung der Walser im Chablais eine wichtige Rolle spielte. Der Weg zu den Überresten des Rodungsklosters ist signalisiert.
Öffentlicher Verkehr: Busverbindungen von Genf nach Morzine.

> **Übernachten, Essen und Trinken**
> Reiches Angebot an guten Hotels und Restaurants in Morzine. – Am Fuss des Col de Coux liegt auf 1390 m ü. M. in unmittelbarer Nähe eines kleinen Bergsees das
> HÔTEL-REFUGE des MINES d'OR. Hervorragende Küche. Savoyardische Spezialitäten. Einfache zweckmässige Zimmer. Zimmerreservation empfehlenswert!
> Tel. ++33(0)4 50 79 03 60

Wandern

Hôtel-Refuge des Mines d'Or – Les Allamands – Hôtel-Refuge des Mines d'Or

Wanderung im einst walserischen Wirtschaftsraum.

Folgen Sie einige Meter der Fahrstrasse und wechseln Sie dann auf den talwärts führenden Bergweg, der sie zur Strasse hinunterbringt. Auf dieser gelangen Sie bequem nach Les Allamands. Anschliessend überqueren Sie die Dranse de la Manche bei Pont des Allamands und wandern meist in lichtem Wald dem Fluss entlang hinauf nach Pont Chardonnière und zum Hôtel-Refuge des Mines d'Or. – Wanderzeit: 2 Std. 30 Min.

Hôtel-Refuge des Mines d'Or – Les Allamands – Col de la Golèse – Col de Coux – Hôtel-Refuge des Mines d'Or

Rundwanderung durch ehemals walserisches Wirtschaftsgebiet. Ausblicke auf die Alpen Fréterolle und Chardonnière im Tal der Dranse de la Manche, die den Walsern im 13. Jahrhundert als Erblehen übergeben wurden.

Vom Hôtel-Refuge des Mines d'Or wie oben. Bei Pont Chardonnière überqueren Sie die Brücke und wandern hinauf zum Col de la Golèse (1660 m). Eine Tafel weist darauf hin, dass hier ein Vogel-Zugweg durchführt. Von der Passhöhe steigen Sie auf dem gleichen Weg abwärts, bis ein Schild den Weg zum Col de Coux weist. Beim Queren des Hanges in Richtung Col de Coux sehen Sie unter sich die Alpe Chardonnière. Den Col de Coux (1920 m) erreichen Sie nach einem ziemlich steilen Anstieg. Von der Passhöhe geniessen Sie einen schönen Blick in die Walliser Bergwelt. Der Abstieg erfolgt über die Alpe Fréterolle zurück zum Hôtel-Refuge Mines d'Or. – Wanderzeit: 7 Std. 25 Min.

Variante: Wenn Sie vom Hôtel-Refuge des Mines d'Or direkt zur Pont Chardonnière absteigen, reduziert sich die Wanderzeit auf ca. 5 Std. 30 Min.

Wollten die Walser aus dem Tal der Drance de la Manche ihre Stammesgenossen in Les Allamands über Samoëns besuchen, führte ihr Weg über den Col de la Golèse (1660 m), ein herrliches Alpgebiet.

Hôtel-Refuge des Mines d'Or – Col de la Golèse – Les Allamands s. Samoëns – Col de la Golèse – Hôtel-Refuge des Mines d'Or

Die Wanderung führt über jenen Pass, den die Walser vermutlich benutzten, als sie Les Allamands im Tal der Dranse de la Manche gründeten und den sie begingen, so lange zwischen den beiden Les Allamands noch Kontakte bestanden.

Vom Hôtel-Refuge des Mines d'Or wandern Sie zur Pont Chardonnière und weiter auf den Col de la Golèse und auf der andern Seite hinunter nach Les Allamands über Samoëns (1030 m). Zurück über den Col de la Golèse zum Hôtel-Refuge Mines d'Or. – Wanderzeit: 6 Std. 45 Min.

Informationen
OFFICE DE TOURISME MORZINE
Tel. ++33(0)4 50 74 72 72
E-Mail: info@morzine-avoriaz.com / Internet: www.morzine-avoriaz.com

Les Allamands über Samoëns

Bis in die 1920er-Jahre war Les Allamands über Samoëns (1030 m) ganzjährig bewohnt. Zum Ortsbild gehörten eine Schule und eine Weberei. Rund 30 Personen lebten hier. Die Bevölkerung betrieb Viehzucht und Obstbau. Heute ist Les Allamands eine Wochenend- und Feriensiedlung und Ausgangspunkt zu schönen Bergwanderungen. Unterkunft und Essen bietet ganzjährig das Refuge LE COUVE LOUPS an. In Les Allamands verspüre man echten Walsergeist und fühle sich an Bündner Dörfer erinnert, schrieb ein französischer Kenner. Den Weiler Hans aber, sucht man vergeblich. Zwischen dem 15. und 16. Jahrhundert besiegelte ein Erdrutsch sein Schicksal. Wenige Schritte unterhalb der heutigen Siedlung erinnern einige Mauerreste inmitten grosser Gesteinsblöcke im Wald an die Wohnstätten des Hans und seiner Gefolgschaft.

Les Allamands über Samoëns (1030 m). Als das Dörfchen noch ganzjährig bewohnt war, lebten die rund 30 Einwohner von der Viehzucht und vom Obstbau. Auch eine kleine Schule und eine Weberei gehörten dereinst zum Ortsbild.

Anreise
Mit eigenem Fahrzeug: Von Morzine über den Col de Joux-Plane (1712 m) oder über den Col des Gets (1163 m) nach Taninges und weiter nach Samoëns und Les Allamands. Von Genf auf der Autobahn bis zur Ausfahrt Cluses, dann weiter nach Taninges, Samoëns und Les Allamands oder von Genf über Annemasse nach Taninges.
Öffentlicher Verkehr: Busverbindungen von Genf nach Samoëns.

Übernachten, Essen und Trinken
Samoëns und seine Umgebung, eine beliebte Ferienlandschaft, verfügt über viele gute Hotels und Restaurants.
HOTEL - RÉSIDENCE GAI SOLEIL. Hervorragende französische und savoyardische Küche.
F-74340 Samoëns
Tel. ++33(0)4 50 34 40 74 / Fax ++33(0)4 50 34 10 78
E-Mail: hotel.Gai-Soleil@wanadoo.fr / Internet: www.augaisoleil-hotel-restaurant.com

Sehenswert
Samoëns ist der Hauptort des oberen Giffre-Tals. Obwohl Samoëns bereits ausserhalb des einstigen Walsergebietes liegt, sollten Sie den Ort besuchen. Das blumenreiche Dorf, ausgezeichnet mit dem «Premier prix national des villages fleuris», wartet mit einem hübschen Marktplatz, einer angeblich fünfhundertjährigen Linde sowie einem originellen Brunnen aus dem 18. Jahrhundert auf. Schöne alte Häuser und die ehemalige Kollegiatskirche mit mächtigem Turm und sechsseitigem Chor aus dem 16. und 17. Jahrhundert runden das Bild ab. Den steinernen Bildschmuck schufen einheimische Steinmetze aus dem Giffre-Tal. Nur wenige Schritte westlich des Marktplatzes liegt der Eingang zum Alpengarten «La Yaÿsinia», Samoëns bedeutendste Sehenswürdigkeit. Hier sind Alpenblumen, Sträucher und Bäume aus allen Erdteilen versammelt. – In Verchaix, wenige Kilometer westlich von Samoëns, steht eine kleine, St. Guerin gewidmete Kirche (um 1780), geschaffen vom in Turin ausgebildeten, einheimischen Architekten Claude-François Amaudruz. – Östlich von Samoëns liegt im Quellgebiet der Giffre Sixt-Fer-à-Cheval. Dort stehen die Gebäude der ehemaligen Augustinerabtei Sixt, eine Gründung der Augustinerchorherren von Abondance aus dem Jahre 1140. Von Aimone I von Faucigny, dem Bruder des ersten Abtes, wurde das Kloster mit Land im Quellgebiet der Giffre ausgestattet. Zu Beginn des 13. Jahrhunderts erhielten die Mönche von Sixt das Recht, unbebauten Boden unter Gewährung von Freiheiten an Neusiedler zu verpachten. Unter diesen Kolonisten waren auch Walser. Zusammen mit den Mönchen bewirtschafteten die Neusiedler die waldreiche Gegend, heisst es auf einer Tafel an der Rückwand der Klosterkirche, deren Spitzbogengewölbe aus dem 13. Jahrhundert stammt. Wer den Weg bis hierhin nicht scheute, sollte nicht versäumen, einen Blick auf die in wenigen Minuten erreichbare cascade du Rouget, einen prächtigen Wasserfall, zu werfen.

Wandern

Samoëns – Les Allamands – Samoëns

Leichte Wanderung, die meist durch den Wald führt. – Wanderzeit: 2 Std. 30 Min.

Les Allamands – Col de la Golèse – Les Allamands

Von Les Allamands zuerst ein kurzes Stück auf der Strasse, dann auf dem Alpweg zum Col de la Golèse und zurück nach Les Allamands. – Wanderzeit: 3 Std. 15 Min.

Literatur/Karten
MARIOTTE, RUTH: Savoyen. Zwischen Montblanc und Rhône. Natur und Kunst in den französischen Alpen. DuMont 4. Aufl., Köln 1992.
ROUGIER, HENRI: Les Allamands – Walsersiedlungen in Frankreich. In: WW 2/1980.
TAVERNIER, HIPPOLYTE: Histoire de Samoëns, 1167–1792, Chambéry 1892.
WAIBEL, MAX: Spurensuche – Südwalsersiedlungen am Ausgang des 20. Jahrhunderts. In: WW 2/1990.
SAMOËNS HAUTE-GIFFRE: 1 : 25 000. Blatt 3530 ET Top 25 (IGN).

Informationen
OFFICE DE TOURISME
F-74340 Samoëns
Tel. ++33(0)4 50 34 40 28 /Fax ++33(0)4 50 34 95 82
E-Mail: info@samoens.com   Internet: www.samoens.com

Vallorcine

Eingebettet zwischen Nadelwäldern erstreckt sich das bloss 7 Strassenkilometer lange Vallorcine zwischen dem Col des Montets und der Schweizer Grenze. Wie das Tal, so heisst auch der im unteren Talabschnitt gelegene Hauptort Vallorcine (1260 m). Die Gemeinde Vallorcine ist eine ausgesprochene Weilerlandschaft. Fast alle Häusergruppen liegen links des Eau Noire am Sonnenhang. Walser tauchten um die Mitte des 13. Jahrhunderts im Vallorcine auf. 1264 überliess Richard, Prior der Kirche von Chamonix, den deutschen Kolonisten die Hälfte des obersten Talstücks als Erblehen unter Zusicherung der Freizügigkeit. 1389 zählte man bereits 48 Haushaltungen und drei Mühlen. Mit 624 Einwohnern im Jahre 1861 dürfte Vallorcine den höchsten Bevölkerungsstand erreicht haben. Laut Volkszählung von 1975 lebten nur gerade noch 283 Personen im Vallorcine, im Jahre 1999 zählte man wieder 388 Bewohner. Die Walsersprache ist im Vallorcine längst verklungen. Das liegt an den Handelsbeziehungen zur französischsprechenden Bevölkerung des angrenzenden Wallis. Während Jahrhunderten verkauften die Leute von Vallorcine auf den Märkten von Martigny Landwirtschaftsprodukte und Geräte, namentlich Butter, Käse, Vieh und Holzgefässe, später auch Viehschellen, Viehketten und Eisennägel. Aus

Blick ins Vallorcine. Im Vordergrund das einstige Maiensäss La Poya oberhalb des Dörfchens Le Buet. Im Hintergrund die Walliser Berge.

Martigny brachten sie Getreide und Gemüse mit, im Frühjahr noch junge Schweine, Rinder und Schafe, welche sie auf den Herbstmärkten von Martigny wiederum verkauften. Daneben bildeten die Rebberge über Martigny, in welchen neben Wallisern auch Leute aus dem Vallorcine Besitz hatten, ein beide Bevölkerungsgruppen verbindendes Element. Das auf Viehwirtschaft und Ackerbau ausgerichtete Mehrzweckbauerntum auf der Basis einer erbrechtlich bedingten Güterzersplitterung, ohne Einsatz von Zug- und Lasttieren, war im gesamten französischen Alpenraum einmalig. Heute spielt im Vallorcine der Fremdenverkehr eine wichtige Rolle. Wanderfreudige, die auf kleinem Raum viel erleben möchten, kommen im Vallorcine so gut auf die Rechnung wie Eisenbahnliebhaber. Die Martigny – Châtelard – Chamonix-Bahn bezieht nämlich den Strom im Vallorcine nicht aus einer Oberleitung, sondern aus einer dritten Schiene.

Anreise
Mit eigenem Fahrzeug: Herreise über Chamonix und den Col des Montets (1461 m) oder von Martigny über den Col de la Forclaz (1526 m).
Öffentlicher Verkehr: Vallorcine liegt an der Eisenbahnstrecke Martigny – Châtelard – Chamonix. Die Fahrt mit der Gebirgsbahn wird zum unvergesslichen Erlebnis.

Übernachten, Essen und Trinken
Zwei Hotels. – Das Tal bietet seinen Gästen viele savoyardische Spezialitäten aus Küche und Rebbergen an.

Blick in den Kochtopf
MICHON VALLORCIN ET SON JAMBON CRU ist ein runder mit Käse überbackener Kartoffelfladen auf einem Teigboden, zu dem Rohschinken gereicht wird. Dieses nahrhafte Gericht gibt es im L'Arret Bougnête beim Bahnhof Vallorcine.

Sehenswert
Einen Blickfang bilden die meist gut unterhaltenen, als Mehrzweckbauten konzipierten Häuser mit ihren markanten Kaminen. Heute dienen sie häufig als Ferien- und Freizeitdomizile. Zum bäuerlichen Anwesen gehörten die in Blockwerk errichteten Kornspeicher auf hölzernen Pfeilern, die auf einem Trockenmauerwerk stehen. Reizvolle Akzente setzen die kleinen Speicher, die als Kleiderhäuschen, aber auch als Aufbewahrungsort für Lebensmittel dienten. – Die schlicht eingerichtete Kirche Notre-Dame, erstmals erwähnt 1288, zeichnet sich durch einen gewaltigen Lawinenbrecher aus, der auf harte Winter hinweist. – Oberhalb der Cascade de Bérard befindet sich die Grotte, welche dem von der Schweizer Polizei gejagten Geldfälscher Joseph Farinet (1845–1845) als Versteck diente. Der Walliser Schriftsteller C. F. Ramuz widmete diesem Robin Hood der Alpen den Roman *Farinet, ou la fausse monnaie*. – Auf dem Col des Montets führt im Naturschutzgebiet der Aiguilles Rouges ein Naturlehrpfad an zwei kleinen Seen vorbei und orientiert an 18 Stationen über die Pflanzen- und Tierwelt der Alpen. Schöne Ausblicke auf das Mont-Blanc-Massiv und auf die Aiguilles Rouges. – Gehzeit: 30–45 Min. Im Chalet d'accueil du Col des Montets wird Literatur über den Naturpark und die Alpenwelt verkauft.

Museum
Das Museum LA MAISON DE BARBERINE hat seinen Platz in einem liebevoll gepflegten Bauernhaus mit riesigem Bretterkamin im Weiler Barberine. Zwei Deckenbalken tragen die Jahrzahl 1705. Gezeigt und erläutert werden die Themenbereiche Viehwirtschaft, Ackerbau, Handwerk, Hausarbeit und Wohnen im Vallorcine von einst.
Ab 2. Hälfte Juli bis Ende August (ohne Samstag) 14–18
Auf Verlangen kann das Museum das ganze Jahr besichtigt werden.
Tel. ++33(0)450 54 63 19 oder ++33(0)450 54 60 71

Wandern

Vallorcine – Cascade de Bérard – Vallorcine

Vom Bahnhof Vallorcine führt ein von grünen Wiesen und Weiden gesäumter Feldweg ins Talinnere. Kurz vor dem Bahnhof Le Buet gehen Sie durch die Unterführung und vorbei am Bahnhof und über den

Die Anreise nach Vallorcine mit der Martigny-Châtelard-Chamonix Bahn durch die Trient-Schlucht ist ein unvergessliches Erlebnis. Im Bild ein Zug auf der Fahrt zwischen den Stationen Vallorcine und le Buet.

Parkplatz, wo Sie die Strasse zum Col des Montets überqueren. Weiter zum Maiensäss La Poya und auf dem Waldweg zu den Wasserfällen de Bérard. Unmittelbar bei der Buvette beginnt ein Weg, der verschiedene Aussichtspunkte am Wasserfall erschliesst. Dieser Weg führt auch zur Grotte, in welcher Joseph Farinet Zuflucht fand (5 Min. ab Buvette). Zurück über La Poya nach Vallorcine. – Wanderzeit: 1 Std. 30 Min.

Variante: Auf dem Rückweg vom Wasserfall folgen Sie der Beschilderung auf den Col des Montets. Von der Passhöhe zurück nach Vallorcine, wobei Sie rechts des Bahngeleises bleiben. Zusätzliche Wanderzeit: 1 Std. 30 Min.

Vallorcine – Cascade de Barberine – Le Mollard – Vallorcine

Vom Bahnhof steigen Sie zur Hauptstrasse auf und folgen dieser wenige Schritte talauswärts. Links biegt ein Strässchen ab, das nach Le Mollard führt. Hier beginnt ein schöner Fussweg durch offenes Gelände und lichten Wald. Beachten Sie das Schild «Cascade», das Ihnen den Weg zum Wasserfall weist. Vom Wasserfall steigen Sie ab in das gut erhaltene Dorf Barberine mit dem interessanten Museum. Von Barberine aus gehen Sie einige Schritte auf dem Weg zum Wasserfall zurück und biegen unmittelbar vor der Seilbahnstation links ab. Auf einem guten Pfad gelangen Sie zurück nach Le Mollard und Vallorcine. – Wanderzeit: 1 Std. 35 Min.

Chemin des Diligences
Auf den Spuren der Postkutsche zum Col des Montets.

Von Vallorcine wandern Sie auf der Strasse zur Kirche. Unmittelbar bei der Kirche biegen Sie auf den Feldweg ein, der zu den Weilern Le Crot und Le Morzay führt. In Le Morzay überqueren Sie die Hauptstrasse, um zum ehemalihen Hotel Bellevue zu kommen. Erneut gelangen Sie auf einen Feldweg, auf dem Sie den Eau Noire überqueren. Anschliessend wandern Sie durch die Bahnunterführung und hinauf zum Col des Montets. Auf dem Rückweg nach Vallorcine bleiben Sie rechts vom Bahngeleise. – Wanderzeit: 2 Std. 20 Min.

Auf dem Col des Montets (1461 m) lädt ein kaum 2 Kilometer langer Rundweg zum Kennenlernen der Alpenwelt ein. Die Wanderung mit 16 Stationen beginnt beim Chalet accueil und endet dort auch. Ein wertvoller Begleiter: «Guide Naturaliste de la Réserve Naturelle des Aiguilles Rouges». Erhältlich im Chalet accueil.

Literatur/Karten
DEVILLAZ, NATHALIE: Vallorcine: Reise in ein Walsergebiet. In: WW 2/2002.
GARDELLE, FRANÇOISE und CHARLES: Vallorcine. Histoire d'une vallée entre Aoste, Mont-Blanc et Valais. Textel, Lyon 1988. Das reich bebilderte und informative Buch ist im Museum Barberine und im Tabakgeschäft in Vallorcine erhältlich.
EV'LYA: La revue du musée vallorcin. 1988 ff.
GROSS, MAURICE: Les «Walser» ont-ils colonisé la haute vallée du Trient? in: Annales Valaisannes, 26. Jg., 1951.
GUIDE NATURALISTE DE LA RÉSERVE NATURELLE DES AIGUILLES ROUGES. Réalisé par l'Equipe des Aiguiles Rouges. Erhältlich im «Chalet d'accueil» auf dem Col des Montets.
CHAMONIX MASSIF DU MONT BLANC: 1:25 000. Blatt 3630 OT Top 25 (IGN).
VALLÉE DE CHAMONIX MONT-BLANC FRANCE. Carte des Sentiers de montagne en été. Office de Tourisme Chamonix Mont-Blanc/Argentière.
Offizielle Wanderkarte der SAW: 1:50 000. Blatt 282T MARTIGNY – VALLÉ DU TRIENT – BASSIN DES DRANSES.

Informationen
OFFICE DE TOURISME
F-74660 Vallorcine Haute-Savoie
Tel. ++33(0)4 50 54 60 71 / Fax ++33(0)4 50 54 61 73
E-Mail: Vallorcine@wanadoo.fr / Internet: www.vallorcine.com

Zeitschriften – Bücher – Aufsätze

Zeitschriften
JB der WVG = Jahresbericht der Walservereinigung Graubünden. Chur/Splügen, 1962 ff.
JBL = Jahrbuch des Historischen Vereins für das Fürstentum Liechtenstein. Vaduz, 1901 ff.
PSO = Pro Supersaxa – Obersaxen. Jahresheft der Walservereinigung Obersaxen. Pro Supersaxa – Obersaxen, Obersaxen, 1970 ff.
WhV LT = Walserheimat in Vorarlberg, Tirol und Liechtenstein. Halbjahresschrift der Walservereinigung Vorarlberg, 1967 ff.
WM = Walser Mitteilungen der Walservereinigung Graubünden. Chur/Splügen, 1982 ff.
WW = Wir Walser. Halbjahresschrift der Vereinigung für Walsertum. Brig/Visp, 1963 ff.

Allgemeines, Geschichte, Sprache
BILGERI, BENEDIKT: Geschichte Vorarlbergs. 5 Bde. Böhlau, Wien etc. 1971–1987.
BOHNENBERGER, KARL: Die Mundart der deutschen Walliser im Heimattal und in den Aussenorten. (Beiträge zur Schweizerdeutschen Grammatik; Bd. 6). Huber, Frauenfeld 1913.
BUNDI, MARTIN: Besiedlungs- und Wirtschaftsgeschichte Graubündens. 2. Aufl. Calven-Verlag, Chur 1989.
CARLEN, LOUIS: Walserforschung 1800–1970. Eine Bibliographie. NBV; Visp 1973.
FÜHRER, JOHANNES: Die Südwalser im 20. Jahrhundert. Transformation, Assimilation und Affirmation der Walser im Aostatal, im Piemont, im Tessin und im Wallis. (Blätter aus der Walliser Geschichte, Bd. 34). Geschichtsforschender Verein Oberwallis, Brig 2002.
HANDBUCH DER BÜNDNER GESCHICHTE. 4 Bde. Hrsg. vom Verein für Bündner Kulturforschung. Verein für Bündner Kulturforschung, Chur 2000.
HITZ, FLORIAN: Die Walser im Prättigau. In: JB der WVG 1998.
DERS.: Walser, Burgen, Adel. In: JB der WVG 2001.
ILG, KARL: Die Walser in Vorarlberg. (Schriften zur Vorarlberger Landeskunde, Bde. 3 u. 5). Vorarlberger Verlagsanstalt, Dornbirn 1949/1956.
JOOS, LORENZ: Die Walserwanderungen vom 13. bis 16. Jahrhundert. In: Zeitschrift für Schweizersche Geschichte, Zürich 1946.
KREIS, HANS: Die Walser. Ein Stück Siedlungsgeschichte der Zentralalpen. 2., durchges. Aufl. Francke Verlag, Bern und München 1966.
LIVER, PETER: Abhandlungen zur schweizerischen und bündnerischen Rechtsgeschichte. Calven-Verlag, Chur 1970. [Darin enthalten sind für die Walseransiedlung wichtige Abhandlungen.]

MATHIEU, JON: Eine Agrargeschichte der inneren Alpen. Graubünden, Tessin, Wallis 1500–1800. Chronos Verlag, Zürich 1992.
MORTAROTTI, RENZO: I Walser nella Val d'Ossola. Libreria Giavannacci, Domodossola 1979.
MÜLLER, ISO: Die Wanderung der Walser über Furka-Oberalp und ihr Einfluss auf den Gotthardweg. In: Zeitschrift für Schweizer Geschichte 1936.
RIZZI, ENRICO: Geschichte der Walser. Fondazione Arch. Enrico Monti. Komm.Verlag Bündner Monatsblatt, Chur 1994.
DERS.: Walser Regestenbuch. Quellen zur Geschichte der Walseransiedlung = Fonti per la storia degli insediamenti Walser 1252–1495. Fondazione Arch. Enrico Monti, Angola d'Ossola 1991.
SERERHARD, NICOLIN: Einfache Delineation aller Gemeinden gemeiner dreyen Bünden. [Neuausg., 2. Aufl. neu bearb. von O. Vasella; mit einem Nachw. von Rudolf Schenda.] AG Buchdruckerei Schiers, Chur 1994.
WAIBEL, MAX: Spurensuche – Südwalsersiedlungen am Ausgang des 20. Jahrhunderts. In: WW 2/1990.
DERS.: Unterwegs zu den Walsern in der Schweiz, in Italien, Frankreich, Liechtenstein, Vorarlberg und dem Tirol. Verlag Huber, Frauenfeld u. a. 2003.
WEISS, RICHARD: Das Alpwesen Graubündens. Reprint der Ausg. 1941. Octopus Verlag, Chur 1992.
WANNER, KURT: Unterwegs auf Walserpfaden. Ein Walserbuch. Walservereinigung Graubünden, Chur 1997.
ZANZI, LUIGI und ENRICO RIZZI: I Walser nella storia delle Alpi. Un modello di civilizzazione e i suoi problemi metodologici. Jaca Book, Milano 2002.
ZINSLI, PAUL: Sprachspuren. Mit einem Vorwort von Georg Thürer. (Bd. 3 Reihe Rhätisches Geisteserbe). Calven-Verlag, Chur 1998.
DERS.: Südwalser Namengut. Die deutschen Orts- und Flurnamen der ennetbirgischen Walsersiedlungen in Bosco-Gurin und im Piemont. Verlag Stämpfli & Cie., Bern 1984.
DERS.: Die Walser. In: Handbuch der schweizerischen Volkskultur, Bd. 2, 1992.
DERS.: Walser Volkstum in der Schweiz, in Vorarlberg, Liechtenstein und Italien. Erbe, Dasein, Wesen. 7., durchgesehene und erg. Aufl., Verlag Bündner Monatsblatt, Chur 2002.
1600 JAHRE HL. THEODUL. WW-Sonderhefte 1/1981; 2/1981.

Volkskundliches

BEITL, RICHARD: Im Sagenwald. Neue Sagen aus Vorarlberg. Franz-Michael-Felder-Verein, Vorarlberger Literarische Gesellschaft. Reprint der Ausg. 1953. Bregenz 1982.
BÜCHLI, ARNOLD: Mythologische Landeskunde von Graubünden. Ein Bergvolk erzählt. 3 Bde. und 1 Registerband. Desertina Verlag, Disentis 1989–1992.
BARAGIOLA, ARISTIDE: Folklore die Val Formazza. Arnaldo Forni Editore Reprint der Ausg. 1914. Sala Bolognese, 1981.
CHRISTELLIN, J. J.: Légendes et récits recueillis sur les bords du Lys. 3. Aufl. Editions Musumeci, Aoste 1976.
GERSTNER-HIRZEL EMILY: Reime Gebete Lieder und Spiele aus Bosco Gurin. (SSGV Bd. 69) SGV, Basel 1986.

HAUSER, CHRISTIAN: Sagen aus dem Paznaun und dessen Nachbarschaft. Verlag der Wagner'schen Universitäts-Buchhandlung, Innsbruck 1894.

IMESCH, LUDWIG: Was die Walser erzählen. Neu hrsg. von Max Waibel. Verlag Huber, Frauenfeld etc. 1999.

JECKLIN, DIETRICH: Volkstümliches aus Graubünden. 3 Teile in einem Band. Nachdruck der Ausgabe Zürich und CHUR 1874–1878. Edition Olms, Zürich 1980.

SENTI, ALOIS: Sagen aus dem Sarganserland. (SSGV; Bde. 56/77) SGV, Basel 1974/1998.

VETSCH, JAKOB: Ds Goldbrünneli. Eine Sagensammlung aus Klosters und Umgebung. Haltiner, Klosters 1982.

VONBUN, FRANZ JOSEF und RICHARD BEITL: Die Sagen Vorarlbergs mit Beiträgen aus Liechtenstein auf Grund der Ausgabe von Hermann Sander (1889). Franz-Michael-Felder-Verein, Vorarlberger Literarische Gesellschaft. Bregenz 1980.

WAIBEL, MAX: A Pfiiffa im Muul ond a Chlaag im Sack. Heiteres Erzählgut der Walliser und Walser. Verlag Bündner Monatsblatt/Desertina AG und Walservereinigung Graubünden, Chur 1990.

DERS.: Walser Weisheiten. Sprichwörter und Redensarten. Verlag Huber, Frauenfeld u.a. 1998.

Abkürzungen

SSGV = Schriften der Schweizerischen Gesellschaft für Volkskunde
SGV = Schweizerische Gesellschaft für Volkskunde

Stichwortverzeichnis

Affeier 31
Alagna 153, 156
Alp Malbun 99
Alp Novai 82
Alpe Brusiccia 160
Alpe Burki 170
Alpe Stuale 151
Alpe Uga 109
Alpenblick 57
Älplisee 57
Alpwegkopfhaus 112
Alte Kirche (Macugnaga) 168
Andermatt 26, 27
Aostatal 137
Arosa 55, 59, 65
Aroser Obersee 59
Avers 49
Ayas 137

Baad 121
Balbier-Wasserfall 127
Bärgi 91
Barmasc 141
Bartholomäberg 127
Batzenalpe 116
Belvedere 170
Berg 82
Bern 11
Bickelwald 107
Bocchetta di Campello 164
Borca 168
Bosco Gurin 11, 13
Bourines 151
Buart 150

Calfeisental 92
Camana Boden 40
Camp 36
Canza 174
Cardinell-Schlucht 45
Cascade de Barberine 186
Cascade de Bérard 185
Cascata 173, 174
Castello di Mesocco 48
Castello Savoia 148
Cavidura 85
Cerentino 13
Cevio 13
Champoluc 140
Chemin des Diligences 187
Chiesa 165
Chüenisch Boden 82
Chummeralp 72
Chüpfen 63
Churwalden 65
Col de Coux 179
Col de la Golèse 179, 180, 183
Crest 140
Cresta 51
Cröt 51
Cunéaz 140

Dachlisee 31
Damüls 108, 109
Danusa 87
Davos Dorf 71
Doarf 151
Drussetscha 71

Egg-Alpe 134

Faschinajoch 106
Flüeli 91
Fondovalle 174
Formazza/Pomatt 171
Frantze 140
Frauenkirch 72, 73
Fritzasee 127
Furggi 17
Furna 86
Furna-Post 87
Fürstentum Liechtenstein 96

Gabi 17
Gabietsee 145
Galgen 26
Galtür 131, 133, 134
Ganda Parkplatz 90
Ganeumaisäss 129
Gaschurn 129
Gimmelwald 21
Giraniga 31
Glaris 73
Glaspass 41
Glatthorn 106
Gondo 17
Gortipohl 127
Graubünden 29
Gressoney 142
Gressoney-la-Trinité 145
Gressoney-St-Jean-Dorfplatz 148
Grimselgebiet 22
Grondo 165
Gross Albenzu 145
Grossalp 13
Grosses Walsertal 103
Grovella 174

Handegg 22
Hinterberg 87
Hintere-Lechleitner-Alpe 118
Hinterrhein 45
Hirschegg 122
Hitzenboden 73
Hochsavoyen 177
Hochtannbergpass 116
Hörnlihütte 57

Hospental 26, 27
Hôtel-Refuge des Mines d'Or 179, 180
Hubal 150
Huot 31

Innerarosa 57
Innerberg 127
Isella 168
Issime 149, 150

Kapelle St. Nikolaus 36
Kirche St. Kolumban 27
Klein Albenzu 145
Kleinwalsertal 119
Klosters 71, 78, 82
Klosters Platz 81, 83
Knappagruaba 127
Körbersee 116
Kunzentännlen 22

Lago Quarazza 168
Laguzalpe 107
Lanciole di sopra 160
Lanciole di sotto 160
Landschaft Davos 67
Langwies 59, 60, 63
Laterns 111
Laterns-Bonacker 112
Laubenenalp 73
Lauterbrunnental 19
Lavadina 98
Lavazei 160
Le Mollard 186
Lechleiten 118
Lengmatte 73
Les Allamands/Morzine 177, 179
Les Allamands/Samoëns 180, 181, 182, 183
Linesco 13
Litzirüti 59

Macugnaga 165
Malbun 100
Mälcheti 83
Marul 107
Masescha 98

Medels 45
Medergen 63
Meierhof 31
Mesocco/Misox 46, 47, 48
Misanenga 31
Mittelberg 121
Mittelberg Tobel 122
Mobilitätsweg 73
Monbiel 82, 83
Monstein 73
Montafon 123
Montiel-Maisäss 127
Motta 168
Mühle 73
Mürren 21
Mutten 53
Muttner Höhi 54

Netza-Maisäss 127
Neu Alpe 129
Noversch 145
Nufenen 45

Oberalp 73
Obermutten 54
Oberplatta 51
Obersaxen 29
Olter Tal 156
Oubna-Um 156

Parpan 65
Pecetto 168, 170
Piemont 153
Platenga 31
Ponte 174
Prätschwald 59
Punt 31
Punta Jolanda 145
Pürt 51

Realp 27
Resy 139
Rheinwald 42
Riale/Cherbäch 173
Riedji 87
Riezlern 122

Rifugio Zamboni-Zappa 170
Rima 158, 160
Rimella 161
Rohr 121
Rollie/Rollji 150
Rongg (Gressoney) 145
Rongg (Langwies) 63
Ru Cortot 141
Runcalier 65
Rüti 83

Safien Platz 41
Safiental 38
Saint Grat 150
Saley/Salecchio 174
Samoëns 182
S. Gottardo Parkplatz 164
San Bernardino 47
Sapün Dörfji 63
Sapün 63
Sarganserland 29
Sassli 31
Sass-Seelein 100
Scära 87
Schilthornbahn 21
Schlappin 81
Schmitten 75
Schrofenpass 118
Schuders 89
Schwellisee 57
Selfranga 83
Sichellauenen 20
Silum 98
Simplon Dorf 16, 17
Simplongebiet 15
Simplonpass 16
Soladüra 36
Sonntag 107
Splügen 45
St. Agatha-Kirche 127
St. Antönien 83
St. Antönien Platz 85
Stafelalp 72
Stafeliweiher 134
Staffa 168
Staffa Dorfplatz 168

Stechelberg 20, 21
Stein 107
St-Jacques 139
Strassberg 63
Stürfis 90
Sücka-Kulm 98
Sufers 45
Sunnenrüti 59
Suossa 47
Surcuolm 31
Suworow-Denkmal 27

Tannberg 113
Tessin 11
Teufelsbrücke 27
Teufelstein 36
Thalkirch 40
Tirol 131
Trachsellauenen 20
Triesenberg 96
Triesenberg Dorfplatz 98
Tritt 91
Tschafein 134
Tschaval 145
Tschiertschen 64, 65

Unna-Hin 155
Unterer Falkenkopf 116
Uri 11
Ursern 23
Usser Ascharina 85

Valata 31
Vallarakku 160
Vallorcine 183, 185, 186
Vals 33
Vals Platz 36
Valzeina 91
Villa Margherita 148
Vorarlberg 103

Wallis 11
Walserpfad 95, 116
Wiesen 75, 77
Wiesner Alp 77
Wirl 133
Wolfgangsee 71

Zalön 41
Zarzana 31
Zervreilasee 36
Zumdorf 27
Zwischbergen 17